Sonderzahl

21.
19.
18.
17.
20.
9.
16.
14.
8.
1.
2.
22.
7.
15.
6.
3.
13.
5.
12.
11.
10.
23.

Aktion 21 – pro Bürgerbeteiligung (Hg.)

Raus aus der Sackgasse

Bürgerinitiativen und Bürgerbeteiligung in Wien

Mit einem Vorwort von Anneliese Rohrer

Sonderzahl

»An allem Unfug der passiert, sind nicht etwa nur die schuld, die ihn tun, sondern auch die, die ihn nicht verhindern.« **Erich Kästner**

Redaktionsschluss: 30. Juni 2009

Schrift: Palatino Linotype, Arial
Druck: REMAprint, Wien
ISBN 978 3 85449 324 2

Umschlag von Thomas Kussin

Inhalt

Ein ausführliches Inhaltsverzeichnis befindet sich auf den Seiten 275–278.

Vorwort

Die neueste Studie über den Wertewandel der Österreicherinnen und Österreicher in den letzten zehn Jahren zeigt punktgenau die Schwierigkeit auf, die Bevölkerung zur Einmischung in die eigenen Angelegenheiten zu motivieren: Politik hat von allen abgefragten Bereichen den geringsten Stellenwert. Insofern ist die Studie aber auch irreführend, denn ein Wandel bei diesen Werten ist seit 1999 nicht feststellbar.
Wenn nur 35 Prozent der Frauen und 43 Prozent der Männer dem politischen Geschehen überhaupt eine Bedeutung geben und nur acht Prozent der weiblichen Befragten und zwölf Prozent der männlichen Politik für »sehr wichtig« halten, bedarf es nicht sehr großer Fantasie für die Erklärung der geringen Beteiligung der Bürger am politischen Geschehen. Aktives Interesse an einer Sache setzt ausreichende Motivitation voraus und diese wiederum speist sich nur aus Betroffenheit und diese aus dem Wert, der einer Sache zugemessen wird. Das bedeutet, dass nach dieser jüngsten Studie maximal zwölf Prozent der Wählerinnen und Wähler für eine Teilnahme am politischen Geschehen überhaupt ansprechbar wären, wobei sich aber grundsätzliches Interesse an einer »sehr wichtigen« Sache noch lange nicht in Aktivität umsetzen lässt. Man kann vermuten, dass selbst bei diesem geringen Interessenniveau dennoch eine Mehrheit der Bürger dem Satz »Alles Leben ist Politik und alle Politik ist lokal« zustimmen würde. Nur den Schritt hin zur Konsequenz aus dieser Erkenntnis, nämlich zur Beteiligung am politischen Entscheidungsprozess, werden dennoch weit weniger als die ausgewiesenen Interessenten wagen.
Wenn Max Weber »Politik als langsames Bohren von dicken Brettern« beschrieben hat, dann ist der Versuch, österreichische Bürger zur Beteiligung am politischen Geschehen zu motivieren – und jede Handlung im öffentlichen Raum hat

immer auch eine politische Komponente –, das Bohren an ganz dicken Balken.
Im Vergleich der letzten Jahrzehnte lässt sich allerdings jetzt doch ein zunehmend größeres Loch in diesen Balken erkennen und für die Zukunft größerer Erfolg aufgrund engagierter Hartnäckigkeit voraussehen. Mit der Bürgerbeteiligung in Österreich verhält es sich nämlich wie mit der Parteibuchwirtschaft im Land: Je mehr Wähler sich in den letzten Jahrzehnten weigerten, ein Parteibuch als Pfand für einen Posten, eine Wohnung, einen Vorteil einzusetzen, desto wirkungsloser wurde die Forderung von politischer Seite danach. Analog gesehen: Je mehr Bürger sich für (oder auch gegen) eine Entscheidung im öffentlich Raum engagieren, desto unangenehmer wird es für Politiker, dieses Engagement zu ignorieren.
Der entscheidende Punkt ist allerdings die kritische Masse. Der Beteiligungsgrad muss hoch genug sein, damit der Nachteil für die Politik, die Wünsche der Bürger zu ignorieren, größer wird als der Vorteil jeglicher Nichtbeachtung. Jede Aktion leistet zur Erreichung dieser kritischen Masse einen entscheidenden Beitrag.

Anneliese Rohrer

I. Bürgerbeteiligung

Raus aus der Sackgasse!

Immer eindringlicher wird über eine angeblich zunehmende Politikverdrossenheit in der Bevölkerung geklagt. Demoskopische Untersuchungen indes zeigen das Gegenteil: Ein überraschend hoher Prozentsatz der Menschen ist am politischen Geschehen durchaus interessiert und auch bereit, sich – zumindest als unmittelbar Betroffene – selbst politisch einzubringen, wenn sie eine Chance dazu erhalten. Die Verdrossenheit gilt nicht der Politik, sondern den Politikern, genauer gesagt, dem herrschenden politischen System der repräsentativen Demokratie. Wenn man sich für die Demokratie als die beste Staatsform unserer Zeit entscheidet, dann führt zwar an der Vertretung von Millionen von Bürgerinnen und Bürgern durch einige wenige von ihnen Gewählte und sie Repräsentierende kein Weg vorbei. Sie sollten aber als Abgesandte, als »Beauftragte« (Mandatare) jener Menschen gelten, die sie durch ihre Wahl dazu legitimiert haben.

Tatsache ist: das System der repräsentativen Demokratie steckt in einer Sackgasse. In der Praxis haben nämlich nicht die Gewählten das Sagen, sondern ihre Parteien. Diese entscheiden darüber, wer bei Wahlen an »wählbarer Stelle« für sie kandidieren darf und damit eine reelle Chance bekommt, gewählt zu werden. Als Gegenleistung fordern sie die unbedingte Ausrichtung des Abstimmungsverhaltens nach ihren Direktiven (»Klubzwang«). Der Souverän – das Volk – gibt damit seine Entscheidungsgewalt an jene Parteien ab, die aufgrund befristeter Vereinbarungen (»Koalitionspakt«) eine Abgeordnetenmehrheit bilden können. In diesen Parteien bestimmen – meist völlig undemokratisch – eigene Funktionärsapparate, worüber und wie die gewählten Abgeordneten abzustimmen haben, oft gegen den Willen ihrer Wählerinnen und Wähler. Damit aber haben sich die gewählten Abgeordneten und mit ihnen der Souverän selbst der Möglichkeit beraubt, sich auf dem parlamentarischen Weg aus dieser demokratiepolitischen Sackgasse herauszumanövrieren.

Warum Bürgerbeteiligung?

Dabei hätte es gerade die Berufspolitik, die am lautesten über Politikverdrossenheit jammert, in der Hand, den Weg aus dieser Sackgasse zu weisen. Womit? Das Zaubermittel heißt Bürgerbeteiligung oder – wie es in der Amtssprache geschlechtsneutral genannt wird – Öffentlichkeitsbeteiligung. Gerade diese aber scheuen die etablierten Politiker, auch wenn sich alle mehr oder weniger lauthals dazu bekennen, auch wenn sich unter ihnen keiner findet, der offen und ehrlich zugäbe, von Bürgerbeteiligung nichts zu halten. Aber sie zögern, wenn es darum geht, eine echte Bürgerbeteiligung zu ermöglichen, denn dies könnte ja mit Machtverlust verbunden sein. So dreht sich die Spirale des Unmuts in der Bevölkerung und die Sorge der Berufspolitik über diesen Unmut immer weiter.

Was heißt Bürgerbeteiligung?

Fast alle verstehen unter Bürgerbeteiligung – im Fachjargon »Partizipation« genannt – etwas anderes. Viele verwechseln sie mit der in der Schweiz beispielhaft gehandhabten »direkten Demokratie«, in der die Abstimmung der Bevölkerung über wichtige Eingriffe in ihre Lebensqualität verpflichtend festgelegt ist. Bürgerbeteiligung ist mehr als das. Sie ist die Einbindung der daran interessierten, betroffenen Menschen in alle Prozesse und Vorhaben, die sich auf ihre Lebensqualität und auf ihr demokratisches Zusammenleben auswirken könnten. Diese Einbindung soll von Beginn an, also bereits im Ideenstadium, erfolgen. Sie soll ergebnisoffen sein und begleitet von einer ehrlichen und rückhaltlosen Information über alles, was in diesem Zusammenhang wissenswert und von Einfluss auf die Entscheidungsfindung sein kann. Echte Bürgerbeteiligung ist wie die gute »FEE« – **f**rühzeitig, **e**rgebnisoffen und **e**hrlich.

Wie kann Bürgerbeteiligung funktionieren?

Eine oft gestellte Frage lautet: kann es so eine gute FEE überhaupt geben und, wenn ja, wie soll sie funktionieren? Diese Frage ist längst beantwortet. Es gibt in West- und Mitteleuropa Gemeinden, in denen eine funktionierende Bürgerbeteiligung besteht. Es gibt in einzelnen Ländern, auch in Österreich, auch schon nationale Standards für Bürgerbeteiligung, in denen alles zum Funktionieren Notwendige sehr detailliert festgeschrieben ist. Allerdings harren sie bei uns, um verbindlich zu werden, noch der Absegnung durch die Politik – siehe oben. Der Weg wäre klar vorgezeichnet, die Entscheidungsträger müssten nur wollen. Der einzige Schönheitsfehler dabei: es wäre toll gewesen, hätte man bei der Ausarbeitung dieser Standards ein Signal gesetzt und die Bürgerinnen und Bürger daran beteiligt. Trotzdem – sie sind gut gelungen und durchaus verwendungsfähig.

Wer soll entscheiden?

Bürgerbeteiligung steht nicht im Gegensatz zur repräsentativen = parlamentarischen Demokratie. Diese ist für ein funktionierendes Gemeinwesen unerlässlich. Sie soll durch Bürgerbeteiligung nicht ersetzt, sondern ergänzt werden. Bürgerbeteiligung soll die gewählten Abgeordneten dazu bringen, sich mehr ihren Wählerinnen und Wählern zuzuwenden, statt sich Parteiapparaten, von denen ihre Nominierung abhängt, gefügig zu zeigen. Politikerverdrossenheit führt dazu, dass das Wahlvolk diesen Apparaten mehr und mehr die kalte Schulter zeigt und dafür Menschen sucht, die sich ihrer Anliegen annehmen. Darin liegt die große Chance beteiligungsfreundlicher Politiker.

Kooperation statt Konfrontation

Im Idealfall lernen die Entscheidungsträger von den Bürgerinnen und Bürgern, wie sie in den Gremien, in die sie von ihnen gewählt sind, abstimmen sollen. Sie haben zuvor aber auch Gelegenheit, der Bevölkerung im Dialog ihre eigene Sicht der Dinge nahe zu bringen und sich so auf ein (die meisten) befriedigendes Resultat zu verständigen. Wo dies nicht möglich ist und wo eine Entscheidung zur Vermeidung von Nachteilen ohne Verzug getroffen werden muss, bleibt immer noch die Befragung oder Abstimmung der betroffenen Bevölkerung, bevor es zu einer endgültigen Beschlussfassung in den dafür zuständigen Gremien kommt. Die gewählten Abgeordneten bleiben für diese Entscheidung zwar politisch voll verantwortlich, können sich aber dabei auf die vorher eingeholte Meinung ihrer Wählerinnen und Wähler abstützen.

Transparenz durch Bürgerbeteiligung

Bürgerbeteiligung bietet einen weiteren, demokratiepolitisch äußerst wichtigen Vorteil. Die gute FEE sorgt nämlich dafür, dass der – begründete oder unbegründete – Verdacht, es könne etwas nicht mit rechten Dingen zugehen, entkräftet wird oder gar nicht erst aufkommt. Wenn jeder Vorgang, jede Absicht verständlich begründet auf den Tisch gelegt wird, schwindet die Mutmaßung, unter diesem Tisch könnte etwas gemauschelt worden sein, würden der Öffentlichkeit die wahren Beweggründe vorenthalten, ginge es nicht mit rechten Dingen zu. Mangelndem Korruptionsbewusstsein und damit auch der Korruption selbst könnte so wirksam entgegengearbeitet werden.

Bürgerbeleidigung statt Bürgerbeteiligung

Von idealer Bürgerbeteiligung ist Wien meilenweit entfernt. Immer zahlreichere Bürgerinitiativen stoßen auf einen unbegreiflichen Widerstand seitens der regierenden Politiker und ihnen untergebener Behörden. Diese besorgen in einer schwer durchschaubaren Verfilzung von öffentlicher Hand und »privaten« Unternehmungen aus ihrem Dunstkreis deren Geschäft und diffamieren Bürgerinnen und Bürger, die sich dabei überfahren fühlen, als Feinde und Verhinderer. Der folgende Abschnitt dieses Buches zeigt eine Auswahl solcher konkreten Konflikte.

Was ist Aktion 21 – pro Bürgerbeteiligung?

Dieser »Umgang« mit Bürgerbeteiligung hat zahlreiche Bürgerinitiativen veranlasst, den Bürgermeister dieser Stadt um

einen grundlegenden Dialog über eine Verbesserung der Beteiligungssituation in Wien zu bitten. Nach eineinhalb Jahren geduldigen Zuwartens kam es im Frühjahr 2006 zu einem Gespräch mit Stadtrat Schicker, in welchem dieser den Vertreterinnen und Vertretern der Bürgerinitiativen erklärte, die Stadt Wien sehe keinen Bedarf für eine Verbesserung der bestehenden Beteiligungseinrichtungen, insbesondere der Wiener »Lokalen Agenda 21«. Dieses Wiener Beteiligungsmodell, welches dem von der UN-Konferenz für nachhaltige Entwicklung 1992 beschlossenen kommunalen Standard-Programm »Agenda 21« (21 steht dabei für das 21. Jahrhundert) nur sehr unzulänglich nachgebildet ist, sollte nach Meinung der Bürgerinitiativen diesem Standard-Programm wirksamer angeglichen werden. Nachdem die Stadt Wien eine Änderung des Beteiligungsmodells abgelehnt hatte, schlossen sich rund 30 Wiener Bürgerinitiativen unter dem Namen »Aktion 21« zusammen – in Anlehnung an die UN-Konferenz für nachhaltige Entwicklung 2002, die nach 10 Jahren einen Übergang von der *»Agenda«*, also dem Programm, zur *»Aktion«*, also zum Handeln, gefordert hatte. *Aktion 21 – pro Bürgerbeteiligung* beschränkt sich zunächst auf Wien, nicht zuletzt, weil Bürgerbeteiligung ein »bottom up«-Prozess ist, also auf der kommunalen Ebene beginnen sollte. Das schließt jedoch eine zunächst noch lose praktizierte Zusammenarbeit mit ähnlichen NGOs aus anderen Bundesländern und eine Ausdehnung auf bundesweite Themen nicht aus.
Aktion 21 – pro Bürgerbeteiligung ist eine von parteipolitischen Gruppierungen unabhängige, überparteiliche und regierungsunabhängige Organsiation (also eine non-governmental organization = NGO) von ehrenamtlich Tätigen. Sie steht allen Bürgerinnen und Bürgern, denen Beteiligung ein echtes demokratiepolitisches Anliegen ist, offen. Ihr einziges Ziel ist die gesetzliche Verankerung einer funktionierenden, echten Bürgerbeteiligung nach nationalen, allgemein verbindlichen Standards.

Bewegte Bürgerin

Was bewog mich

dazu, über kritische Äußerungen im Gespräch mit dem Umfeld hinaus, einen ersten Schritt zu tun und in einer Bürgerinitiative aktiv zu werden?

Untersuchungen belegen, dass meistens persönliche Betroffenheit zu einem politischen Engagement führt. Plötzlich geht es nicht mehr nur um die »große« Politik, die dem »Normalbürger« oft das Gefühl der Ohnmacht vermittelt – »da kann man nix machen, die machen eh, was sie wollen«. Völlig unerwartet wird er unmittelbar vor seiner Haustüre mit einem Projekt konfrontiert, das seine Lebenssituation zu verändern und seine Lebensqualität zu vermindern droht.

Worauf Personen, die sich in Bürgerinitiativen engagieren, einlassen, ahnen sie noch nicht. Die meisten haben bis dahin noch nie einen Leserbrief geschrieben, einen Politiker angerufen oder Kontakt mit der Presse gehabt.

Aber da die bevorstehenden Veränderungen Menschen nun ganz persönlich betreffen, sind sie überzeugt, dass etwas geschehen müsse. Das ist die Geburtsstunde einer Initiative!

Aktiv werden

Was mich 1991 aktiv werden ließ, war das Gerücht, dass das Grundstück vor meinem Wohnhaus verbaut werden sollte. Die Gemeinde Wien hatte das 1871 erbaute Haus und Grundstück mit 1800 m^2 Garten 1970 in der Absicht erworben, das Haus niederzureißen und drei Wohnblöcke zu errichten. Dazu kam es allerdings nicht: 1989 wurde das Haus renoviert und unter Denkmalschutz gestellt.

Eine Verbauung hätte nicht nur mich und zehn weitere Mieter unmittelbar betroffen, sondern auch etwa 300 Anrainer mit gartenseitig gelegenen Wohnungen, die ebenfalls davon profitieren, dass Bäume mit großen Kronen Klima und Luft verbessern. So wurde das Vorhaben bald zu einem Aufreger für das ganze Grätzel.

Margareten ist der dichtest besiedelte Bezirk Österreichs. Mit seinem Grünanteil liegt der Bezirk an vorletzter Stelle aller Wiener Bezirke. Es ist also kaum zu argumentieren, warum ausgerechnet hier eine weitere Wohnraumverdichtung erfolgen sollte.

Zunächst begann ich Unterschriften gegen die Verbauung zu sammeln. Dabei wurde ich von einer – allerdings berufstätigen – Nachbarin wesentlich unterstützt und erfuhr, wie viele Menschen dieses Thema bewegte.

Mit täglich wechselnden Anschlägen am Gartentor, mit Informationen, Bildern und Statistiken, die ich aufgrund kostenpflichtiger Anfragen vom statistischen Zentralamt erhielt – damals erfolgten solche Anfragen noch ohne Internet – , machte ich auf unser Anliegen aufmerksam. Ich begann, mich intensiv mit dem Bezirk Margareten zu beschäftigen und eruierte Daten u. a. zu folgenden Fragen: wie viele Menschen wohnen im Bezirk, wie viele Parks, wie viel Grün gibt es.

Einer ersten Kontaktaufnahme mit den Medien, in erster Linie mit dem Bezirksjournal, folgten Kontakte mit Bezirkspolitikern aller Fraktionen.

Mein erster Besuch bei einer Bezirksvertretersitzung war ein Schock für mich, denn auf Schreiduelle von Bezirksräten war ich nicht vorbereitet gewesen. Erschreckend war für mich die Erkenntnis, dass hier Menschen abstimmten, die nicht einmal den Ort kannten, um den es ging. Also luden wir alle Bezirksvertreter zu »Brot und Wein « ein und baten sie, sich vor Ort unseren Argumenten zu stellen. Viele sind gekommen, es gab heftige Diskussionen zwischen Anrainern und Politikern, wobei die Vertreter der SPÖ auf dem Bauprojekt beharrten.

Die Unterschriftensammlung, für die ich zunächst einen Vormittags- und einen Nachmittagstermin geplant hatte, weitete sich schließlich auf zwei Monate aus, in denen ich täglich mit Tisch, Sessel und Informationsmaterial vor »meinem Garten« saß. Die 1800 Unterschriften waren es letzten Endes, das Haus wurde nicht gebaut.

Lokale Agenda 21 – Vorzeigeprojekt Ruhe- und Sinnesgarten

Zehn Jahre später begann die Gemeinde Wien, sich von Objekten, die keine sozialen Wohnbauten waren, zu trennen. Sie bot den Mietern das Haus, in dem ich wohne, zum Kauf an. Der Garten, für dessen Erhaltung die Bürgerinitiative erfolgreich gekämpft hatte, verblieb im Besitz des 5. Bezirks und sollte ein öffentlicher Park werden.

Zufällig las ich in der Zeitung etwas über eine »Agenda 21« im 9. Bezirk und erfuhr so, dass Bürger gemeinsam mit dem Bezirk Projekte gestalteten. Die Agenda im neunten Bezirk teilte mir mit, dass es auch im 5. Bezirk eine Agendagruppe geben werde, geleitet von Mag. Cornelia Ehmayer. An sie wandte ich mich, denn die Mieter, später Wohnungseigentümer, wollten eine Mitsprache bei der Gestaltung des Gartens vor ihrem Haus, den sie jahrelang selbst gepflegt hatten. Gemeinsam mit einer Nachbarin und deren Mann entstand die Agendagruppe »Siebenbrunnengasse«. Das Grundstück sollte öffentlich zugänglich sein, es eignete sich aber nicht – so befand sogar die Park- und Spielplatzkommission des Bezirks – für einen Spielplatz. Es gelang mit Hilfe der Agendagruppe eine Lösung zu finden, mit der alle leben konnten. Beim Unterschriftensammeln hatte ich immer wieder den Wunsch gehört, es müsse neben Kindern, die Spielplätze brauchen, auch für ruhebedürftige Menschen Ruheplätze in der Stadt geben.

So entstand der »Ruhe- und Sinnesgarten« mit einem Steinkreis, der, nach geologischen Gesichtspunkten angelegt, auch Esoterikern die Möglichkeit bietet, in ihr »Inneres« zu wandeln. Dieser Steinkreis wurde von einem Bewohner eigenhändig angelegt, mit Steinen aus vielen österreichischen Flüssen, nach ihrem Alter geordnet. Ein 500 Millionen Jahre alter Stein aus dem Waldviertel liegt in der Mitte.

Der »Sinnes- und Ruhegarten« wurde ein Vorzeigeprojekt der Lokalen Agenda 21, zu dem sogar eine ausländische Delegation geführt wurde. Für mein Engagement in der Agenda erhielt ich, ebenso wie die anderen Agendateilnehmer, von Stadtrat Schicker einen Brief (siehe S. 257) und eine Radkarte. In diesem Brief wurde den Teilnehmern die Anerkennung für ihre Tätigkeit ausgesprochen und ihnen bescheinigt, Experten für ihre Wohnumgebung zu sein. Ein wenig später, bei der Kontroverse um den Bacherpark, war davon allerdings nicht mehr die Rede.

Bürgerinitiative Bacherpark – die »bösen Parkbesetzer«
Ende 2003 bildete sich eine Initiative gegen das Tiefgaragenprojekt Bacherpark, der ich mich im März 2004 anschloss und bald ihre Sprecherin wurde. Nun war ich zwar nicht mehr persönlich betroffen – der Bau der Garage hätte meine Lebenssituation nicht verändert – , aber die Erfahrungen die ich in meiner ersten Initiative gesammelt hatte, hatten mich davon überzeugt, dass es notwendig ist, wachsam zu verfolgen, was in meiner Umgebung geschieht.
Sehr bald wuchs in mir die Überzeugung, dass auch über mein Grätzel hinaus mehr Bürgerbeteiligung notwendig wäre. In mehreren während der im Jänner 2006 erfolgten Besetzung des Parks stattgefundenen Interviews habe ich begonnen, auf dieses Beteiligungsdefizit hinzuweisen

Kein Platz in der Agenda für eine Bürgerinitiative
Die vielen Erkenntnisse und Einsichten, welche die Bürgerinitiative Bacherpark in zwei Jahren gesammelt hatte, wollten wir gerne auf breiter Basis im Bezirk diskutieren und dachten uns, die Agenda müsste doch die geeignete Plattform dafür sein. Doch dort wurde uns erklärt, dass für eine Bürgerinitiative kein Platz in der Agenda sei, denn Bürgerinitiativen seien »Verhinderer«, und zudem hätte es für das Garagenprojekt am Bacherplatz eine politische Mehrheitsentscheidung gegeben.
Gut, argumentierten wir, dann sind wir eben nicht gegen die Garage, sondern für die Erhaltung von Grünräumen in Margareten. »LEB« (= Lebens- und Erholungsraum Bacherpark) sollte die Gruppe heißen. Das konnte die Agenda nicht zurückweisen, sie bestand aber darauf, dass »die Garage kein Thema« sein dürfe und Mitglieder einer Bürgerinitiative nicht in der Agenda tätig sein könnten. Ich

empfand das als absurde Einteilung von Bürgern in »böse« Initiativen- und »brave« Agendagruppenmitglieder und habe diese Einteilung nie akzeptiert. Der Gruppe *Lebens- und Erholungsraum Bacherpark* war kein langes Leben beschieden, denn nach einer sehr gut besuchten Diskussionsveranstaltung im Poly-College wollte die Agenda im Bezirk kein weiteres Treffen organisieren: Es gäbe Signale aus der Politik, dass eine weitere Veranstaltung nicht erwünscht sei. Diese fand dann im Naturhistorischen Museum statt, wo bei freiem Medienzugang – der Agendagruppen nicht erlaubt ist – und großer Teilnehmerschaft diskutiert werden konnte.
Die von der Gemeinde Wien installierte Agenda erwies sich in Margareten als völlig untaugliches Instrument für eine Bürgerbeteiligung. Nur Gruppen, die die mehrheitlich mit politischen Mandataren besetzte Steuerungsgruppe unter dem Vorsitz des Bezirksvorstehers für wünschenswert erachtete, wurden zugelassen. Die Agenda im Bezirk dümpelte noch eine Weile vor sich hin: eine Gruppe »Wilde Tiere« baute Nistkästchen für Mauersegler, eine andere installierte eine Kunstwäscheleine. 2008 ist die Lokale Agenda 21 in Margareten ausgelaufen.

Von der Agenda zur Aktion

An dem Gespräch mit Stadtrat Schicker, dem Vorsitzenden der Lokalen Agenda 21, im Mai 2006 nahm auch ich teil. Vorschläge zur Reform der Agenda stießen auf Ablehnung. Dies führte in weiterer Folge zur Gründung des Vereins Aktion 21, dem ich zunächst als Vizeobfrau, seit 2008 als Obfrau angehöre. Dieser Plattform gehören nun schon an die 40 Initiativen an – Tendenz steigend. Mit Aktion 21 und der Homepage www.aktion21.at wurde eine Plattform geschaffen, um Bürgeranliegen mehr Nachdruck und mehr mediale Präsenz zu verschaffen, und ein gesetzlich festgeschriebenes Recht auf Bürgerbeteiligung zu erreichen.

Herta Wessely, Obfrau Aktion 21 – pro Bürgerbeteiligung

II. Bürgerinitiativen in Wien

Bürgerinitiativen sind ein Symptom dafür, dass die Politik die Interessen der betroffenen Bevölkerung nicht wahrnimmt. Es gibt Bereiche, in denen dies in so hohem Maße der Fall ist, dass es schwer fällt, dies mit Unfähigkeit von Politikern zu erklären. Besonders bei Bauvorhaben (Hochhäuser, Tiefgaragen, Durchzugsstraßen, Einkaufszentren etc.) werden Bürgerinteressen sehr oft ignoriert, wird die identitätsstiftende Stadtlandschaft vernichtet. Bedroht von baulichen Veränderungen sind vor allem Bau- und Gartendenkmale, historische Ensembles und Erholungsraum für die Allgemeinheit wie Parks, Bäume, Grün-, Spiel- und Sportflächen.
Die folgenden Darstellungen von 38 Bürgerinitiativen, die sich zu Aktion 21 – pro Bürgerbeteiligung zusammengeschlossen haben, zeigen auf, dass es sich dabei nicht um Einzelfälle handelt.
Bürgerinitiativen werden von der Stadtpolitik nur zur Kenntnis genommen, wenn die Menschen ihre Stimme erheben … nur dann, wenn sie hartnäckig, unter oft großen Opfern und mit aller Energie für ihre Lebensqualität kämpfen, eröffnet sich ihnen die Chance auf einen Erfolg. Bürgerinitiativen können ihre Ziele zwar nicht immer durchsetzen, aber sie sind doch öfter erfolgreich, als zur Resignation neigende Mitbürgerinnen und Mitbürger glauben.
Zum Beweis, dass Bürgerinitiativen nicht Verhinderer, sondern Gestalter sind, ist den Beiträgen der einzelnen Bürgerinitiativen ein historisches Wiener Szenario vorangestellt, das aufzeigt, was ohne das Engagement weitsichtiger Bürgerinnen und Bürger aus Wien geworden wäre.

Verhinderer oder Gestalter?

Beteiligungsskeptiker werden nicht müde, initiativen Bürgerinnen und Bürgern den Stempel von »Verhinderern« aufzudrücken, die gegen alles und jedes sind und sich gegen jeden Fortschritt stemmen. Doch stimmt diese Etikettierung? Ein Blick auf die Geschichte Wiens zeigt, dass engagierte Laien oft gegen den verbissenen Widerstand von Politikern ankämpfen mussten, die den Kontakt mit ihren Wählern verloren hatten und sich dabei auf das Urteil von Fachleuten stützten, denen praktische Vernunft und Augenmaß abhanden gekommen waren. Sie waren nicht Verhinderer, sondern haben die Stadt Wien maßgeblich mitgestaltet.

Wie würde Wien heute ohne das Engagement solcher Bürgerinnen und Bürger aussehen?

Wienerwald

Es gäbe wohl keinen Wienerwald in seiner heutigen Gestalt und in den derzeitigen Ausmaßen!

Im Jahre 1870 sollten riesige Waldflächen im Wienerwald gerodet werden, denn von Experten war ein Wachstum der Einwohnerzahl Wiens von knapp 1,7 Millionen auf 3 Millionen vorhergesagt worden. Die Stadtverwaltung plante, große Siedlungsgebiete im Westen Wiens zu erschließen, um die aus allen Teilen der Monarchie erwarteten Zuwanderer in Wien ansiedeln zu können. Ein profitgieriger Unternehmer wollte daraus mit Hilfe korrupter Stadtbeamter Kapital schlagen. Josef Schöffel, ein engagierter Bürger, erkannte nicht nur den Wahnwitz solcher Pläne, sondern hatte auch den Mut, sich ihnen mit all seinen zunächst bescheidenen Mitteln entgegen zu stellen. Anfangs schien dieser Kampf gegen eine finanzielle und politische Übermacht völlig aussichtslos. Als es ihm gelang, sein Anliegen über Zeitungen publik zu machen, wurde er massiv eingeschüchtert und mit Klagen zugedeckt. Sie konnten ihm aber nichts anhaben, denn er hatte seine Aussagen sachlich gut begründet und in jeder Hinsicht abgesichert.

Zeitlos erscheint heutigen Bürgerinitiativen Schöffels Kommentar: »Alle Beamten, die sich irgendwie beim Staatsgüter-

verschleiß und insbesondere in der Wienerwaldsache kompromittiert hatten, wurden einer nach dem anderen in den nicht verdienten Ruhestand versetzt, und die Agenden des Forst-, Domänen- und Bergwesens dem Finanzministerium abgenommen und dem Ackerbauministerium übertragen.« Schließlich wurden ihm sogar 50.000 Gulden geboten, wenn er klein beigeben würde. Als das alles nichts half, sollte er bei einem »Jagdunfall aus dem Weg geräumt werden«, wie einem mit Schöffel befreundeten Jagdaufseher zu Ohren gekommen war.
Zum Glück kam es doch nicht dazu und Josef Schöffel durfte »einen glänzenden Sieg der Wahrheit und Redlichkeit über Lüge und Betrug feiern«, wie es in den damaligen Medien hieß. Den Wienern aber blieb der Wienerwald nicht nur als unentbehrlich gewordenes Erholungsgebiet, sondern auch als wesentliches Element für die Wiener Luftqualität erhalten.

Sternwartepark

1973 sollten im Sternwartepark, einer nicht öffentlich zugänglichen Grünanlage der Wiener Universität im Bezirk Währing, für den Bau eines neuen Institutsgebäudes 47 Bäume gefällt werden. Eine Bürgerinitiative protestierte gegen die Verbauung von etwa 6% der Gesamtparkfläche. Die Diskussion erlangte eine derartige Schärfe, dass Bürgermeister Felix Slavik schließlich eine Volksbefragung veranlasste. Es beteiligte sich zwar nur ein Drittel der wahlberechtigten Wiener, davon sprachen sich jedoch 57% gegen den Bau aus, worauf Bürgermeister Slavik zurücktrat.

Steinhofgründe

Die Steinhofgründe, derzeit erneut akut gefährdet, würden sich heute nicht als Naturjuwel darbieten, wenn nicht 1981 durch großen Einsatz einiger engagierter Bürgerinnen und Bürger eine Volksbefragung erzwungen worden wäre. Die im Zuge eines Siedlungsprojektes geplante Verbauung wurde von der Bevölkerung abgelehnt und der Schutz der unersetzlichen Naturlandschaft eingefordert. Nachdem sich im Dezember 1981 mehr als 53 % der Wiener gegen die Verbauung entschieden hatten, wurde das Gelände als Erholungsgebiet gewidmet.

Otto-Wagner-Pavillons

Im Zuge des U-Bahn-Baues sollten in den späten Sechzigerjahren die Otto-Wagner-Pavillons auf dem Karlsplatz entfernt werden. Eine Bürgerinitiative setzte sich zum Ziel, die unsinnige Zerstörung dieser kunsthistorisch wertvollen Bauten zu verhindern. Durch diesen öffentlichen Druck nahm die Stadtplanung von ihren Plänen Abstand: die Pavillons wurden demontiert, renoviert und 1977 zwei Meter über dem damaligen Straßenniveau wieder aufgebaut, wo sie heute einen markanten Blickfang darstellen.

Heute ist auch die Stadt Wien auf diese von einer Bürgerinitiative durchgesetzte Lösung stolz, wie der Internetauftritt der Wiener Linien beweist:

»Mit dem U-Bahn-Bau und der erklärten Absicht aller Beteiligten, bei der Adaptierung der Stadtbahnstationen für den U-Bahn-Betrieb auf das architektonische Erbe größtmögliche Rücksicht zu nehmen, waren die Stationen von Otto Wagner endlich in ihrem Bestand gesichert.«

Spittelberg

Das heute in jedem Wiener Stadtführer angepriesene Kleinod »Spittelberg« würde es nicht in dieser Form geben, hätte sich in den frühen 1970er-Jahren dort nicht eine der ersten Bürgerinitiativen Wiens gebildet.

Spittelberg, diese ehemals blühende und lebenslustige Vorstadt Wiens mit einem bis auf das Jahr 1568 zurückgehenden Hausbestand, war bis zum Ende des 19. Jahrhunderts völlig heruntergekommen und hauptsächlich für Prostitution bekannt. Um 1970 drangen Pläne der Stadt Wien an die Öffentlichkeit, den Spittelberg zu schleifen und auf dem Areal Wohnhäuser zu errichten. Eine kleine Gruppe von Architekten, Denkmalpflegern und Bewohnern des Grätzels gründeten die Bürgerinitiative »Rettet den Spittelberg«, weil sie erkannt hatten, dass unschätzbares Kulturgut zerstört werden sollte. Die Gegenwart bestätigt eindrucksvoll, wie richtig diese Überlegungen zur Renovierung des Spittelbergs gewesen sind. Nach massiven Protesten wurde das Gebiet 1973 zur »Schutzzone« erklärt. 1980 kaufte die Stadt Wien sogar einige Häuser in der Absicht, sie zu renovieren. Der Rest ist Erfolgsgeschichte.

Naschmarkt

Der uralte, 1780 von der Freyung an den Wienfluss verlegte Wiener Traditionsmark war in jüngster Zeit wiederholt abrissgefährdet:

1960 sollten einige Marktstände bis zur Höhe der Schleifmühlgasse abgerissen werden, was eine Bürgerinitiative jedoch im letzten Moment verhindern konnte. Bloß hinter dem Marktamt waren bereits einige Stände beseitigt worden. Die dort freigewordene Fläche wird heute für den Bauernmarkt genutzt.

Auch 1976 retteten beherzte Bürgerinnen und Bürger den Naschmarkt, denn die Stadtregierung plante, den Markt vollständig schleifen zu lassen und stattdessen eine sechsspurige Stadtautobahn zu bauen. Auf dem Gelände des heutigen Flohmarktes sollte ein riesiges, 158 m langes Parkhaus entstehen.

Im Jahr 2008 waren wieder einmal Pläne publik geworden, eine Großgarage unter dem Naschmarkt zu errichten. Dieses Projekt hätte die Originalität dieses Marktes nach Ansicht vieler Anrainer und Experten gefährdet und das Verkehrsaufkommen in diesem Bereich erheblich gesteigert. Nach heftigen Anrainerprotesten, denen sich über fünfzig Wiener Prominente spontan anschlossen, wurde das Projekt – sicher nicht endgültig – fallen gelassen.

-----

7 Jahre nach den ersten Vernetzungsversuchen von Wiener Bürgerinitiativen, aus denen schließlich Aktion 21 – pro Bürgerbeteiligung hervorging, sei auch ein Rückblick auf das dank ihres Einsatzes Erreichte gestattet (ohne Anspruch auf Vollständigkeit):

- *das sechstürmige Projekt Wien Mitte wurde auf zwei Hochhäuser reduziert*
- *das in Belvederenähe geplante Hochhaus (Bahnhof Wien) wurde versetzt*
- *das Palais Schönburg blieb im Erscheinungsbild unverändert*
- *das Hochhaus unmittelbar neben Schönbrunn wurde nicht gebaut*
- *die barocken Bauten am Augartenspitz bleiben unangetastet*
- *der Hakoah-Platz wurde im Prater statt im Augarten restituiert*
- *die Klimtvilla wurde nicht abgerissen*
- *die Brandruine Sofiensäle wurde nicht abgerissen*
- *die Stadt des Kindes wurde wenigstens teilweise vor dem Abbruch bewahrt*
- *das Strandbarprojekt an der Alten Donau wurde nicht genehmigt*
- *die »Edelweiß Alm« im Franziskanerviertel wurde nicht eröffnet*
- *der »Mauserlweg« auf den Schafberg ist wieder begehbar*
- *neun unnötige Garagen an hiefür ungeeignete Orten (sechs davon unter Parkanlagen) blieben ungebaut*

1. Sie wünschen – wir widmen

Städtische Gigantomanie auf dem Rücken der Bevölkerung

»Pulsierendes Leben in Wien« übertitelt der Presse- und Informationsdienst der Stadt Wien im Oktober 2008 eine propagandistische Darstellung des Ausbaus von Bahnhöfen in Wien. Da heißt es: »Wiens Bahnhöfe werden attraktiver und moderner. Bis 2015 erstrahlen Westbahnhof, Südbahnhof, Bahnhof Wien Mitte, Bahnhof Praterstern und Bahnhof Meidling in neuem Glanz. Insgesamt eine Million Euro fließen in diese Projekte und machen Wien damit zu einem wichtigen europäischen Schienenverkehrsknoten«. Den mündigen Bürgern fällt auf, dass es sich mit Ausnahme von Wien Mitte um ÖBB-Projekte einer zu Jahrhundertbeginn eingeleiteten »Bahnhofsoffensive« handelt. Besser gesagt, einer längst überfällig gewesenen Modernisierung teils hoffnungslos veralteter Bahnhofsanlagen. Angesichts der mehr als zehn Millionen Euro hohen Ablösen an die Standler für die wegen des Projekts Wien Mitte erfolgte Räumung der Landstraßer Markthalle kann eine Million Euro nur als schlechter Witz gelten, den man einer ahnungslosen Öffentlichkeit zumutet. Darüber und über die unglaubliche Höhe des Aufwands für die »Spatenstichfeiern« dieser Projekte schweigt sich der Pressedienst wohlweislich aus.

Widmung statt Planung

Das Desaster mit Wiens Großprojekten beginnt oft schon bei den Widmungen. In fortschrittlichen Städten gibt es eine großräumige Stadtentwicklungsplanung, auf deren Grundlage detaillierte Flächenwidmungspläne ausgearbeitet werden. Wer immer in einer solchen Kommune bauen will, darf das nur im vorgegebenen Rahmen. Wien ist anders. Nicht nach einer sinnvollen Stadtplanung richtet sich die Flächenwidmung aus, sondern die anlassbezogene Widmung ersetzt die Planung. Dort, wo bescheidene Ansätze einer Planung unter

»Beteiligung der Bevölkerung« erkennbar sind, können diese durch diametral entgegengesetzte Projekte kurzer Hand geändert werden. Großprojekte entstehen, ohne die Bevölkerung in die Planung einzubeziehen. Ein Paradebeispiel dafür ist der neue Wiener Hauptbahnhof, über dessen Namensgebung man sich zwar noch lange nicht einig ist, wohl aber darüber, dass er mitsamt einer ganzen, das Stadtbild prägenden Satellitenstadt gebaut werden müsse, um den Österreichischen Bundesbahnen die Finanzierung des Bahnhofes zu ermöglichen.

Bürgerinitiative Bahnhof Wien
10. Bezirk
Homepage: www.aktion21.at
Entstehung: 2004
Gegenstand: Bauprojekt Bahnhof Wien

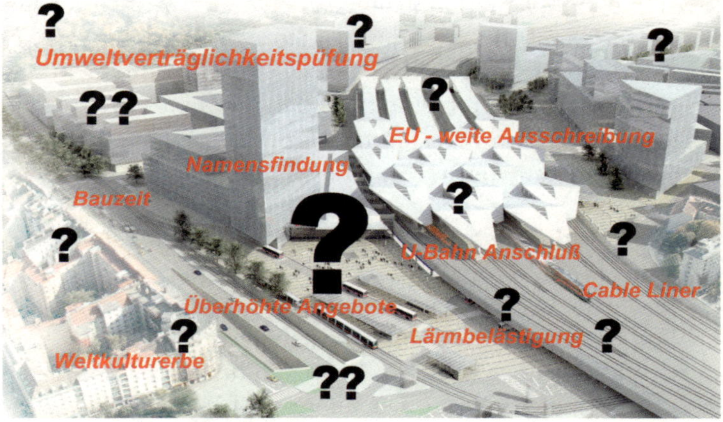

Stadtveränderung zwecks Geldbeschaffung

Ein Zentralbahnhof für Wien?

Schon lange war das Areal des Wiener Süd-Ostbahnhofes am Gürtel als idealer Platz für einen Zentralbahnhof im Gespräch, da von dort aus alle wesentlichen Bahnlinien direkt erreicht werden können. 1994/95 kam es in einem Expertenverfahren zu einem Durchgangsbahnhofsprojekt, das hinter den bestehenden Kopfbahnhöfen der Süd- und Ostbahn einen neuen durchgehenden Bahnhof, einen dreigeschoßigen Nahverkehrsbahnhof unter dem Straßenniveau, mit einer Bahnhofshalle im Erdgeschoß und Durchgangsgleisen für den Fernverkehr eines Zentralbahnhofes in Hochlage vorsah.

Zu Beginn des 21. Jahrhunderts kam es unter der ÖVP/FPÖ-Regierung zu ersten Festlegungen für den Bahnhofsneubau:

Abb. oben: … und wie soll er heißen?

Auf dem Areal des Südbahnhofes sollte ein Zentralbahnhof errichtet werden, dessen Bau ausschließlich durch Verwertung ÖBB-eigener Liegenschaften in Wien finanziert werden müsse.
Eine solche Finanzierung machte die Errichtung eines neuen Stadtteiles an einem dafür ungeeigneten Ort Wiens erforderlich – mit einer schier endlosen Kette von Einbußen an Lebensqualität für die Bevölkerung. Die Politik hatte nicht aus den Finanzierungsproblemen des Bahnhofareals Wien Mitte gelernt, für das sich Investoren so rar gemacht hatten, dass es völlig umgeplant werden musste.

Weltkulturerbe Historisches Zentrum Wien – Masterplan Bahnhof Wien Europa Mitte

2001 wurde die Wiener Innenstadt gemeinsam mit dem Schloss Belvedere und seinen Parkanlagen im 3. Bezirk von der UNESCO in den Rang eines Weltkulturerbes erhoben. Zwischen dem Park des Belvedere und dem Südbahnhofgelände, das zum neuen Zentralbahnhof umgebaut werden soll, gibt es keine »Pufferzone«.
2004 wurde von der Stadt Wien und den ÖBB ein zweistufiger Wettbewerb für den neuen Bahnhof durchgeführt. Ein Projekt mit einer markanten Dachkonstruktion und ein zweites mit neben dem Bahnhof stehendem Hochhaus wurden zur weiteren gemeinsamen Verfeinerung ausgewählt. In der nachfolgenden Entwicklung gemeinsam mit dem Grundeigentümer ÖBB und der Stadt Wien erhöhte sich dann die Verbauungsdichte durch mehr als 10 Hochhäuser mit bis zu rund 100 m Bauhöhe.

Bürgerinitiative Bahnhof Wien

Zu dieser Zeit bildete sich eine Bürgerinitiative aus Denkmalschützern und Anrainern des 3., 4., 5. und 10. Gemeindebezirkes, die durch die Megalomanie der vorgestellten Projekte nicht nur das urbane Leben in den angrenzenden Gründerzeitwohnvierteln und dem Arsenal, sondern auch das Weltkulturerbe Belvedere bedroht sahen.
Eine erste Visualisierung des Bahnhofsprojektes gemeinsam

mit dem Oberen Belvedere – die ein bekannter Denkmalschützer aus dem Blickwinkel des Daches der alten Staatsdruckerei am Rennweg vornahm – alarmierte die Öffentlichkeit. Auch die ICOMOS (International Council on Monuments and Sites – Internationaler Rat für Denkmalpflege) als Schutzherrin des Weltkulturerbes begann sich nun für das Projekt zu interessieren. Die Stadtplanung reagierte mit einigen Umplanungen und Verschiebungen der Hochhausbauplätze.

Flächenwidmung und Bebauungspläne

2006 legte die Gemeinde Wien neue Flächenwidmungs- und Bebauungspläne zur Diskussion auf. Für den Bereich der ehemaligen Bahnhofshalle des Südbahnhofes wurden neue Bauhöhen von 26 – 35 m festgelegt, wobei die Umrisse der erlaubten Neubauten die bestehende Bahnhofshalle deutlich überragten. Dies hätte eine deutliche Beeinträchtigung des Blickes vom Oberen Belvedere über den Teich nach Süden ergeben. Inzwischen wurden diese Bauplätze verkauft. Die Erste Bank erwarb das Areal der Bahnhofshalle, und teilte bei der Planvorstellung mit, die zulässigen Bauhöhen nur teilweise nützen zu wollen. Die Bürgerinitiative konnte das bis heute nicht überprüfen. Die von der Bezirkspolitik angestrebte teilweise Wohnnutzung in den zum Schweizergarten gerichteten Trakten wurde nur als »kann«-Bestimmung in die Widmung aufgenommen und wird von den Grunderwerbern negiert.

Für den Bereich zum Südtirolerplatz hin, wo das größte Hochhausprojekt liegt, wurden die Bebauungsbestimmungen im Rahmen der Flächenwidmung 2006 noch nicht festgesetzt. Die Bürgerinitiative und die Denkmalschützer vertreten die Meinung, dass in enger Nachbarschaft zur etwa 20 m hohen Gründerzeitverbauung der oberen Wieden und nahe dem Belvedere jedes Bauwerk über 60 m Höhe unverträglich sei. Bei der Auslobung des inzwischen gegenstandslos gewordenen Wettbewerbes zur Gestaltung des Hochhauses durch die ÖBB wurden jedoch 100 m plus ein Penthouselokal mit wunderschönem Blick über die Stadt (und auf das Belvedere) gefordert. Dass diese Vorgaben mit den gültigen Flächenwid-

mungen nicht verträglich sind, wurde dabei ausdrücklich erwähnt. Nur der Formfehler einer fehlenden EU-weiten Ausschreibung durch einen öffentlichen Grundbesitzer (ÖBB) brachte dieses Bauprojekt – zumindest einstweilen – zu Fall. Nun soll zuerst das Grundstück verkauft werden und dann erst sollen Projektierung und Bebauungsbestimmungen nach der in Wien üblichen Vorgangsweise »Sie wünschen – wir widmen« hinter verschlossenen Türen abgewickelt werden.
Im Frühjahr 2008 führten die Bürgerinitiative und Denkmalschützer den Präsidenten des ICOMOS Prof. Michael Petzet durch das Belvedere und präsentierten die Blickverbindungen zum Areal des Südbahnhofes.
Im späten Frühjahr 2009 war über die Medien zu erfahren, dass das Hochhaus Südtirolerplatz von 100 auf 88 m reduziert, dafür jenes in der Sonnwendgasse von 60 auf 88 m erweitert werden solle, nicht ohne gleichzeitige »Kompensation«, wie solch wunderbare Kubaturvermehrung bezeichnet wird, durch Verdichtung weiterer Flächen. Dabei wurde die flächenmäßige Selbstbeschränkung der Erste Bank bei ihrem Bauprojekt im Bereich der derzeitigen Bahnhofshalle des Südbahnhofes durch Kubaturvermehrungen an anderen, noch unverkauften Bauplätzen überkompensiert. Die Bruttogeschoßfläche im Gesamtareal liegt nun über der des ursprünglichen Masterplanes.

Umweltverträglichkeitsprüfungen

Die gesetzlichen Grundlagen der Umweltverträglichkeitsbeurteilung sehen ein zweistufiges Verfahren vor: zunächst wird in der strategischen Umweltprüfung (SUP) die Sinnhaftigkeit geplanter Maßnahmen beurteilt, sodann werden in der eigentlichen Umweltverträglichkeitsprüfung (UVP) nur noch die Auswirkungen eines konkret vorgelegten Projektes bewertet – Alternativen dürfen nicht mehr zur Diskussion gestellt werden. Die strategische Umweltprüfung des Bauprojekts Zentralbahnhof fand unter Ausschluss der kritischen Öffentlichkeit hinter verschlossenen Türen statt.
Die eigentliche Umweltverträglichkeitsprüfung wurde in drei gesonderten Verfahren abgewickelt: das Bahninfrastruk-

turprojekt vom Bundesministerium für Verkehr, die Städtebau- und Straßenbauprojekte jeweils vom Magistrat der Stadt Wien (MA 22). Um Parteien- bzw. Beteiligtenstellung zu erlangen, musste die Bürgerinitiative während der jeweiligen Frist zur öffentlichen Auflage der einzelnen Projektunterlagen mindestens 200 Unterschriften unter jede einzelne Petition erneut sammeln. Den Erklärungsbedarf gegenüber den Unterzeichnern, warum dreimal für dieselbe Sache Unterschriften gesammelt werden mussten, haben die Behörden großzügig auf die Bürgerinitiative abgewälzt.
Pikanterie am Rande: aufgrund dieser Vorgangsweise gilt die aus denselben Personen bestehende Bürgerinitiative in jedem Verfahren als eigene Bürgerinitiative. Somit hat die Bürgerinitiative Bahnhof Wien durch diese fragwürdige Verfahrensaufteilung eine ungewollte Verdreifachung erfahren.
Die Forderungen der Bürgerinitiative im UVP-Verfahren waren auf eine Abmilderung der Auswirkungen des Projektes auf die umgebenden Wohnviertel gerichtet (Eindämmung des Lärms zugunsten der umliegenden Wohngebiete, Regenwassermanagement und Windschutz im Hochhausbereich), auf eine bessere Anbindung des öffentlichen Stadtverkehrs an den Bahnhof (Zugang zur U1, Projekt U2, direkte Bahnhofsabgänge zu Straßenbahn und Buslinien) sowie während der Bauzeit Maßnahmen zur Eindämmung von Lärm und Feinstaub.

UVP-Verhandlungen – »Stell' Dir vor, es gibt Bürgerbeteiligung, und keiner geht hin«

Können Sie sich an den Slogan der Friedensbewegung der 1970er Jahre »Stell Dir vor, es gibt Krieg – und keiner geht hin« erinnern? Wir waren fatal daran erinnert worden.
Die mündlichen Verhandlungen fanden im HDB X statt, einer kahlen Halle im Stil der 1970er-Jahre im Bereich der Per Albin Hansson Siedlung. Als Parteien und Beteiligte waren nur noch jene Personen und Bürgerinitiativen zugelassen, die während der Auflagefrist rechtsgültige Einwendungen vorgebracht hatten. Das Szenario war bemerkenswert: Auf der Bühne nahm die bewertende Behörde den Vorsitz ein, links

im Saal saßen die etwa 50 Gutachter des Verfahrens, rechts im Saal saßen die etwa 50 Fachprojektanten der jeweiligen Projektwerber (der ÖBB), im hinteren Teil des Saals war das Sekretariat der beurteilenden Behörde untergebracht, und in der Saalmitte befanden sich die 5 bis 7 interessierten Bürger, die weder durch berufliche noch sonstige Verpflichtungen daran gehindert waren, während des Tages den Weg in die Per Albin Hansson Siedlung Ost anzutreten. Die Einwendungen aller Parteien wurden zwar penibel protokolliert, im weiteren Verfahren aber nicht einmal erörtert. Die Kommunikation der Behörden mit den Beteiligten und Parteien fand ausschließlich durch ein einmalig in den großen Tageszeitungen veröffentlichtes Edikt statt – wer das Inserat nicht gelesen hatte, hatte das Nachsehen …

Die Bürgerinitiative formulierte mit Hilfe der GRÜNEN einen Einspruch gegen die Umweltverträglichkeitserklärung zum Städtebauverfahren. Von anderen Großprojekten war bekannt, dass es darauf hin öfter zu direkten Verhandlungen zwischen Bürgerinitiative und Projektanten gekommen war, wobei die Möglichkeit bestanden hatte, wenigstens die schlimmsten Auswirkungen eines Projektes abzuwenden.

Eine in diesem Sinn von den ÖBB anfangs gegebene Verhandlungszusage wurde zu Beginn des Jahres 2009 wieder zurückgezogen.

Am 5. Mai 2009 schloss der Umweltsenat in einer mündlichen Verhandlung die UVP endgültig und im Sinn der Projektwerber mit einer Abweisung des Einspruchs ab.

»Cable-Liner«

Um den langen Weg zwischen dem neuen Hauptbahnhof und der U-Bahnstation zumutbarer zu machen, brachte die Seilbahnindustrie ein Standseilbahnprojekt, den »Cable-Liner«, ins Gespräch. Da der Platz unterirdisch neben U-Bahn, Schnellbahn und Gürtelunterführung beschränkt ist, soll diese Verbindung in luftiger Höhe (wohl zwischen 2. und 3. Stockwerk der umliegenden Wohnhäuser) vom Südtirolerplatz über den Gürtel bis zum Bahnhof und weiter in Richtung Bürotürme (und eventuell auch der geplanten U2) führen. Bisher kennt hier zwar niemand ein sinnvolles Konzept, aber laut den Aussagen der Infrastrukturministerin Bures vor der Presse ist der Cable-Liner schon fixer Bestandteil des Bahnhofsprojektes, »da dies die Infrastrukturoffensive zur Bewältigung der Wirtschaftskrise erfordert«. Im Juni 2009 sprach sich auch Wiens Bürgermeister vehement für diese von vielen Fachleuten und Laien als »Schnapsidee« bezeichnete Stadtseilbahn aus.

Bei Großbauprojekten spielen nicht nur Finanzierungsfragen, sondern auch persönliche Eitelkeiten eine nicht zu unterschätzende Rolle. Dabei gilt seit alters her: je größer das Projekt, desto stärker die Identifikation der Politiker mit ihm, die sich damit ihre Denkmale setzen. Ein Paradebeispiel dafür ist das Projekt »Wien Mitte.«

Überparteiliche Stadtbildschutz-Initiative Wien Mitte
3. Bezirk
Homepage: www.aktion21.at
Entstehung: Oktober 1999
Gegenstand: Verbauung des Areals Wien Mitte

Die unendliche Geschichte

Wien Mitte 1999

Der Bahnhof Wien Mitte sollte modernisiert werden und den modernsten Air Terminal Europas erhalten. Der »privaten« Bauherrschaft aus dem Immobilien- und Bankenbereich der Stadt Wien waren vom Bürgermeister öffentlich alle erforderlichen Genehmigungen zugesagt worden. Mit dem Grundeigentümer ÖBB hatte man sich nach langwierigen Verhandlungen geeinigt. Die Gesamtkosten des Projekts wurden mit 3,4 Mrd. Schilling angegeben.

Zur Beruhigung der Bevölkerung, die vor allem, aber nicht nur über die geplanten Hochhäuser in unmittelbarer Innenstadtnähe aufgebracht war, wurden folgende Erklärungen und Zusicherungen bei der Präsentation des Projektes und bei nachfolgenden Diskussionen mit Vertretern der Bürgerinitiative vorgebracht:

Abb. oben: Blick von St. Stephan auf das reduzierte Projekt Wien Mitte II (2000; maßstabgetreue Computersimulation)

- der »Schandfleck« müsse beseitigt werden,
- das Projekt dürfe keinen Schilling an öffentlichen Geldern kosten (weil die Stadt dafür kein Geld habe),
- daher müsse es »sich rechnen«,
- es werde keine Verkehrsbelastung während der Bauzeit geben (weil Abtransport und Zulieferung über die »Mattengleise« der ÖBB erfolgen würden – heute fragt nicht nur der Bauträger, was damit eigentlich gemeint gewesen sei),
- die »Bahnhofszene« (Suchtgift- und Alkoholsüchtige, Sandler und Skinheads) werde mit Baubeginn verschwinden.

Es schien, als wäre die Planung ziemlich überstürzt erfolgt. So konnten weder der Bauträger noch der Architekt die Frage nach der ungefähren Höhe des angeblich überproportionalen Fixkostenanteils an den 3,4 Mrd. Schilling Baukosten beantworten. Wegen der bestehenden Auseinandersetzung mit dem Grundeigentümer ÖBB wurde der ursprünglich als Bürohaus vorgesehene Vienna City Tower (heute Justizzentrum) widerrechtlich auf einem rechtlich nicht existenten Grundstück genehmigt – womit man die Anrainer vom Bauverfahren ausschließen konnte. Ein Fehler, der erst Jahre später durch eine eigens (im Budgetbegleitgesetz!) geschaffene gesetzliche Bestimmung und durch den Verkauf des gesamten Areals an den Bauträger behoben wurde.

Die Absicht mehrerer Anrainer, die Errichtung von Hochhäusern unmittelbar vor den Fenstern ihrer Wohnungen beim Verfassungsgerichtshof anzufechten, führte letztlich zu einer Reduktion von sechs auf vier Hochhaustürme. Inzwischen hatte die UNESCO der Wiener Innenstadt das Prädikat »Kulturelles Welterbe« verliehen und auch die vier geplanten Türme wegen der Massivität ihres Erscheinungsbildes mit dem unmittelbar angrenzenden Welterbe als unvereinbar bezeichnet. Die dadurch ausgelöste internationale Diskussion trug dazu bei, dass der Bauträger für das Vorhaben, das ursprünglich von der BA-CA finanziert werden sollte, keine tragfähige Finanzierung finden konnte. (Die Anteile der Stadt Wien an der BA-CA waren inzwischen verkauft worden.) Nur dem Bauträger des nachmaligen Justizzentrums (Immorent) war

dies über einen 40-jährigen Mietvertrag mit der Republik Österreich gelungen. Dieser Coup war angeblich durch Vermittlung von Jörg Haider gelungen und hatte die Absiedelung mehrerer Wiener Gerichte und deren Unterbringung in dem als Bürogebäude vorgesehen gewesenen Hochhaus durch Justizminister Böhmdorfer zur Folge gehabt – sehr zur unangenehmen Überraschung seines Wiener »Parteifreundes« H. C. Strache, der sich als Vorkämpfer gegen die Hochhäuser in Wien Mitte profiliert hatte.
Die Jahre vergingen, das ohnedies schon weitgehend heruntergekommene Bahnhofsgebäude verfiel weiter. Die einzige Maßnahme, die auf eine bevorstehende Bautätigkeit hinwies – lange bevor sie tatsächlich einsetzte – war die überstürzte Absiedelung des bewährten zentralen Autobusbahnhofes. Er wurde – »zur Entlastung der Anrainer« – auf andere Orte (Schwedenplatz, Südbahnhof u.a.) aufgeteilt.
Eine im Hochsommer 2002 im Architekturzentrum erfolgte maßstabgetreue Präsentation des Projektmodells samt Innenstadt gab den trotz der Urlaubszeit zahlreichen Besuchern die Möglichkeit, ihre Meinung zum Projekt in einem dafür aufgelegten Buch einzutragen. Tatsachenwidrig berichtete Stadtrat Schicker, die Stellungnahme der Anrainer sei **für** das Projekt ausgefallen. Was er nicht wusste: die Bürgerinitiative hatte das gesamte Buch am letzten Tag der Ausstellung fotografiert und die darin niedergeschriebenen Meinungen penibel ausgewertet.
Obwohl der Druck der UNESCO wegen einer Gefährdung des Weltkulturerbes nicht nachließ, hielten Bürgermeister Häupl und Stadtrat Schicker am Projekt fest und verwiesen auf den erworbenen »Rechtsanspruch eines privaten Bauträgers«, gegen den die Stadt Wien nichts ausrichten könne, weil man »nicht in einer Bananenrepublik sei«. Der Bürgermeister bezeichnete letzten Endes, als er ungeachtet der erworbenen Rechte durch den Bauträger das Aus für das Projekt verkünden ließ, die seiner Ansicht nach daran Schuldigen als »Projektmörder«. Heute lautet die offizielle Sprachregelung allerdings: »Das Projekt hat sich nicht gerechnet.«

Wien Mitte 2003

Auf der Basis der von der UNESCO geforderten Verträglichkeitsgrenzen wurde ein städtebaulicher Wettbewerb für die Verbauung von Wien Mitte ausgeschrieben. Allerdings wurde nicht etwa das Siegerprojekt (Heinke-Schreieck) realisiert, sondern eine so nicht vorgesehene Verdichtung, damit »es sich rechnet«. Architekten blieben Ortner & Ortner, »weil sie schon das Vorprojekt entworfen hatten«. Böse Zungen behaupten, man habe sich damit der inzwischen eingetretenen Verpflichtung zu einer öffentlichen Vergabe entziehen wollen.

»Zähneknirschend« akzeptierten die UNESCO und auch die Bürgerinitiative das neue Modell samt dem schon fertig gebauten Justizzentrum. Das Interesse der Bürgerinitiative galt einer zügigen Bauführung, der Vermeidung irreversibler Planungsfehler und einer sich in Grenzen haltenden Beeinträchtigung der Lebensqualität während der Bauzeit. Sie versuchte, dies auch über das Bürgerbeteiligungsinstrument »Lokale Agenda 21« als eigene Agendagruppe zu erreichen. Dort gab es zunächst Unterstützung durch – wenn auch verhaltene – Information über das Projekt. Sie endete jedoch abrupt, als Bürger die Gefährlichkeit einer geplanten Brandrauchentlüftung für die U 4 aufzeigten und dies durch die Stellungnahme eines Sachverständigen belegten: damit waren die Bürgerinnen und Bürger zu »Feinden« geworden.

Abb. links: Der von BM Dr. Häupl im Oktober 2007 gelegte und monatelang »gehegte« Grundstein (Bildmitte, von Schutzgitter umgeben)
Abb. rechts: Der Grundstein ist im Abbruch »versunken«; siehe die Stelle vor dem Mann in Bildmitte. Im Vordergrund einer von sechs Stahltanks, die funktionslos 50 Jahre im Erdboden vergraben lagen.

Offiziell wurde bei jedem Problem auf die jeweils »anderen« Beteiligten verwiesen: Bauträger, ÖBB, Wiener Linien, Marktamt, Magistrat und Bezirk. Der Wunsch der Agendagruppe nach einem »Runden Tisch« mit allen Beteiligten blieb unerfüllt. Auch ein Hilferuf an den Bürgermeister, für »saubere« Verhältnisse rund um das total verkommene Areal Wien Mitte Sorge tragen zu lassen, wurde zunächst ausweichend, dann überhaupt nicht mehr beantwortet.
Seit 2004 wurde auf den nahen Baubeginn verwiesen, der sich immer wieder, schließlich sogar um Jahre verzögerte. Erst durch die Zusage von Finanzminister Molterer, die Wiener Finanzämter in dem Neubau zu konzentrieren, für den sich sonst kaum Interessenten gefunden hatten, ließ sich ein Baubeginn finanziell verantworten. Die Ankündigung, das Projekt nur aus privaten Mitteln zu finanzieren, erwies sich wie schon beim Justizzentrum als leeres Versprechen.

Ein seltsamer Start

Dafür wurde im Herbst 2007 um hunderttausende Euro eine »Grundsteinlegung« in einem eigens erbauten (und unmittelbar danach wieder abgebauten), überdimensionierten Festzelt aus Leichtmetall inszeniert. Der vom Bürgermeister feierlich gelegte Grundstein liegt heute im Abbruchschutt begraben. Man soll eben vor dem Abbruch des Vorgängergebäudes keinen Grundstein legen.
Eine Fertigstellung Ende 2012 wird angepeilt, doch die Zweifel an diesem Datum mehren sich. Wie die versäumten Jahre aufgeholt werden sollen, ist an den unprofessionellen Abbrucharbeiten und am nächtlichen Baulärm zu erkennen. Monatelang sorgte eine Betonpumpe unmittelbar vor den Fenstern der angrenzenden Wohnhäuser für anhaltenden, ohrenbetäubenden Lärm bei Tag und bei Nacht, wobei an Schlaf nicht zu denken war. Wien hat zwar ein Gesetz zum Schutz gegen Baulärm und einen vielgerühmten Lärmkataster, nur: bei der Baustelle Wien Mitte wird die Rechtslage mit absurden Behauptungen zurechtgebogen, müssen 75 dBA nächtlicher Dauerlärm ertragen werden.
Inzwischen ist auf der noch vor wenigen Monaten lautesten

und betriebsamsten Baustelle Wiens auffällige Ruhe eingekehrt. Wo im Frühjahr 2009 noch Tag und Nacht gearbeitet wurde, erweckt ungeordnet umherliegendes Baumaterial einen eher desolaten Eindruck. Das begleitende Ziviltechnikerbüro ist ausgewechselt worden. Auch in der Führung der an der »Wien Mitte Immobilien GmbH« beteiligten Bank Austria ist ein überraschender Wechsel eingetreten. Dafür kam eine unerwartete Einladung von Anrainervertretern zu jenem »Runden Tisch«, von dem man zwei Jahre zuvor nichts hatte wissen wollen. Plötzlich ist man für konstruktive Bürgervorschläge offen – vorausgesetzt sie kosten kein Geld.

Ein besonderes »Gustostück« urbaner Planlosigkeit war der überfallsartige Beschluss der Gemeinde, die Landstraßer Markthalle zuzusperren. Trotz jahrelanger gegenteiliger Beteuerungen, trotz des Widerstandes von 16.000 Bürgerinnen und Bürgern, trotz bestehender Verträge mit rund 60 Marktstandlern. Was zählt das schon, wenn ein neuartiger »Sozialismus« den Turbokapitalisten aus aller Welt beweisen will, dass er deren Metier besser versteht als sie?

Komitee Rettet die Markthalle
3. Bezirk
Homepage: www.aktion21.at
Entstehung: Februar 2007
Gegenstand: Schließung der Landstraßer Markthalle

Wiens letzte Markthalle

Anfang 2007 war es nach 19 Jahren »Planung« mit dem Umbau von Wien Mitte endlich ernst geworden. 19 Jahre lang war keine Rede davon gewesen, die unmittelbar benachbarte Markthalle zu schleifen. Man sprach von Modernisierung, von Durchwegung von der Invalidenstraße zur Gigergasse und von eventueller Einbeziehung in das geplante Einkaufszentrum. Noch im Spätherbst 2006 erklärte Rudolf Zabrana (SP), Bezirksvorsteher-Stellvertreter und Bauausschuss-Obmann im 3. Bezirk, der Agendagruppe Wien Mitte: »Das Gebäude mit der Markthalle wird in das Projekt nicht einbezogen.«
In einem Rundschreiben des Marktamtes, das Anfang des Jahres 2007 allen Markthallenstandlern ohne Vorankündigung zugestellt worden war, wurde ihnen lakonisch die vorgesehene Schließung der Markthalle mitgeteilt. Die meisten

von ihnen wie auch Tausende Kunden traf es wie ein Blitz aus heiterem Himmel.

Die Frage nach dem Grund des plötzlichen Sinneswandels wurde mit den Kosten des anstehenden Renovierungsbedarfes – die Stadt Wien hatte jahrelang nichts in die Infrastruktur der Halle investiert – und mit der im letzten Jahr eingetretenen defizitären Gebarung der Halle nur unzureichend beantwortet, standen ihnen doch weit über 10 Millionen Euro an Ablösen gegenüber, welche den Standlern für den Verzicht auf ihre Mietrechte und als Ersatz für ihre Investitionen angeboten werden mussten. Dabei gaben sich nur die finanziell Schwächeren mit dem Angebotenen zufrieden, einige »Widerstandsfähigere« hatten sich mit gerichtlicher Hilfe erfolgreich gewehrt und ihren Auszug so teuer wie möglich verkauft. Über die Höhe dieser über die kolportierten 10 Millionen Euro hinaus gehenden Ablöse wird geschwiegen, es dürfte sich um weitere Millionen handeln.

Der wahre Grund für die unpopuläre Schließung liegt mit hoher Wahrscheinlichkeit darin, dass der Bauträger die Verzögerung des Baubeginns mit mangelnder Rentabilität des Bauvorhabens infolge unzureichender Nutzflächen begründet hatte. Dies gab dem Bürgermeister vermutlich Anlass, die Markthalle »frei« zu machen und die dadurch gewonnenen 6000 m² der Projektnutzfläche zuzuschlagen. Das könnte auch erklären, warum weder die zuständige Stadträtin Frauenberger (SP) noch die Bezirksvorstehung zu einem Gespräch über ein von der Bürgerinitiative mit Hilfe von Fachleuten entworfenes Renovierungs- und Betriebsmodell bereit waren. Die Entscheidung war so, wie sie getroffen worden war, unabänderlich und endgültig.

Nach der Verkündigung des »AUS« protestierten 16.000 Bürgerinnen und Bürger, hauptsächlich Kunden der Markthalle, ein Jahr lang gegen die Schließung – vergeblich. »Na dann solln's halt die paar hundert Meter in die Landstraße gehen, dort hab'ns an Hofer!« ließ ihnen der Bürgermeister durch seine Stadträtin ausrichten.

Einen Markt mit rund 60 Ständen gegen den Willen so vieler Kunden zu schließen, ebenso viele Unternehmen auszuradie-

ren, hunderte Arbeitsplätze zu vernichten und die durch den Abbruch des Interspar-Gebäudes ohnedies schon beeinträchtigte Nahversorgung ganz umzubringen ist eine volkswirtschaftliche und sozialpolitische »Meisterleistung«, die ihresgleichen sucht.
Die SP-dominierte Stadtregierung (in bemerkenswerter Eintracht mit der zunächst den Protesten gegen die Schließung angeschlossenen FPÖ) kümmerte es nicht, dass die Bevölkerung des 3. Bezirks sowie tausende Pendler am Verkehrsknotenpunkt Wien-Mitte keine Einkaufsvielfalt mehr vorfinden.
Das Kontrollamt der Stadt Wien hat schonungslos angeprangert, wie bei der Landstraßer Markthalle hohe Geldsummen leichtfertig und unbegründet vergeudet wurden.

Wien Mitte ist kein Einzelfall. Es überragt andere, in ihrer Konzeption gleichermaßen einfallslose wie kommerziell zweifelhafte Projekte nur in seiner innerstädtischen Dimension. Die kaum zu überbietende Einfallslosigkeit ist an der Kombination Bürohochhaus und Einkaufszentrum unschwer zu erkennen. Das alles kann an einem anderen Großprojekt in Meidling nachvollzogen werden. Ähnlich wie bei der Landstraßer Markthalle hat man dort Eigentümer »im Wege stehender« Häuser ganz einfach ignoriert. Ähnlich wie bei der Landstraßer Markthalle haben einige nicht mitgespielt. Ähnlich wie bei der Landstraßer Markthalle versucht man nun, das Projekt um sie herum zu realisieren und sie damit von ihrer Umgebung regelrecht abzuschneiden.

Bürgerinitiative Komet-Gründe
12. Bezirk
Homepage: www.bi-kometprojekt.at
Kontakt: schoenbrunn@wien-initiative.at
Entstehung: 2004
Gegenstand: Verbauung der Komet-Gründe

Meidlings Komet … ein fatales Hochhausprojekt

Die strategische Mogelpackung
2004 wurde das Komet-Hochhausprojekt der Meidlinger Bevölkerung präsentiert. Bereits damals wurden vorgreifend mehrere auf dem Areal stehende Wohnhäuser über die Köpfe ihrer Eigentümer hinweg einfach »weggeplant«. Vier Jahre später mussten die voreiligen Planer zur Kenntnis nehmen: Drei Liegenschaftsbesitzer verkaufen nicht. Das Projekt aber hatte inzwischen – als Mogelpackung – ohne Erwähnung der bestehenden Wohnhäuser alle bestimmenden Gremien, wie Bauausschüsse, Fachbeirat und Stadtentwicklungskommission – bereits passiert. Die öffentliche Auflage der Flächenwidmung erfolgte 2008. Es gab 756 Stellungnahmen mit Einwän-

den – viel mehr, als bei den meisten anderen Projekten der letzten Jahre. Auch sie wurden ignoriert. Aufgrund der verbleibenden Häuser wäre eine Neuplanung unumgänglich.
Die Projektplanung weist gravierende Nachteile auf: Der Standort ist völlig verfehlt. Das Gebiet stöhnt bereits jetzt unter Pendlerkolonnen und LKW-Kolossen auf der verlängerten Westeinfahrt. 2007 berichtete der ORF, dass auf der Schönbrunner Schlossstraße an die 40.000 KFZ täglich gezählt wurden – mehr als auf der Tiroler Inntalautobahn! Staus gehören zum Verkehrsalltag. Den Planern ist es ganz offenbar egal, dass ein an dieser Verkehrsader gelegenes Großprojekt mit einem 73-Meter-Turm und einem riesigen Einkaufszentrum ein zusätzlicher Verkehrsmagnet wäre. Der Verkehrsexperte Dr. Werner Rosinak erwartet eine Steigerung um bis zu 15%!

Wo Motorsägen dröhnen, gilt 11 + 2 = 11

Skurrile Aussagen von Lokalpolitikern, es handle sich bei den Komet-Gründen »um keine Wohngegend«, trafen auf Aussagen von Lärmexperten, denen zufolge der Lärm in den betroffenen Straßen schon so extrem sei, dass eine 15-prozentige Lärmzunahme nicht mehr wahrgenommen werden könne. Für die Stadt Wien galt das als Argument FÜR die Bewilligung des Projekts. Mit nachfolgendem Beispiel wurde diese These von einem Experten des Planungs- und Gutachterbüros Rosinak & Partner einem ungläubigen Bürger verbildlicht: »Wenn irgendwo eine Motorsäge kreischt, hört man es deutlich, wenn eine zweite eingeschaltet wird. Wenn aber elf Motorsägen dröhnen, bemerkt man es meist nicht, wenn zwei oder drei weitere angeworfen werden«.
Der Untergrund der Kometgründe neben dem Wiental besteht aus instabilem Schwemmgrund. Manche Anrainer befürchten, dass die Fundamentierung des Komet-Hochhauses Wasserschäden an ihren Häusern auslösen könnte. Da der Grundwasserpegel hoch liegt und die Wasserverdrängung enorm wäre, sei es schon beim U4–Bau in den 1980er Jahren zu Kellerüberflutungen gekommen. Klärende offizielle Erhebungen dazu gibt es nicht.
Ähnlich unliebsame Überraschungen wie bei den Fundamen-

tierungen zu Wien Mitte (bei sehr ähnlichem Untergrund) werden – wieder einmal – in Kauf genommen. Auch dort waren die Leidtragenden die Anrainer.
Der Architekt des Komet-Projektes, Dipl.-Ing. Peter Podsedensek, hält solche Probleme für ausgeschlossen. Das Hochhaus werde nicht in einer riesigen Wanne stehen, die den Grundwasserstrom aufstaue, sondern auf Piloten (Pfeilern). Tatsache ist jedoch, dass alleine die drei Tiefgeschoße der Tiefgarage eine Barriere für den Grundwasserstrom darstellen. Dies umso mehr, als sich genau in diesem Gebiet der »Rotenmühlbach« befindet, eine nicht gefasste Grundwasserströmung, die in den Wienfluss mündet. Ein Beamter der Baupolizei teilte in diesem Zusammenhang mit, es werde zu keinem Grundwasserstau kommen, da die Fundamente des Hochhauses oval seien. Diese Auskunft lässt staunen. Eine ovale Tiefgarage? Das Hochhaus mag zwar oval sein, die riesige dreistöckige Tiefgarage hingegen ist rechteckig geplant. Jedenfalls müsste wegen des geplanten Hochhauses der sogenannte »Cholerakanal*» verlegt werden.
Ein – lange versprochener – Beirat wurde erst Ende 2007, also nach Planungsabschluss, installiert. Die Stadt-Wien-Experten und der Investor luden ein (!) Mitglied der Bürgerinitiative ein, an ihren Beratungen teilzunehmen. Gleich zu Beginn der Beratungen erklärte der Vorsitzende des Beirats, ein Beamter der MA 21B, unmissverständlich, dass das Projekt fix sei, es daran nichts zu ändern gäbe und der Beirat nur über das Umfeld der Komet-Gründe beraten sollte. Trotzdem erklärte die SPÖ Wien am 2. Oktober 2007 in einer Presseaussendung, dass die Anrainer in konstruktiver Weise in die Planungen einbezogen würden.

---

* Nach der Cholera-Epidemie von 1830 wurden beiderseits des Wienflusses »Sammelkanäle« errichtet, damit die fäkalienbelasteten Abwässer nicht in den Wienfluss gelangen. Einer dieser beiden Kanäle befindet sich unter der Fabriksgasse, nahe den verbleibenden Liegenschaften, und soll von dort zur Trasse der Linie U4 verlegt werden.

Zuständ' ohne Zuständige

In Wien fehlt es nicht nur an wirkungsvollen Mitbestimmungsinstrumenten, sondern auch an geeigneten Richtlinien für Hochhaus- und Großprojektstandorte und Auflagen für ausreichende Grünlandanteile. Es fehlt – vor allem bei Großprojekten – jegliche Regelung für einen Ausgleich des durch Umwidmung entstehenden Mehrwertes von Grundstücken. In den meisten Ländern der »ersten Welt« ist dieser Wertausgleich selbstverständlicher Standard. Diskussionen über eine Spekulationssteuer berühren diese Spekulationsgewinne wohlweislich nicht!

Die Wiener Stadtplanung unter Stadtrat Schicker neigt zu immer mehr Großprojekten, obwohl Hochhäuser enorme Energieverbraucher sind und angesichts des Klimawandels Energieeffizienz, Nachhaltigkeit und Verkehrsberuhigung dringend gefragt wären, obwohl Wien eine kleinräumig gewachsene Stadt ist, der überdimensionierte Großbauvorhaben ihr typisches Flair und ihren ureigenen Charakter rauben.

Eine UNESCO-Delegation besuchte 2006 Wien auch wegen des Komet-Projekts, das sich in unmittelbarer Nähe der in den Rang eines Weltkulturerbes erhobenen Schlossanlage Schönbrunn befindet. Das weithin sichtbare Hochhausprojekt beeinträchtigt dieses unersetzliche Kulturgut. Die UNESCO empfahl, die das Schloss umgebende Schutzzone zu verbreitern und die Pufferzone auszuweiten, weiters das sogenannte »Wiener Hochhauskonzept«, eine unverbindliche Richtlinie, zu überarbeiten und verbindliche Kriterien zu schaffen. All dies wurde bislang von den Zuständigen vorsätzlich und beharrlich ignoriert, plant man doch etliche Hochhäuser in der Stadt. Viele Großstädte haben für die Errichtung von Hochhäusen klar definierte Richtlinien. Wien ist allerdings auch in dieser Hinsicht anders!

Ruhig geworden ist es um ein anderes ehemaliges Bahnhofsareal: die Aspangbahngründe, nun als »Eurogate« angepriesen. Seit Jahrzehnten wird dort geplant, entworfen, wieder verworfen, neu ge-

plant. Nun endlich ist es angeblich so weit, nun könnte Teil 1 des riesigen Areals verbaut werden. Und da kommt so eine lächerliche Bürgerinitiative und möchte ihren Senf dazugeben. Noch dazu in Form eines »Friedensparks«, der womöglich wertvollen Baugrund kosten würde. Selten waren sich Politiker in der Ablehnung eines Bürgerwunsches so einig, nicht einmal eine Agendagruppe im Rahmen der Lokalen Agenda 21 zulassen zu wollen. »Der Zug ist abgefahren« sagte ein Bezirkspolitiker, der wenig Sensibilität für den Ort ausdrückte, von dem aus die Bahntransporte in die Vernichtungslager erfolgten.

Bürgerinitiative Lebensraum Landstraßer Gürtel (BI-LLG)
3. Bezirk
Homepage: www.bi-llg.org
Entstehung: 2004
Gegenstand: Erholungsgebiet im »Eurogate«

Weltfriedenspark: Kein Thema

Worum es geht

2004 wurden die 20 ha großen ehemaligen Aspangbahngründe an die BIG (südlicher Teil) sowie an die BAI und den Wiener Wohnfonds (nördlicher Teil) verkauft und für eine »Eurogate« genannte Verbauung mit Wohnungen, EKZ und Gewerbe ausersehen.

Der Wiener Richtwert für Parkflächen liegt bei 10 bis 12 m² pro Anwohner. Auf dem Areal stünden nach Fertigstellung der Bebauung nur 5,5 m² öffentliches Grün pro neuem Anwohner für Naherholung zur Verfügung. Die schon vorhandenen Anrainer des Fasanviertels sind dabei noch nicht berücksichtigt. Es ist dies das einwohnerstärkste Viertel in Wien ohne öffentlichen Grünanteil. Die Anrainer des nahen Wildganshofes und der Hofmannsthalgasse würden ihre Kinder auch lieber im Naherholungsgebiet Aspanggründe als unter und neben der Autobahn spielen lassen.

Auf Grund der Ereignisse im Zweiten Weltkrieg und der bis

in das 7. Jahrhundert v. Chr. zurückreichenden Geschichte strebt die Bürgerinitiative statt einer banalen Verbauung der Aspanggründe ein städtebauliches Konzept an, das kommenden Generationen eine lebenswerte Zukunft sichert.

Frustrierende Erfahrungen

Die Bürgerinitiative »Lebensraum Landstraßer Gürtel« (BI-LLG) bemüht sich seit 2003, mit den zuständigen Verantwortlichen dieser Stadt über Bebauungsabsichten zu sprechen und eigene Vorstellungen einzubringen. Ich bin aus diesem Grund im Frühjahr 2004 über die Brache der Aspanggründe gegangen und war fasziniert von ihrer Pflanzenvielfalt und Schönheit. »Ohne Natur kann der Mensch nicht überleben, aber – handeln wir auch dementsprechend? Hinterfrage ich genug? Reize ich meine Möglichkeiten aus? Sind meine Bemühungen ehrlich und couragiert oder ist es verlockender, sich auf den Standpunkt zurückzuziehen ›da kann man halt nichts machen – das ist eben so‹?« Derlei Gedanken gingen mir durch den Kopf.

Bei meinen Spaziergängen über die offene Schneise der Gstett'n Aspanggründe und im Wissen um die schrecklichen Ereignisse – die Deportation jüdischer Mitmenschen vom Aspangbahnhof aus – wurde der Gedanke, dass hier keine »banale Verbauung« stattfinden, sondern die Natur erhalten und der Frieden in Form eines »Weltfriedensparks« manifestiert werden sollte, immer stärker. Was würde sich besser anbieten, als ein Park, wo Lebendigkeit und Miteinander in den offenen Räumen der Natur möglich wären!

Daraus entstand die Idee, auf den Aspanggründen einen Themenpark zum Gedenken an die Deportation und daraus resultierend den nächsten Schritt für die Zukunft zu setzen: Versöhnung und Abbau von Vorurteilen durch ein friedliches Miteinander, ein Stadtentwicklungsgebiet, gut durchdacht im Sinne der Nachhaltigkeit (vor allem ökologisch), als Vorzeigeprojekt für die Zukunft.

Mit diesem Grundgedanken stellten wir uns der Lokalen Agenda 21 des 3. Bezirks vor, noch bevor der Strukturplanwettbewerb für dieses Gebiet stattfand. Laut Statuten waren

alle Voraussetzungen einer Agendagruppe erfüllt. Wir waren hoch motiviert und begeistert, da der dritte Bezirk erst kurz zuvor die Lokale Agenda 21 installiert hatte. Die Freude währte nicht lange, denn man ließ uns bald wissen, dass der Bezirk diese Idee nicht unterstützen würde. Einige Mitwirkende ließen sich dadurch abschrecken und verließen unsere Gruppe, die anderen wollten unser Anliegen trotzdem vor das Steuerungsteam bringen, denn schließlich war die Lokale Agenda 21 als Bürgerbeteiligungsinstrument genau für solche Ideen geschaffen worden! Wir hatten bereits über 120 Unterschriften für unsere Weltfriedenspark-Idee gesammelt. Sogar Stadtrat Schicker hatte Interesse signalisiert. Wir hatten uns auch bemüht, nichts Unrealistisches zu verlangen.
Zur Zeit ist die geplante öffentliche Parkfläche als Grünfläche von gut 10% der 20 ha großen Gesamtfläche der Aspanggründe vorgesehen. Unsere Vorstellung für den Weltfriedenspark umfasste nicht mehr als ein Drittel des gesamten Baugebietes. Dafür bietet sich der Bereich an, in dem durch die unterirdische Trassenführung der Flughafenschnellbahn vermutlich ohnedies schwierige Baubedingungen bestehen.
Im Steuerungsteam selbst saßen mehrere Vertreter der SPÖ, eine Vertreterin der Grünen, zwei der ÖVP, einer der FPÖ, sowie vier Bürgerinnen und Bürger bereits bestehender Agendagruppen, von denen uns in der Diskussion nur einer unterstützte.
Es ist mir bis heute unbegreiflich, warum uns nahe gelegt wurde, einen anderen Ort für die Realisierung unserer Parkidee zu suchen. Allerdings: die Bebauung hatte in den Köpfen der Strukturplaner und des im Wettbewerb siegreichen Architekten Wimmer schon stattgefunden und die BAI reagierte gereizt auf meine Frage, wie die Grundstücksnutzung aussehe. Man war über unseren Wunsch nach mehr Grünfläche nicht sehr erfreut. Nach zahlreichen Gesprächen mit verschiedenen Politikern bedeutete man uns, wir sollten unsere Idee nochmals dem Steuerungsteam vorstellen und einen anderen Namen für das Parkprojekt aussuchen.
Am 30. Juni 2006 brachten wir vor dem Steuerungsteam unsere Argumente zur Sprache, dennoch blieb man dabei, dass

wir dafür einen anderen Ort auswählen sollten und der von uns vorgeschlagene »Weltfriedenspark« nicht auf den Aspanggründen realisiert werden könnte. »›Friede‹ passt hier nicht!« und – besonders geschmackvoll angesichts der Geschichte des Ortes – »Der Zug ist abgefahren!«, wurde uns beschieden. Ich konnte es kaum fassen – dabei ging es nur darum, die Möglichkeit eines solchen Weltfriedensparks ernsthaft zu diskutieren.

Bürgerinitiativen kritisieren den Umgang mit besorgten Menschen, die in Großprojekten, von denen sie oft erst durch Zufall erfahren, eine Gefährdung ihrer Lebensqualität erblicken. Sehr oft wird die betroffene Bevölkerung zunächst mit allen nur denkbaren Tricks, die eine unzulängliche Baurechtsordnung zulässt, von jeglicher Mitwirkung ferngehalten. Wenn dann in einer späteren Phase berechtigte Kritik geübt wird, heißt es: was soll das Gesudere, warum melden sich die Kritiker erst jetzt, warum haben sie nicht gleich gezeigt, wie man es besser machen kann? Wenn Investoren am Bürgerwiderstand und an den Argumenten der Bürgerinnen und Bürger erkennen, dass Bauprojekte nicht so einfach wie angedacht realisiert werden können, dann werden Bürgerinitiativen als Verhinderer angeprangert. Engagierte Bürgerinnen und Bürger wurden als Projektmörder und als Lügner, die falsche Tatsachen verbreiten, bezeichnet. Nicht einmal vor Klagsdrohungen scheute man zurück, und das auch wegen Behauptungen, die man auf einer Homepage der Stadt Wien nachlesen konnte!

Bürgerinitiative Rothneusiedl
10. Bezirk
Homepage: www.stoppmegacity.at
Entstehung: 9. März 2007
Gegenstand: Erhaltung des Grüngürtels im Gebiet Rothneusiedl

Wider die Natur

Bereits seit vielen Jahrhunderten besteht im Gebiet Rothneusiedl eine intakte Natur mit einer überaus reichen Flora und Fauna; und seit mehr als 300 Jahren bestellen die Bauern Wiens dort ihre Äcker, viele davon auf biologischer Basis und selbstverständlich ohne Gen-Manipulation.
Archäologische Funde zeigen, dass Rothneusiedl aufgrund seines fruchtbaren Bodens bereits vor einigen tausend Jahren begehrter Siedlungsplatz war. Awaren und Kelten ließen sich hier nieder, nicht zuletzt auch die Römer. Das Gebiet entlang des Liesingbaches war in der Antike von zahlreichen Gehöften und Siedlungen geprägt, die das Legionslager Vindobona und die zivile Bevölkerung mit landwirtschaftlichen

Abb. oben: Bäumchenpflanzen der Bürgerinitiative bei der Fieberkapelle. Der an der Fieberkapelle (Baujahr 1709) vorbeiführende Feldweg soll zur A 24 ausgebaut werden.

Erträgen versorgten. Diese bäuerliche Tradition setzte sich in weiterer Folge im Mittelalter bis in die Gegenwart fort.
Rothneusiedl war bis vor kurzem ein relativ unbekanntes Gebiet im 10. Bezirk, das nun städtebaulich »entwickelt« werden sollte. Was wohl unter diesem Begriff »entwickeln« zu verstehen ist?
Der Verdacht drängt sich auf: unter »entwickeln« soll elegant das Synonym »verbauen« versteckt werden, welches im Zusammenhang mit der geplanten U1-Verlängerung wohl passender scheint. Die Linie U1 soll, wenn es nach den Planern der Stadt Wien geht, mitten in den Feldern von Rothneusiedl ihren Endpunkt haben!
Was rund um diese Endstation dann wohl nachfolgen wird, lässt sich unschwer an zahlreichen ähnlichen Beispielen in Wien zeigen und ist aus den Plänen der Stadt auch bereits ersichtlich: Einkaufszentren, große Wohnsiedlungen (eine U-Bahn in ein Gebiet zu planen zahlt sich erst ab einigen tausend Wohnungen aus), Baumärkte und andere Großfirmen und Parkhäuser für Einpendler aus dem Umland, die kaum genutzt werden, wie die Endstationen in der Leopoldau, in Simmering oder in Ottakring zeigen.
Diese »Verbauung« bedeutet die Zerstörung der intakten Natur Rothneusiedls und die Errichtung energiefressender Wohn-, Shopping- und Entertainment-Tempel in Zeiten von Energiekrise, Teuerungswelle, Ölknappheit und Klimawandel auf bestem stadtnahen Grund bei gleichzeitiger Vernichtung eines wesentlichen Teiles der Wiener Landwirtschaft. Dagegen wehrt sich die Bürgerinitiative Rothneusiedl!

Es ist Weihnachtsabend, kurz vor der Bescherung. Mein Sohn und ich machen uns wieder einmal auf, unsere schon obligatorische „Weihnachtsrunde" abzuschreiten.
Einige Minuten, nachdem wir unsere Wohnhausanlage in Rothneusiedl, in der Nähe des Liesingbaches, verlassen haben, sind wir bei den letzten Häusern von Wien. Wir treten aus den Lichtern der Straßenlaternen in die mond-

beschienene Unberührtheit der schneebedeckten Felder. Über uns die ersten Sterne in einer frostigen, klaren Nacht, im Westen noch die tiefe Bläue der Abenddämmerung. Nach 10 Minuten Stapfens durch den Schnee schrecken wir ein paar Rehe auf, etwas später einige Hasen. Es herrscht geradezu Natur pur; außer den Tieren und uns ist nichts zu hören. Es scheint beinahe, wir seien alleine auf dieser Welt, und das wohlgemerkt am Rande der Großstadt Wien …

Nach einer weiteren halben Stunde, gegen Ende unserer Runde, erreichen wir den Stall des Hascha-Hofs, wo wir die Kühe und Schafe in ihrer wohligen Stallwärme hören und auch riechen können.

Ein paar Minuten darauf wieder im Licht, ein paar Schritte über die Brücke des Liesingbachs, und wir sind wieder zuhause. Meine Frau in meinem Arm, deren Mutter ist bei uns, Bescherung, Weihnachtsfriede …

Wer ähnliches kennt, wer diese Empfindungen nachzuvollziehen imstande ist, der weiß: Dafür lohnt es zu kämpfen!

Manchmal erhalten Bürgerinnen und Bürger aus der Umgebung eines Bauprojektes rechzeitig Informationen über das Geplante und es gelingt ihnen, eine Mitwirkung bei der Projektentwicklung zu erreichen. Auch wenn die Widerstände gewaltig sind und vernünftige Vorschläge der Bürgerinnen und Bürger oft auf taube Ohren stoßen, führt Partizipation zu einer Verbesserung der Planung. Der Ersatzbau für die abgerissene Remise in Breitensee zeigt, wenn auch nur ansatzweise, dass Bürgerbeteiligung kein Nachteil für das Projekt ist, sondern ein Vorteil für alle sein kann.

Bürgerinitiative Aktion Lebenswertes Breitensee
14. Bezirk
Homepage: www.aktion-lebenswertes-breitensee.at
Entstehung: 10. April 2007
Gegenstand: Verbauung der Remisengründe (Karree) Breitensee

Die Remise

Bürger werden initiativ

Der Entwicklungsplan der Stadt Wien ist so allgemein gehalten, dass seine Konkretisierung in den Händen der wirtschaftlich Interessierten liegt, die nicht nur planen, sondern sich ihre Planung durch eine entsprechende Widmung »absegnen« lassen.

Die Lokale Agenda 21, die Bürgerinteressen auf Bezirksebene wahrnimmt, versagte im Falle der geplanten Verbauung der Remisengründe in Breitensee als Instrument, die Interessen der Bürgerinnen und Bürger zu vertreten. Deshalb bildete sich im Falle der Remise der Straßenbahnlinie 49 in der Hütteldorfer Straße 110 die Bürgerinitiative »Aktion Lebenswertes Breitensee«.

Eine dem Abriss geweihte Remise fasziniert Stadtentwickler und bietet eine einmalige Gelegenheit, einem ganzen Viertel neue, moderne Impulse zu geben: ökonomisch, kulturell, architektonisch und künstlerisch. Doch es war nicht vorgesehen, gemeinsam mit der Bürgerschaft zu planen und Anwohnerinteressen zu berücksichtigen. Die Stadtverwaltung wollte sich heraushalten und argumentierte damit, dass es sich um ein privates Projekt handle. So erfuhren die Bürger eher zufällig von den Plänen. Die Bürgerinitiative versuchte, alle Akteure zu einer beispielhaften, offenen und visionären Zusammenarbeit zu motivieren.

Politik braucht Anstoß

Bei den politisch Verantwortlichen und in der Verwaltung vermisst man Visionen für die Weiterentwicklung des Bezirks. Es gibt kein kommunales Konzept, um die Hütteldorfer Straße als Einkaufstraße weiter zu entwickeln. Die Aktion lebenswertes Breitensee brachte durch ihre Aktivitäten ein teilweises Umdenken zustande und forderte die Errichtung einer Volkshochschule, eines Ärztezentrums, einer Expositur der Krankenkasse und einer Musikschule. Die Aufnahme in eine feste Planung lässt jedoch auf sich warten.

Bauträger lädt Bürgerinitiative ein

Der private Bauträger lud die Bürgerinitiative als stimmberechtigtes Mitglied in die Jury des Architekturwettbewerbs ein – ein bisher einmaliger Vorgang. Die Bürgerinitiative nahm diese Einladung nach einigem Überlegen mit gemischten Gefühlen an, denn es besteht dabei stets die Gefahr, als Bürgervertretung an der Planung eines Bauwerks teilzunehmen, das am Ende von den Anrainern abgelehnt wird. Wir hatten daher auch von Anfang an das Gefühl, nur als Alibiteilnehmer eingeladen zu sein. Beim folgenden Architektenwettbewerb wurden fünf architektonische Lösungen präsentiert, die sich vordergründig an den kommerziellen Interessen des privaten Bauträgers orientierten. Ihre architektonische Qualität war mäßig und die Berücksichtigung der Anrainervorschläge unzureichend. Da wir keinem dieser fünf Entwürfe mit gutem

Gewissen vorbehaltlos zustimmen konnten, enthielten wir uns der Stimme. Sieger wurde schließlich das Projekt mit den unserer Meinung nach geringsten Mängeln, bei dem jedoch die Gebäudehöhe unseren Vorstellungen nicht entsprach. Die öffentliche Vorstellung der fünf Projekte fand reges Interesse der Anrainer.

Verkehrsstudie neu aufgelegt

Der Erstentwurf der Verkehrsstudie plante die Ein- und Ausfahrt der Garage, die auch eine Volksgarage enthalten sollte, in der Matzingerstraße. Es gab kein Verkehrskonzept der Stadt Wien. Die Bürgerinitiative warf die Frage auf, ob Garagen ausschließlich im Interesse der Wiener »Garagenlobby« gebaut werden sollten.

Durch die ursprünglich vorgeschlagene Lösung wäre die umgebende verkehrsberuhigte Zone von Kraftfahrzeugen überschwemmt worden. Nach vehementen Einsprüchen der Bürgerinitiative wurde dieser Plan abgeändert, indem Ein- und Ausfahrt geteilt wurden: die eine auf der Hütteldorfer Straße, die andere in der Matzingerstraße, letztere mit der Auflage, den Verkehr von der verkehrsberuhigten Zone fernzuhalten.

Planung nach Abbruch

Der Abbruch der Remise ist bereits erfolgt. Die Detailplanungen des Bauträgers sind derzeit im Gange. Der Entwurf des Flächenwidmungsplans bestätigt unsere Befürchtungen. Vorgesehen ist eine Anlasswidmung, die nur auf die Wünsche des Bauträgers, nicht aber auf die Lebensqualität der Anrainer Rücksicht nimmt.

Erfolg der Bürgerinitiative?

Der Bürgerinitiative gelang es nicht, vom Bauträger und der Politik eine Umsetzung der Bevölkerungswünsche zu erwirken. Allerdings hat die Bürgerinitiative erreicht, dass über das Verkehrsproblem nachgedacht wurde, bis eine bessere Lösung für die Garageneinfahrten gefunden wurde. Die Nutzung für Krankenkasse, Ärztezentrum, Musikschule und Volkshochschule wurde zumindest angedacht. Nicht gelun-

gen war die Unterbringung der Bezirksvorstehung in dem neuen Gebäude.
Die Bürgerinitiative erreichte, dass grobe Planungsfehler vermieden wurden, doch tatsächliche Kooperation mit den Bauträgern war nicht möglich. Die »ALB« wird die Vorgänge im Bezirk weiter kritisch beobachten und in ihrer Internetzeitung »Der Breitenseer« berichten und kommentieren.

Der Bezirksvorsteher von Döbling Adolf Tiller ist der längstdienende Bezirksvorsteher von Wien. Bürgerinnen und Bürger kritisieren mangelnde Transparenz bei Grundstückstransaktionen. Vor allem dann, wenn »Sie wünschen, wir widmen« auf dem Programm steht. Wenn unter der Decke gemauschelt wird, kann man aufmerksame Bürgerinnen und Bürger nicht brauchen. Wenn durch den Rechnungshof aufgedeckt wird, was man sorgfältig verbergen wollte, dann versucht man nicht, das Geschehene wenigstens zu einem kleinen Teil zu reparieren und ignoriert jede noch so berechtigte Kritik.
Die Bürgerinitiative »Pro Heiligenstadt« zeigt auf, wie Grundstücksspekulanten mit Hilfe des Bezirksvorstehers zu einem »Schnäppchen« in bester Döblinger Lage kamen und durch diesen Deal der letzte öffentlich zugängliche Sportplatz des Bezirks verloren ging.

Bürgerinitiative Pro Heiligenstadt (früher: Rettet Heiligenstadt)
19. Bezirk
Homepage: www.aktion21.at
Entstehung: Anfang 1989
Gegenstand: Verbauung der »Vienna-Parkplätze«
auf der Hohen Warte

Der windige Deal mit der Hohen Warte

Die Dauerkrise der Vienna

Der First Vienna Football-Club 1894 hat schon bessere Zeiten erlebt. Den letzten Meistertitel konnten die Blau-Gelben in der Saison 1954/55 auf der Hohen Warte feiern. Die mäßigen sportlichen Erfolge des Traditionsvereins schlugen sich in rückläufigen Zuschauerzahlen nieder, das geringe Publikumsinteresse hatte wiederum mangelnde Attraktivität für Sponsoren zur Folge. Nicht zuletzt ist auch Misswirtschaft dafür verantwortlich, dass sich die Vienna permanent in Geldnöten befindet.

Generaldirektor Krause von Vienna-Sponsor Rank Xerox machte sich um die fußballbegeisterte Döblinger Jugend verdient und öffnete das Parkplatzgelände für die Öffent-

lichkeit. Tore und Tischtennistische wurden aufgestellt. Der Fußballplatz erfreute sich Jahrzehnte lang großer Beliebtheit bei Hobbykickern.
Bezirksvorsteher Tiller schaute tatenlos zu, wie das 19.557 m^2 große Areal zusehends dem Verfall preisgegeben wurde. Es wurde nur noch als Deponie für Autowracks, als Bauhof und als Übungsplatz für Fahrschulen genutzt. Fußball konnte wegen Platzmangels kaum noch gespielt werden. Adolf Tiller bat die vom Bauhof lärmgeplagten Grätzelbewohner um Nachsicht, weil er die Vienna nicht um die Einnahmen aus dieser widmungsfremden Nutzung bringen wollte.
Die Vereinsführung der Vienna kümmerte sich nicht mehr um die Pflege der Grünflächen rund um die Parkplätze, obwohl der Verein als Pächter dazu verpflichtet wäre. Engagierte Mitglieder der Bürgerinitiative »Pro Heiligenstadt« sammelten Jahr für Jahr den Unrat ein, damit das Grätzel in Unterheiligenstadt nicht zum Döblinger Schandfleck verkommt.

Die »Königsidee« Adolf Tillers

Dass es mit der Vienna immer weiter bergab ging, beunruhigte Bezirksvorsteher Tiller. Zufällig kreuzten sich Tillers Wege mit denen von Adolf Wala, einem alten Freund und Kollegen aus gemeinsamen Creditanstalt-Bankverein-Zeiten. Der Ex-Nationalbank-Präsident ist längst in Pension. Im Hintergrund zieht er allerdings noch immer die Fäden bei der Nationalbank-Tochter IG Immobilien, bei der auch Berzirksrätin Susanne Heinz, Tillers Tochter, tätig ist.
Ein Immobilienunternehmen käme zur Rettung der Vienna gerade recht, steht doch als Gegenleistung auf der Hohen Warte jede Menge wertvoller Baugrund zur Verfügung. So oder ähnlich könnten die Überlegungen Tillers vor dem Zusammenführen der finanzmaroden Vienna mit IG Immobilien und der Stadt Wien ausgesehen haben.

Die Allianz von Grundstücksspekulanten & Gemeinde Wien

Nach der Jahrtausendwende wurde die Lage der Vienna immer prekärer. Als »schwarzer Verein« war der einstige Nobelklub aus Döbling nie ein Liebkind des Roten Wien. Für die

Erhaltung der Heimstätte auf der Hohen Warte, einstmals Europas größte Naturarena, muss der Traditionsverein selbst aufkommen, während die Stadt Wien die Großklubs Austria und Rapid fördert. In das Horr-Stadion in Favoriten und in das Hanappi-Stadion in Hütteldorf wurden unzählige Millionen gesteckt, für Investitionen auf der renovierungsbedürftigen Hohen Warte ist hingegen kein Geld vorhanden.
Wegen der drückenden Geldnot der Vienna wurde der langjährige geschäftsführende Vizepräsident Heinz Havelka, Autohändler und ÖVP-Gemeinderat, zum Rücktritt gezwungen.
Nach dem Rückzug Havelkas ging es Schlag auf Schlag: Architekt Gustav Blei führte als Vizepräsident die Geschäfte der Vienna. Dipl. Ing. Wolfgang Vasko, ein umtriebiger Bautechniker, wurde zur treibenden Kraft der geplanten Grundstückstransaktion. Das Sagen auf der Hohen Warte hatte eindeutig Adolf Wala. Aber auch IG-Geschäftsführer Ing. Hermann Klein griff ins Vereinsgeschehen ein.
Die Juristen im Vorstand der Vienna, Dr. Karl König und Dr. Johannes Patzak, warnten trotz der schwierigen finanziellen Situation eindringlich vor einem Verzicht auf die wertvollen Bestandrechte auf der Hohen Warte, doch sie wurden überstimmt.

Jetzt fehlten nur noch die Unterschriften unter jene Verträge, welche den First Vienna Football-Club 1894 vom Hauptpächter zum Unterpächter mit wenigen Rechten machen sollten. Mit der Unterschrift von Vizepräsident Blei gab es kaum Probleme, wurde der Architekt doch mit dem Neubau des Klubhauses der Vienna-Tennissektion beauftragt. Weil die Unterschrift eines zweiten Zeichnungsberechtigten nicht zu bekommen war, wurde der ehrenamtliche Sportliche Leiter Wilhelm Graber per Umlaufbeschluss zum zeichnungsberechtigten Finanzreferenten bestellt. Der Sportdirektor und Finanzchef in Personalunion konnte die Spielergehälter der in die Regionalliga abgestiegenen Vienna nicht mehr auszahlen. Nur gegen Unterschrift von Graber war die IG Immobilien bereit, der Vienna Finanzspritzen für den Spielbetrieb zu geben. Schweren Herzens und gegen sein Gewissen lässt er sich schließlich zur Unterzeichnung überreden.
Damit waren die verhängnisvollen Verträge unter Dach und Fach. In den komplizierten vertraglichen Vereinbarungen räumte die Stadt Wien der Nationalbank-Tochter IG Immobilien ohne Bieterverfahren und zu äußerst günstigen Bedingungen eine Kaufoption für das große Parkplatz-Grundstück mit einer Nutzfläche von mindestens 18.000 m² ein. Der Preis – 2,5 Millionen Euro in Geld, 4,5 Millionen Euro in Sachleistungen – lag wie der Rechnungshof später feststellte, weit unter dem Grundstückswert, den ein Gutachter der TU Wien mit mindestens elf Millionen Euro beziffert hatte.

Die rot-schwarze Packelei

Der routinierte ÖVP-Bezirksvorsteher Adolf Tiller bemühte sich, seine Parteifreunde im Gemeinderat quasi zu überreden, der Umwidmung gegen ihre Überzeugung zuzustimmen. Laut »Kurier« vom 13. Dezember 2002 soll er sich dieser heiklen Aufgabe «mit hochrotem Kopf « entledigt haben. Die ÖVP-Mandatare unterwarfen sich nur widerwillig dem Klubzwang, da sie von Gemeinderat und Kontrollausschuss-Mitglied Alexander Neuhuber, einem profunden Kenner der Immobilienbranche, über den bedenklichen Deal mit der Hohen Warte aufgeklärt worden waren.

Am 26. März 2004 beschloss der Gemeinderat mit Mehrheit von SPÖ und ÖVP die Umwidmung der Erholungs- und Sportfläche auf der Hohen Warte in Bauland. Ganz nach den Wünschen der Spekulanten. FPÖ und Grüne stimmten geschlossen dagegen.

Die deutliche Kritik des Rechnungshofes

Der Rechnungshof überprüfte die Gebarung der Bundeshauptstadt Wien im Bereich der Magistratsabteilung 69, die für Grundstücksverkäufe zuständig ist. Der Kernsatz seiner Kritik am Verkauf der Liegenschaften auf der Hohen Warte im Rohbericht vom 22. April 2004 lautet: »Eine verbotene Beihilfe laut EU-Richtlinie, da der Optionsvertrag ohne hinreichend publiziertes, allgemeines und bedingungsfreies Bieterverfahren abgeschlossen wurde.«

Zusammenfassend empfiehlt der Rechnungshof:

- Grundstücke nur nach einem öffentlichen Ausschreibungsverfahren an den Bestbieter zu verkaufen;
- für den Parkplatz Hohe Warte keine Baugenehmigung zu erteilen, um einen Vermögensnachteil für die Stadt Wien und einen unter dem Gesichtspunkt des Gemeinschaftsrechtes bedenklichen Verkauf zu vermeiden.

Der verantwortliche Stadtrat Werner Faymann ignorierte die Empfehlung des Rechnungshofes. Angesichts eines Nachteils von nicht weniger als 4 Millionen Euro für die Stadt, genauer gesagt für die Steuerzahler, kann man ihm den Vorwurf des sorglosen Umgangs mit Steuergeld wohl nicht ersparen.

Das vom Rechnungshof beanstandete Verlustgeschäft wurde gegen den Willen der protestierenden Bürgerinnen und Bürger realisiert, obwohl es laut Rechnungshof sehr wohl eine Möglichkeit gegeben hätte, den abgeschlossenen Optionsvertrag ungenutzt auslaufen zu lassen.

Die vergeblichen Bürgerwünsche

Bei der Präsentation des Bauprojekts, Februar 2003, im gut besuchten Seniorenwohnhaus auf der Hohen Warte bekam Bezirksvorsteher Tiller den Unmut der Heiligenstädterinnen und Heiligenstädter zu spüren. Aufgebrachte Grätzelbe-

wohner äußerten heftige Kritik an der geplanten Verbauung. Adolf Tiller erwies sich als glühender Verfechter des gigantischen Bauprojekts, und steuerte als Moderator des Informationsabends geschickt die Diskussion, indem er allzu kritische Wortmeldungen durch Entziehen des Mikrofons abrupt beendet. Die vorgebrachte Kritik versuchte er auf einige wenige nebensächliche Punkte zu reduzieren.
Noch im selben Jahr wurden weit mehr als 700 Protestunterschriften an Bezirksvorsteher Tiller übergeben. Im Rahmen der öffentlichen Auflage geben hunderte Döblingerinnen und Döblinger kritische Stellungnahmen zur Flächenwidmung ab, weil die Umwidmung u. a. nicht dem gültigen Stadtentwicklungsplan (STEP) 94 entspricht.
Trotz der über Bezirksvorsteher Tiller erfolgten Androhung einer Besitzstörungsklage durch die IG Immobilien hielt die Bürgerinitiative »Pro Heiligenstadt« auf dem Gelände der Parkplätze eine Protestkundgebung ab. Anschließend stellten sich Bezirkspolitiker aller Coleurs im Pfarrsaal einer Diskussion.
Da alle Proteste wirkungslos blieben, wandten sich beherzte Anrainer an den Verfassungsgerichtshof, der unverständlicherweise die Beschwerde abwies, weil er in der Vorgangsweise keine Anlasswidmung sieht. Die Bürgerinitiative betrachtet diese Entscheidung als Freibrief für die Fortsetzung der in Wien gängigen Praxis: »Sie wünschen, wir widmen!«.
Die Bürgerinitiative »Pro Heiligenstadt« wollte wenigstens einen kleinen Teil der Vienna-Parkplätze vor Verbauung retten und drängte auf die Wiedererrichtung eines öffentlich zugänglichen Sportplatzes.
Das brisante Thema wird in der ORF-Sendung »Bürgeranwalt« aufgegriffen. Leider kam nach Interventionen aus dem Büro von Sportstadträtin Grete Laska nur ein gekürzter Beitrag auf Sendung. Ein aufgezeichnetes Interview mit Ex-Weltklasse-Fußballer Franz Hasil, der im Sinne der Bürgerinitiative sprach, wurde komplett weggelassen.
Als letztes Mittel des Protestes richtete »Pro Heiligenstadt« eine Beschwerde an die Europäische Kommission, und zwar wegen einer möglicherweise rechtswidrigen Beihilfe der Stadt Wien, auf die bereits der Rechnungshof hingewiesen hatte.

Die verbaute Zukunft

Auf der Hohen Warte nahmen die Dinge unaufhaltsam ihren Lauf. Das Unternehmen IG Immobilien errichtete eine Luxus-Residenz nach internationalem Vorbild und nannte ihn »OrchideenPark«. Angemerkt sei, dass auf dem Areal der Luxus-Residenz in Unterheiligenstadt früher Lehmgruben waren; die ehemaligen Rothschild-Gärten mit Orchideenzucht befanden sich in der Gegend des Aussichtsweges, etwa 15 Gehminuten entfernt.

Die restlichen Grundstücksteile wurden mit Gewinn an den Projektentwickler Raiffeisen evolution weiter verkauft, der dort elf so genannte »Stadtvillen«, genau genommen vierstöckige Wohnklötze errichtete.

Alles ist verbaut. Wo können die Kinder und Jugendlichen noch vereinsunabhängig Fußball spielen? In ganz Döbling stehen nur die unbeliebten, engen »Käfige« zur Verfügung. Wer Rasenplätze sucht, muss in Währinger Parks gehen.

Die Zukunft der Vienna auf der Hohen Warte ist durch diesen Grundstücksdeal keineswegs gesichert. Der Traditionsverein ist als Unterpächter der Sportanlage nicht mehr durch das Wiener Sportstättenschutzgesetz abgesichert. Die unter Präsident Adolf Wala erfolgte Absiedelung des Vienna-Nachwuchszentrums in die Brigittenau verheißt nichts Gutes für die Vienna und die Hohe Warte.

2. Wer will mich? Wer schützt mich?

(Denkmal- und Stadtbildschutz)

Stadtbild und städtische Baudenkmale sind für die Identität einer Stadt bestimmend. Sie gehören zu den wesentlichen Faktoren, von denen die Lebensqualität in einer Stadt abhängt und die eine Stadt für ihre Bewohner lebenswert macht. Freilich stehen Gebäude mit Denkmalcharakter einer lukrativen Verwertung oft im Wege. Deshalb klaffen die Interessen der Grundeigentümer und jene der Bürgerschaft oft weit auseinander. Diese Kluft zu überbrücken ist Aufgabe des Ortsbild- und Denkmalschutzes. Der ist so konzipiert, dass Ämter das Interesse der Öffentlichkeit wahrzunehmen und gegen das der Grundeigentümer abzuwägen haben. Für den Schutz einzelner Gebäude ist das Bundesdenkmalamt zuständig; das im Zeitalter des Massentourismus immer wichtiger werdende örtliche Gesamtbild fällt in die Zuständigkeit der Bundesländer. Das Bundesland Wien, deckungsgleich mit der Stadtgemeinde, verfügt über die entscheidenden Instrumente, um städtische Ensembles zu schützen oder für die Abrissbirne freizugeben: die Flächenwidmung und die Schutzzonen.

Man kann eine denkmalgeschützte Immobilie umwidmen. Dadurch wird der Denkmalschutz zwar nicht beseitigt, aber doch entscheidend entwertet. Ist nämlich einmal eine Fläche, auf der sich ein denkmalgeschütztes Objekt befindet, ohne Beschränkung zu lukrativem Bauland umgewidmet, wächst die Begehrlichkeit des Eigentümers, das Objekt verfallen zu lassen. Das Denkmalschutzgesetz bietet außer der Bereitstellung der erforderlichen Mittel keine Handhabe, diesem Verfall Einhalt zu gebieten. Der Eigentümer braucht nur zuzuwarten, bis der Zustand des Objekts einen Schutz nicht mehr rechtfertigt. Wenn nichts Schützenswertes mehr vorhanden ist, hat er freie Bahn für den Abriss. Schadhafte Dächer oder Brandschäden beschleunigen mitunter den Lauf der Dinge.

Und wenn gar nichts geht, dann kommen Freitag abends, wenn die beamteten Denkmalschützer nicht erreichbar sind, die Bagger und beginnen ihr Zerstörungswerk. Die gesetzlich vorgesehenen Höchststrafen werden aus der Portokasse bezahlt. Der Denkmalschutz ist weg: Zerstörtes kann nicht mehr geschützt werden.
Ein Beispiel dafür, wie Gesetze, die im Interesse der Bevölkerung erlassen wurden, durch eklatanten Missbrauch der rechtlichen Gestaltungsmöglichkeiten für private Interessen umfunktioniert werden, ist Wiens Augarten.

Bürgerinitiative Freunde des Augartens
2. Bezirk
Homepage: www.baustopp.at
Entstehung: Ende 1998 (als Verein Dezember 2005)
Gegenstand: Schutz des historischen Gartendenkmals Augarten

Im Würgegriff der Begehrlichkeiten

(Rechts-Bruch-Stücke)

1775 hat Joseph II. den Wiener Augarten, bis dahin ein kaiserlicher Jagdgarten, für die Allgemeinheit geöffnet: »Allen Menschen gewidmeter Erlustigungsort von ihrem Schätzer«, wie es über dem mächtigen Augarten-Tor in Goldlettern prangt. Während des Nationalsozialismus wurden im Prachtgarten zwei monströse Betonbunker, sogenannte FLAK-Türme, errichtet, die den Menschen bei Bombenangriffen Zuflucht und den Fliegerabwehrkanonen (FLAK) eine Operationsplattform boten.

Der Augarten steht unter vielfältigem Schutz: Denkmalschutz, Ensembleschutz, Parkschutz, Naturschutz, Umweltschutz.

Trotzdem müssen die Bürger und Bürgerinnen selbst den Park schützen, denn Politik und Verwaltung versagen. Unter dem Mäntelchen von Demokratie und Rechtsstaat

Abb. oben: Pförtnerhaus am Augartenspitz

wird versucht, das Rad der Augarten-Geschichte in die Zeit vor Joseph II. zurückzudrehen und den Augarten den Begehrlichkeiten nimmersatter Investoren preiszugeben. Gegen die FLAK-Türme konnten sich die Menschen nicht wehren. Sie ragen aus dem Augarten auf als Mahnmal gegen Krieg und Faschismus.

Auch nach dem Krieg sollten immer wieder Stücke des Augartens der widmungsgemäßen Nutzung entzogen werden. Dem jüdischen Sportklub Hakoah hatte das Nazi-Regime seinen Sportplatz im Wiener Prater geraubt. Bei der Restitution plante man, den Verein Hakoah mit einem Grundstück aus dem Augarten zu entschädigen.

Eine Bürgerinitiative hat sich schützend vor den Augarten gestellt. Nicht weil sie gegen eine Restitution an die Hakoah auftreten wollte, sondern weil sie den Augarten vor der Zweckentfremdung und der damit zwangsläufig verbundenen Bebauung schützen wollte. Schon damals war absehbar, dass die Zulassung eines solchen Projekts ein gutes Argument für die Begehrlichkeiten anderer potenzieller Bauherren sein würde. Der Sportverein Hakoah erhielt seinen Sportplatz zurück, nicht im Augarten, sondern dort, wo er einst gewesen war: im Wiener Prater.

Kurz darauf zeichnete sich die nächste Gefahr ab: der westliche FLAK-Turm sollte zu einem Datencenter um- und ausgebaut werden. Eine sinnvolle Nutzung solcher Großdenkmäler liegt nahe. Allerdings stellt sich dabei die grundsätzliche Frage: Ist ein Mahnmal wie der FLAK-Turm geeignet für eine kommerzielle Nutzung? Ist nicht vielmehr die Funktion als Mahnmal allein die sinnvollste Nutzung? Und vor allem: wie weit verliert ein Mahnmal durch die Nutzung seinen Charakter? Wirkt eine mit der nutzungsbedingten Veränderung einhergehende Behübschung für nachfolgende Generationen nicht als Verniedlichung dessen, woran das Denkmal mahnen sollte?

Wieder waren es die initiativen Bürgerinnen und Bürger, die darauf hinwiesen, mit welchen Folgen ein solches Projekt verbunden sein würde, Folgen, an denen die Verantwortlichen konsequent vorbeisehen: die Kommerzialisierung und

Verharmlosung eines historischen Zeugnisses wider Krieg und Faschismus, die Schaffung neuer Verkehrswege durch den Park, den zusätzlichen motorisierten Verkehr im Gartenbereich, die den umgebenden Grünflächen abträgliche, monatelange intensive Bautätigkeit und vor allem die unwiderrufliche Abtrennung von Teilen des Augartens zugunsten privater Nutzer.

Das Bundesdenkmalamt lehnte die Veränderung des denkmalgeschützten FLAK-Turmes als gesetzwidrig ab. Der Rechtsstaat gibt dem Bauwerber die Möglichkeit, gegen einen ablehnenden Bescheid des Bundesdenkmalamtes zu berufen. Über die Berufung entscheidet das dem Denkmalamt vorgesetzte Ministerium (Gehrer). Und wie entschied Frau Ministerin? Natürlich (ist man versucht zu sagen) gegen das Denkmal. Hier klafft eine rechtsstaatliche Lücke: Ein abgewiesener Bauwerber kann gegen eine Entscheidung berufen, kann sogar ein Höchstgericht anrufen. Das Bundesdenkmalamt kann das – de facto – nicht, die von ihm zu repräsentierende Öffentlichkeit schon gar nicht. Die Stadt Wien als Baubehörde könnte sich aus Gründen der Raumordnung noch gegen den Bau aussprechen.

Wie ein Zangenangriff mutete die fast gleichzeitig publik gewordene Idee an, den Augarten auch auf der dem FLAK-Turm gegenüberliegenden Seite »anzuknabbern«. Die Idee, das in den barocken Gebäuden auf dem sogenannten »Augartenspitz« untergebrachte Filmarchiv durch Zubauten zu erweitern, führte zu einem Wettlauf um das begehrte Areal. Die Wiener Sängerknaben traten mit einem Mäzen auf den Plan. Ein als »Konzertkristall« angepriesener moderner Konzerthallenbau sollte nach den Vorstellungen seiner Initiatoren genau dort entstehen, wo barocke Nebengebäude samt Parkmauer den »Augartenspitz« benannten Parkteil begrenzend umgeben. Weder der Verein Wiener Sängerknaben noch ihr Geldgeber, ein erfolgreicher Investor, suchten den Dialog mit Bürgern und Bürgerinnen.

Wiens Bürgermeister und die zuständige Ministerin setzten sich beim Präsidenten des Bundesdenkmalamtes für das Projekt ein. Das wäre allerdings nicht notwendig, lägen die ge-

setzlichen Voraussetzungen dafür vor, denn dann könnte das Bundesdenkmalamt seine Genehmigung gar nicht verweigern. Der Präsident des Bundesdenkmalamts hatte vielmehr die undankbare Aufgabe, einem Projekt die Zustimmung zu verschaffen, für die es – auf dem Boden des Gesetzes – keine Zustimmung geben konnte. Doch wieder engagierten sich Bürgerinitiativen, diesmal von vielen Gleichgesinnten unterstützt, und nannten in einer vielbeachteten Pressekonferenz die Dinge öffentlich beim Namen. Nicht nur das Denkmalamt, auch das Ministerium und die Stadt Wien wurden aufgefordert, zum Projekt Stellung zu nehmen.
Ein kleines österreichisches Wunder geschah: eine mutige Beamtin, die nicht willens war, Interventionen nachzugeben, wurde Nachfolgerin des scheidenden Präsidenten im Denkmalamt. Unter ihrer Leitung verweigerte das Bundesdenkmalamt dem Projekt, welches einen Abriss barocker Bausubstanz mit sich gebracht hätte, seine Zustimmung. Der Bauträger zog es zurück – und plant eine Verkleinerung, von der er noch kurze Zeit zuvor erklärt hatte, sie wäre mit dem Projekt nicht zu vereinbaren.
Zu den unbewiesenen und auch nicht beweisbaren Behauptungen zählt die Aussage, der Konzertsaal sei als Proben- und Aufführungsraum nur an diesem Standort für die weitere Existenz der Wiener Sängerknaben unentbehrlich. Nicht irgendwo in der Nähe ihres Stammsitzes im Augartenpalais, sondern direkt im denkmalgeschützten Augarten sollte der Konzertsaal erbaut werden. Eine Diskussion über Standortalternativen wurde schlichtweg verweigert.
Das Bundesdenkmalamt wusste, dass die ihr übergeordnete Instanz, die Bundesministerin, einen ablehnenden Bescheid – so wie beim Riesenrundgemälde in Innsbruck – einfach aufheben würde. Es genehmigte, gestützt auf ein Gutachten, das Projekt und ebnete so den Weg für die Baugenehmigung – und für einen weiteren Akt der Denkmalzerstörung.
Eine Bürgerinitiative kämpft im Verein mit fast einem Dutzend anderer Initiativen weiterhin, nicht etwa gegen die Wiener Sängerknaben, auch nicht (nur) für die Erhaltung des Augartens, sondern vor allem gegen die schleichende Un-

terminierung des Rechtsstaates. Es sind Menschen dabei, die noch genau wissen, wie aus einem demokratischen Rechtsstaat langsam und fast unmerklich eine Diktatur werden kann, wenn man mit »unbedeutenden« oder »unwichtigen« Dingen allzu salopp umgeht. Es gilt, dem »Druck« einflussreicher Personen, die an die Allmacht ihrer finanziellen Mittel oder ihrer politischen Stellung glauben, etwas entgegen zu halten.

Der Augarten ist ein schützenswerter Naherholungsraum für Tausende Wiener. Er ist aber darüber hinaus auch ein Beispiel für den schlampigen Umgang von Verwaltung und Politik mit dem Recht – und mit den Anliegen der Bürger und Bürgerinnen. Die werden gerade deshalb weiterhin um den Augarten kämpfen und nicht hinnehmen, dass manche den Augarten als ihr Privateigentum betrachten.

Die Präsidentin des Bundesdenkmalamtes Dr. Barbara Neubauer sagte in einem Interview: »Bewahren heißt ja nicht, dass alles so bleiben muss, wie es ist. Bewahren heißt ja auch, bewusst mit etwas Altem leben. Nur so kann ich Geschichte wirklich weitergeben.« Unbemerkt von einer größeren Öffentlichkeit ist das auf der Wieden gelegene barocke Palais Schönburg ein Musterbeispiel dafür, wie Aufmerksamkeit und Hartnäckigkeit von Bürgerinnen und Bürgern zu einem für alle befriedigenden Ergebnis geführt haben.

Bürgerinitiative Palais Schönburg
4. Bezirk
Homepage: www.more.at/bi-schoenburg
Entstehung: Frühjahr 1998
Gegenstand: Erhaltung des barocken Palais Schönburg
(Lukas von Hildebrandt)

Ende gut, alles gut?

Nach der zweiten Türkenbelagerung wurde an den Abhängen im Süden Wiens eine Reihe von Sommer-Gartenpalästen gebaut. Wie Prinz Eugen und andere Adelige ließ sich auch Graf Starhemberg, der Kommandant der Stadtverteidiger, nach den Plänen von Lukas von Hildebrandt ein repräsentatives Gartenpalais errichten, das auch als »kleine Schwester des Belvedere« bezeichnet wird.
Das Palais, das zuletzt von der Familie Schönburg-Hartenstein bewohnt wurde, wechselte wiederholt seinen Besitzer und wurde mehrmals – zuletzt zu Beginn des 19. Jahrhunderts – wesentlich umgestaltet. Der Garten – ursprünglich ein »französischer« Barockgarten – hat heute nur noch deutlich weniger als die Hälfte seiner ursprünglichen Ausdehnung und gleicht eher einem etwas verwilderten Naturgarten mit

Abb. oben: Palais Schönburg in neuem Glanz

altem Baumbestand. Das Palais jedoch hat seinen schlichten Charme erhalten und ist im Ensemble mit dem Garten von der UNESCO als so bedeutend erachtet worden, dass es in die Pufferzone des Weltkulturerbegebietes der Wiener Innenstadt einbezogen wurde.

In den 1970er Jahren war die Besitzerfamilie schließlich so verarmt und der Besitz durch Erbfolge so zersplittert, dass er von neuen Eigentümern übernommen wurde, die das Objekt wirtschaftlich nutzen wollten. Zunächst wurde an eine Hotelnutzung gedacht, doch das Palais – ursprünglich ein Sommerlusthaus der adeligen Familie – bot nicht genug Fläche dafür, denn es besteht fast nur aus Prunkräumen ohne nennenswerte Nebenräume. Die zum Palais gehörenden Nebengebäude waren, so weit sie nicht im 2. Weltkrieg zerstört worden waren, in einem desolaten Zustand. Erste Projekte von Bettentürmen neben den Salons im Haupttrakt wurden präsentiert, fanden aber zum Glück keine Genehmigung durch die Behörden. Das Palais versank daraufhin wieder in einen Dornröschenschlaf. Ein einsamer Hauswart war der letzte Bewohner, der Park verwilderte weiter und an den Gebäuden nagte der Zahn der Zeit. Als die Gartenmauer zur Straße einzustürzen drohte, musste die Stadt Wien mit einer Ersatzvornahme drohen; erst danach fand sich der Eigentümer zu einer Sanierung bereit.

Die Anrainer hatten sich ob der drohenden Verbauung einer der letzten Grünoasen in dem dichtverbauten Bezirk schon bald zusammengefunden und verfolgten alle Planungen im Palaisgebiet mit Argwohn.

Im Frühjahr 1998 wurde wieder ein Vorstoß zur Neugestaltung des Palaisareals unternommen: Die Stadt Wien sandte einen Vorschlag zur Erstellung eines neuen Flächenwidmungsplanes zur Begutachtung aus. In diesem Zusammenhang wurden die Pläne in der Bezirksvorstehung öffentlich aufgelegt und von Referenten der MA 21 erklärt. Dabei musste die Bürgerinitiative feststellen, dass einige Bereiche des Parkschutzgebietes (damals auch noch Landschaftsschutzgebiet im Naturschutz) rund um das Palais mit »BB« gekennzeichnet waren. Die Referentin der MA 21 hatte aber »leider

nicht alle Unterlagen bei sich« und konnte daher über diese Areale nicht erschöpfend Auskunft geben. Nach einigen Telefonaten und Rücksprachen mit Beamten der MA 21 A war klar, dass »BB« besondere Bebauungsbestimmungen für spezielle Flächen bedeutet. Es waren nicht nur wesentlich voluminösere Nebengebäude konzipiert, als sie je bestanden hatten (ihr Bauvolumen hätte jenes des Palais übertroffen), es war auch ein großflächiges unterirdisches Bauwerk mit mehreren Geschoßen direkt vor der stadtseitigen Front des Palais geplant, wofür eine Rodung fast aller Bäume im Vorgarten des Palais erforderlich gewesen wäre. Ob das Palais eine Bauführung in dem geplanten Umfang überhaupt unbeschadet überlebt hätte – der unterirdische Neubau hätte talseitig fast 10 m unter die bestehenden Fundamente des Barockbaues gereicht – steht glücklicherweise nicht mehr zur Diskussion.
Eine Bürgerinitiative formierte sich im Handumdrehen. Heftige Diskussionen im Bezirk sowie mehrere Petitionen folgten, bis die Bezirksversammlung den Entwurf des Flächenwidmungsplanes 7026 einstimmig ablehnte. Wahlen standen bevor, und in Vorwahlzeiten kommt derart kontroversiell gesehenen Widmungen keine Priorität zu.
Im Frühjahr 2003 kam es zur Präsentation neuer Bebauungspläne. Die Nebengebäude waren noch größer geplant und versperrten den Blick von der Straße auf das Palais. Auch die neuen Pläne sahen eine Tiefgarage mit direktem Zugang zum Palais vor. Wieder flammten heftige Diskussionen auf, wieder lehnte die Bezirksvertretung das Projekt einstimmig ab. Diesmal kam Stadtrat Schicker persönlich in die Bezirksvorstehung, um sich über das Problem vor Ort zu informieren, lehnte es aber ab, Vertreter der Bürgerinitiative zu treffen. Der Eigentümer des Grundstückes argumentierte weiterhin, dass eine wirtschaftliche Nutzung des Areals die vorgesehenen Bauvolumina erfordere. Die Erhaltung des Palais oder seine kulturelle Nutzung waren dabei kein Thema. Als Alternative wurde noch ein Projekt mit Nebengebäuden im historischen Umfang und einem riesigen Neubau im hinteren Gartenbereich präsentiert.
Im März 2004 wurde ein etwas verkleinertes Bauprojekt

vorgestellt: die Nebengebäude waren zwar deutlich geschrumpft, aber immer noch wesentlich größer als in der Barockzeit, und es war abermals eine Tiefgarage vorgesehen. Diskussionen mit den Bezirksverantwortlichen, aber auch Petitionen an die Gemeinderäte im Planungsausschuss und an Stadtrat Schicker folgten. Der Bezirk sprach sich auch diesmal nur für Nebengebäude im klassischen Ausmaß und gegen eine Tiefgarage aus. Endlich zeitigte der Widerstand gegen die bisherigen Pläne Erfolg: Stadtrat Schicker reduzierte die Bebauungsbestimmungen für die Nebengebäude auf das historische Maß und nahm die Tiefgarage aus der Widmung heraus. Darauf hin wurde der entsprechend adaptierte Flächenwidmungsplan 7628 am 23. September 2004 im Wiener Gemeinderat beschlossen.

Im Sommer 2007 wurden alte, morsche Bäume im Park gefällt und durch Neupflanzungen ersetzt. Die 2007/08 erfolgte sanfte Sanierung des Palais (Renovierung von Dach und Fassade sowie der Einbau heutiger Haustechnik) ermöglichte eine Nutzung für kulturelle Zwecke und für Präsentationen.

Seit dem Sommer 2008 erstrahlt das Palais Schönburg wieder im alten Glanz und erlebt rauschende Feste, obwohl diese Nutzung als Veranstaltungsort jahrelang als wirtschaftlich nicht tragbar bezeichnet worden war. Die Bürgerinitiative konnte ihr Ziel der Erhaltung und Nutzung des Palais in seiner ursprünglichen Bedeutung erreichen, die Anrainer behielten einen Grünraum vor den Fenstern und dem Eigentümer gereichte diese Lösung sicher nicht zum Nachteil.

All das wurde durch die Unbeugsamkeit einer Bürgerinitiative erreicht, die nie eine organisierte Rechtsform annahm, sondern je nach Bedarf aus einer Handvoll oder aus mehreren hundert Personen bestand.

Im Bezirk Wieden haben drei politische Parteien ungefähr gleiches Gewicht und sind in etwa gleicher Mandatsstärke in der Bezirksvertretung repräsentiert. Dass für Mehrheitsbeschlüsse die Stimmen mindestens zweier großer Parteien erforderlich sind, war eine gute Voraussetzung für die Sensibilität der Mandatare gegenüber den Wünschen aus der Bevölkerung. Diese Zusammensetzung der Bezirksvertretung und

das Faktum, dass mehrmals bei den Auseinandersetzungen um das Palais Wahlentscheidungen bevorstanden, waren für den Erfolg der Bürgerinitiative nicht unwesentlich.
Die Bürgerinitiative hielt zu den politischen Parteien stets Äquidistanz und wehrte sich gegen Versuche zur Vereinnahmung von der einen oder anderen Seite.
Die Wachsamkeit der Bürger ist auch weiterhin vonnöten, denn für Nebengebäude im Park an den Flanken des Palais bestehen weiterhin aufrechte Flächenwidmungen. Was wird hier noch geschehen? Wenn von der Verbauungsmöglichkeit Gebrauch gemacht wird, werden die Zubauten in das Ensemble passen?

Auch um ein anderes kulturhistorisches Juwel mussten denkmalbewusste Bürgerinnen und Bürger lange kämpfen. Die in der Feldmühlgasse gelegene »Klimtvilla«, das letzte Atelier von Gustav Klimt, einem der bedeutendsten Maler, den dieses Land je hervorgebracht hatte, war lukrativen Verbauungsplänen im Weg. Hätte es keine initiative Bürgerschaft gegeben, wäre es vermutlich längst beseitigt worden. Ihrer Hartnäckigkeit ist es zu verdanken, dass man für die Zukunft der Klimtvilla wieder hoffen darf.

Verein Gedenkstätte Gustav Klimt
(vormals Bürgerinitiative Seniorenheim JA – Monsterbau NEIN)
13. Bezirk
Homepage: www.klimt.at
Entstehung: 1996, Umbildung 1998/99
Gegenstand: Erhaltung des letzten Ateliers von Gustav Klimt samt Garten für die Allgemeinheit

Das ungeliebte Kind

In Hietzinger Bezirksteil Unter St. Veit wurden im Grätzel an der Verbindungsbahn zwischen Auhofstraße und Hietzinger Hauptstraße einige alte Häuser mit Gärten – manche davon trotz Lage in einer Schutzzone – abgerissen und mit vergrößerter Kubatur neu gebaut. Schon 1996 bekämpfte eine Bürgerinitiative »Seniorenheim JA – Monsterbau NEIN« exzessive Ausnahmegenehmigungen hinsichtlich Bauhöhe und –tiefe für einen Bau, dessen „Aufhänger" ein Seniorenheim bilden sollte. Zwar konnten gegen die Bauwerber (ÖSW, Raiffeisen Leasing, Mischek) Teilerfolge errungen werden, aber gebaut wurde trotzdem: nachdem die Bauoberbehörde den Baugenehmigungsbescheid verworfen hatte, widmete die Stadt Wien das Gelände kurzerhand im Sinne der Bauwerber um.

Die Liegenschaft Feldmühlgasse 11, auf der die sogenannte. „Klimt-Villa", das letzte Atelier des berühmten Malers Gustav Klimt, nebst drei Flachbauten steht, ist seit 1954 im Eigentum der Republik Österreich. Wiederholt war ihre Veräußerung und Verbauung angedacht gewesen. 1998/99 etablierte sich die Bürgerinitiative daher als „Verein Gedenkstätte Gustav Klimt" („Klimtverein", www.klimt.at). Das letzte Klimt-Atelier war wiederentdeckt worden. Der Direktor der Schule HTL Spengergasse ermöglichte zunächst Veranstaltungen, später dann auch die Besichtigung der Atelier-Rekonstruktion im Erdgeschoss des erst 1923/24 zur „Villa" aufgestockten Gebäudes.

Immerhin kam die „Klimt-Villa" Ende 2000 auf die gesetzliche „Liste der historischen Objekte" und damit in die Verwaltung der Burghauptmannschaft Österreich, was diese zunächst nicht hinderte, nach Interessenten für einen Ankauf und nachfolgende Verwertung als Baugrund zu suchen.

Klimts Werkstattraum in der »Klimt-Villa«; Rekonstruktion vom Verein Gedenkstätte Gustav Klimt

Der Klimtverein organisierte viele Dutzende Feste, Konzerte, Vorträge, Ausstellungen und andere Veranstaltungen. Diese sowie in- und ausländische Medienberichte bewirkten nicht nur den Abschluss eines Bittleihvertrages mit der Eigentümerin (2002–2007), sondern auch, dass das ca. 5.500 m² große Areal trotz einiger Interessenten nicht verkauft wurde. Nach einem einjährigen Intermezzo mit der Österreichischen Galerie Belvedere wurde mit dem „Kuratorium für künstlerische und heilende Pädagogik" (Comenius-Institut) ein Fruchtgenussvertrag abgeschlossen. Zwei Flachbauten aus den 60er Jahren wurden für Behinderte adaptiert (Architekt Prof. Mag. E. Neversal); dabei konnten zwei Rosenstöcke aus dem 19. Jahrhundert erhalten werden. Die sogenannte Klimt-Villa wurde mit einer Nachtrags-Verordnung unter Denkmalschutz gestellt. Nun soll die Villa selbst renoviert/adaptiert und mit dem Klimt-Atelier in der Saison 2010/2011 wieder öffentlich zugänglich gemacht werden.

Die Gefährdung denkmalgeschützter Bauten durch von der Kommunalpolitik begünstigte »private« Bauträgern zeigt sich auch beim »Schubertturm« im 3. Bezirk (Erdberg). Dort hatte Schubert die Kantate »Prometheus« komponiert und im Garten aufgeführt. Entgegen der Zusage von Stadtrat Schicker, die Grünfläche des »Schuberthauses« zu erhalten und der Öffentlichkeit zugänglich zu machen, wurde sie in Bauland umgewidmet. Der »Schubertturm« soll zugebaut, der alte Baumbestand gerodet werden. Ein dreistämmiger alter Ahornbaum und eine Kastanie mussten am ersten Bautag daran glauben. Detail am Rande: für die Planung zeichnen Frank & Partner. Einer dieser Partner ist DI Rudolf Zabrana (SPÖ), Bezirksvorsteher-Stellvertreter und Vorsitzender des Bauausschusses im 3. Bezirk.

2001 brannten die Sofiensäle, ein unter Denkmalschutz stehendes, berühmtes Bauwerk des 19. Jahrhunderts in der Marxergasse im 3. Bezirk. Während der Flämmarbeiten im Zuge von Dachausbesserungen fing am heißen 16. August 2001 der Dachstuhl Feuer.

Wenige Stunden später waren die Sofiensäle eine traurige Ruine. Nicht die Flämmarbeiten an dem heißen Sommertag waren die Brandursache, sondern ein wenige Tage zuvor – wie? – entstandener Schwelbrand. Dies hatte der Gutachter im späteren Strafverfahren gegen einen Bauarbeiter festgestellt.
Nach aufreibenden Kämpfen, die dem Eigentümer immer weniger Chancen auf den beabsichtigten Abriss eröffneten, wurde das Objekt an eine zum Bereich der Wiener Immobilien Holding zählende Gesellschaft veräußert. Die nachfolgende Darstellung dieses jahrelangen Ringens um den Erhalt der Sofiensäle gibt ein Bild davon, welchen Hindernislauf Bürgerinnen und Bürger absolvieren müssen, um im Interesse der Allgemeinheit – nicht in ihrem eigenen – ein Ziel zu erreichen, das auch ohne diesen Einsatz eine Selbstverständlichkeit sein sollte.

Bürgerinitiative Rettet die Sofiensäle
3. Bezirk
Homepage: www.rettet-die-sofiensaele.at.
Entstehung: August 2001
Gegenstand: Erhaltung und Revitalisierung der denkmalgeschützten Brandruine Sofiensäle

Feuer am Dach

In den ersten Tagen nach dem verheerenden Brand in den Sofiensälen hätte kaum jemand in Österreich auch nur einen Cent auf die Zukunft des Gebäudes gewettet. Zeitungen schrieben über das »Ende der Sofie« und hielten einen Wiederaufbau für nicht finanzierbar. Bei einem Lokalaugenschein am Morgen nach dem Brand mischte sich in die Bestürzung über das Ausmaß der Zerstörung zunehmende Wut. Spontan bildete sich eine überraschend große Bürgerinitiative zur Rettung der Sofiensäle, doch sie schien auf verlorenem Posten zu kämpfen. Ihr stärkstes Argument, dass nach dem Brand in der Hofburg die Redoutensäle wiederhergestellt wurden, versuchte man damit zu entkräften, dass diese baugeschicht-

Abb. oben: Der Große Saal (fünf Jahre nach dem Brand fotografiert) steht weiterhin unter Denkmalschutz und soll wiederaufgebaut werden.

lich bedeutsamer wären als die Sofiensäle. Die Bagger waren schon bestellt, der Abriss schien unmittelbar bevorzustehen. Acht Jahre später gibt es einen von allen Instanzen bestätigten, aufrechten Schutzbescheid für die Sofiensäle. Sogar der Wiener Bürgermeister bekannte sich zum Erhalt der Sofiensäle. Wie war es möglich gewesen, das scheinbar Unmögliche zu erreichen? Es gab kein Patentrezept dafür und es gibt ein solches bis heute nicht. Aber die Erfahrung lehrt: Hartnäckigkeit und die Bereitschaft, sich das nötige Fachwissen anzueignen und jedes auch noch so unwesentlich scheinende Detail zu beachten, sind Grundlagen, auf denen eine dynamische, glaubwürdige Medienpolitik aufgebaut werden kann, ohne die ein Erfolg einer Bürgerinitiative kaum möglich ist. Diesen Weg beschritt die Initiative »Rettet die Sofiensäle« mit Erfolg.

In den ersten Wochen nach dem Brand erfolgten tägliche Updates der Webpage www.rettet-die-sofiensaele.at. Unsere wichtigsten Erkenntnisse wurden über Presseaussendungen an die Medien weitergegeben. Die Bereitschaft, auch noch lange nach Mitternacht die Computer anzuwerfen, damit im Morgengrauen aktuelle Informationen abrufbar waren, machte sich bezahlt. Den enormen Zuspruch, den unsere Webpage fand, konnte man an den beeindruckenden Zugriffstatistiken ablesen: über drei Monate lang lag die Sofiensäle-Webpage unter den meistbesuchten nicht kommerziellen österreichischen Homepages an dritter Stelle!

Das umfassende Wissen, das wir uns angeeignet hatten, ermöglichte eine betont sachliche Argumentation, mit der wir innerhalb kurzer Zeit bei unseren Gesprächspartnern Vertrauen und Glaubwürdigkeit erlangten. In Fachdiskussionen mit dem Bundesdenkmalamt konnten wir schließlich entscheidend dazu beitragen, das wichtigste fachliche Argument für das Fortbestehen der Schutzwürdigkeit zu liefern.

Es erwies sich als Vorteil, parteipolitisch unabhängig zu bleiben. So legitim und erwünscht es sein mag, wenn Parteien versuchen, sich mit den Bürgeranliegen zu identifizieren, so wichtig ist es, dass sich die Bürgerinnen und Bürger eigenständiges Handeln vorbehalten und nicht in irgendwelche

Abhängigkeiten begeben. Alle Parteien respektierten es, dass die Bürgerinitiative diese Unabhängigkeit wahrte. Ebenso vorteilhaft erwies sich eine trotz emotioneller Befangenheit geübte Gesprächsdisziplin. Wer die besseren Argumente auf seiner Seite weiß, kann auf lautstarke Aktionen oder schlechte Manieren verzichten, zumal sie potenzielle Gesprächspartner unnötigerweise vor den Kopf stoßen.

Es erwies sich als überaus wichtig und hilfreich, von allen eingesehenen Aktenstücken, Plänen und Dokumenten Kopien angefertigt zu haben, den Schrift- und E-Mail-Verkehr dokumentiert zu haben und mündliche Aussagen, insbesondere von Zeugen des Brandgeschehens, schriftlich festgehalten zu haben – wenn möglich mit Unterschrift des Zeugen versehen.

Die sinkende Bereitschaft der Bevölkerung zu politischem Engagement gehört ins Reich der Legende. Das abnehmende Interesse für unproduktive, populistische Parteipolitik sollte nicht mit politischer Einsatzbereitschaft verwechselt werden, die in unserer Bürgerinitiative Monat für Monat durch unzählige Arbeitsstunden eindrucksvoll belegt wurden. Sie waren notwendig im Kontakt mit Magistrat, Denkmalamt, Bezirksvorstehung, allen im Parlament vertretenen Parteien, Polizei, Anrainern, Architekten, Brandspezialisten, Versicherungen, anderen Interessengruppen, Vereinen, Volksanwaltschaft, Staatsanwaltschaft, Rechtsanwälten, Archiven, der APA, freien Journalisten und den verschiedensten etablierten Medien; aber auch für die Kommunikation innerhalb der Initiative, die aufgrund einer klare Ressourcen- und Kompetenzverteilung reibungslos funktionierte.

Wir haben gelernt, dass Bürgerinitiativen von denen, deren Interessen sie unliebsam berühren, nicht gerade mit Glacéhandschuhen angegriffen werden. Da waren wir gut beraten aufzupassen, dass wir uns im Gespräch mit »harmlosen« Personen, die offenbar darauf angesetzt waren, uns auszuspionieren, nicht zu unbedachten Äußerungen hinreißen ließen. Sie wären möglicherweise willkommener Anlass gewesen, uns durch gerichtliche Schritte mundtot zu machen. Vor allem galt dies für Äußerungen im Zusammenhang mit der vor

Gericht eindeutig festgestellten Brandursache (Schwelbrand), ohne dass dabei die Frage aufgeworfen worden wäre, wer den Schwelbrand entzündet hatte.
Schließlich haben wir gelernt zuzuwarten. Das war nicht immer einfach, vor allem dann, wenn wir zusehen mussten, wie über jahrelangen Rechtsstreitigkeiten der traurige Rest der Sofiensäle Wind und Wetter ausgesetzt war und von Jahr zu Jahr weiter verfiel. Die Durchsetzung einer Schutzabdeckung, die bei einem gefährdeten Denkmal eine Selbstverständlichkeit sein sollte, kann zu einem Wettlauf gegen die Zeit werden. Wenn ein Denkmal aufgrund seines Zustands nicht mehr erhaltungswürdig ist, hört der Denkmalschutz nämlich auf. Die Eigentümer wissen das natürlich.
Die Hartnäckigkeit der Bürgerinitiative und das damit verbundene öffentliche Interesse an den Sofiensälen führte dazu, dass der Eigentümer seine ursprünglichen Pläne aufgab und die Immobilie an die zum Konzern der Wiener Immobilien Holding zählende ARWAG verkaufte, die den unter Denkmalschutz stehenden Teil des Gebäudes durch eine Schutzabdeckung vor Zerstörung bewahrte. Für die Verbauung des Areals wurden vor einigen Jahren Pläne vorgestellt, die eine Erhaltung der geschützten Bausubstanz vorsehen. Ob, wann und wie diese Pläne realisiert werden, steht in den Sternen. Wachsamkeit ist daher auch für die Zukunft angesagt.

»Anlässlich des 50. Geburtstags der Republik Österreich im Jahr 1969 beschloss die Stadt Wien, in Penzing, an der Wiener Westeinfahrt, ein Kinderheim zu errichten, wie es die Welt bisher nicht gesehen hatte: »keine Bewahrungsanstalt für ›schwer erziehbare Kinder‹, sondern eine zur Umgebung hin offene Struktur mit Einrichtungen wie Schwimmbad und Sporthalle, Theater und Café, die allen Bewohnern des Bezirks offen stehen sollte.« So beschrieb der Architekturkritiker Christian Kühn 2005 die »Stadt des Kindes«, ein sozialdemokratisches Vorzeigeprojekt, mit dem Wien einst Architekturgeschichte geschrieben hat.

Bürgerinitiative Kunst- und Kulturarche »Stadt des Kindes«
14. Bezirk
Homepage: www.aktion21.at
Entstehung: 15. August 2008
Gegenstand: Erhaltung des Architekturkomplexes »Stadt des Kindes«

Kein Herz für Kinder

Die »Stadt des Kindes« wurde 1969 von der Gemeinde Wien ins Leben gerufen und 1974 vollendet. Als soziale Einrichtung für Pflegekinder hatte sie europaweit höchste Anerkennung erhalten. Der Architekt, Prof. Anton Schweighofer gilt als einer der prominentesten Architekten Österreichs. Sein Konzept zeichnete sich dadurch aus, dass es auf die Bedürfnisse der Sozialeinrichtung ganz besonders eingegangen war und – im Gegensatz zu den bisher stets geschlossenen Jugendheimen – eine offene Struktur wählte. In einem lesenswerten Beitrag von Norbert Mayr in den Salzburger Nachrichten heißt es darüber: »Der Bau geht in seiner humanitären Dimension weit über funktionalistische Bedürfnisbefriedigung hinaus.

Abb. oben: Der Abriss schreitet fort

Schweighofer verband auf hohem Niveau soziologischen mit architektonisch freiräumlichem Anspruch. Er organisierte die vielfältigen Nutzungsangebote entlang einer inneren Fußgängerstraße mit Platzbildungen. Die Familiengruppen mit autonomer Betreuung lebten in fünf mehrgeschoßigen Wohnhäusern unmittelbar am weitläufigen Park im Süden. Die urbane, horizontal geschichtete Struktur ist von Transparenz und Kommunikation geprägt und verzahnt sich mit dem Naturraum. Lichtführung, Wegverbindungen und Terrassen vernetzen alle drei Dimensionen. Jugendclub, Schwimmbad, Theater, Turnsaal, eine Gaststätte und andere Einrichtungen (wie Kleintierzoo) waren zugleich öffentliche Anziehungspunkte. Die heterogene, zersiedelte Peripherie am Rande von Wien-Penzing erhielt einen zentralen, signifikanten, für Bewohner und Bevölkerung gut brauchbaren Ort.« Der Bauhistoriker Dietrich Worbs bezeichnete das Bauwerk als »Baudenkmal von europäischem Rang, das in seiner Bedeutung nur mit Aldo van Eycks früherem Kinderheim von 1958-60 in Amsterdam vergleichbar ist.«

Für das Areal der »Stadt des Kindes« gab es lukrative Angebote stadtnaher Immobilienunternehmungen. 2002 wurde das Kinderheim aufgelassen und die Kinderbetreuung »dezentralisiert«. Das Areal wurde verkauft, der Denkmalschutz aufgehoben. Die dafür gegebene Begründung des Bundesdenkmalamtes, dass die »durchaus architektonische Bedeutung angesichts der für die weitere Existenzfähigkeit des Baukomplexes absehbaren unumgänglichen Veränderungen nicht die Grundlage« einer Erhaltung sein könne, wurde von der Volksanwaltschaft mit Recht kritisiert. Architekt Schweighofer, dem man nach seinen eigenen Aussagen eine Mitsprache bei der beabsichtigten »Umgestaltung« zugesagt hatte, wurde nicht einbezogen. Die Einladung zu einer Podiumsdiskussion im Architekturzentrum Wien (AZW) über die Zukunft der »Stadt des Kindes« nahm weder ein Politiker noch ein Beamter der Stadt Wien an. Mit dem Verkauf ihres einstigen gesellschaftspolitischen und kulturellen Vorzeigeprojektes verabschiedete sich die Stadt Wien von ihrer Verantwortung für das soziale Projekt.

Als die Verkaufspläne bekannt wurden, forderten die beiden internationalen Denkmalpflege-Organisationen ICOMOS und DOCOMOMO eine erneute Unterschutzstellung der »Stadt des Kindes«. Universitätsinstitute der TH-München und der ETH-Zürich unterstützten diese Forderung. In Österreich setzten sich folgende Institutionen und Organisationen für die Erhaltung des Architekturkomplexes ein: Institute der TU Wien und der Akademie der bildenden Künste, die Bundessektion der Architektenkammer, Architektur in Progress, die Architekturstiftung Österreich und das Netzwerk Denkmalschutz schlossen sich dieser Forderung an. Die Stadt Wien und das Bundesdenkmalamt lehnten einen Denkmalschutz ab. Das weitgehend leerstehende Objekt geriet unter einen immer stärkeren Verwertungsdruck. Die spontan am 15. August 2008 gebildete Bürgerinitiative wollte in ein für September 2008 anberaumtes Gespräch mit Generaldirektor Mag. Hauberl, dem Chef der Eigentümerfirma ARWAG, konstruktive Vorschläge für eine Revitatilisierung einbringen. Doch dazu sollte es erst gar nicht kommen.
Während die zur Mitwirkung aufgeforderte Bevölkerung noch an brauchbaren Konzepten arbeitete, fuhren die Baumaschinen auf und demolierten den überwiegenden Teil des Komplexes. Lange bevor der zu errichtende Bau fertig geplant, geschweige denn bei der Behörde zur Genehmigung eingereicht war, wurde die »Stadt des Kindes« weitgehend zerstört. Das von der Bürgerinitiative fristgerecht eingebrachte Nutzungskonzept wurde seitens der ARWAG als »nicht entsprechend« abgewertet, weshalb der Bauträger auch keine Veranlassung mehr für das in Aussicht gestellte Gespräch sah. Die normative Kraft des Faktischen hat wieder einmal zugeschlagen.
Mit dem Weiterverkauf der Immobilie an einen anderen Baukonzern (STRABAG) wurde die ARWAG aus der Schusslinie genommen. Die Parallelen zum Verkauf der Vienna-Liegenschaft auf der Hohen Warte an einen neuen Bauträger sind unübersehbar.
Bürgerinitiative und Denkmalschützer sind nun darauf reduziert, das Geschehene anzuprangern, die Hintergründe

aufzudecken, aber auch für das Verbliebene eine tragbare Lösung zu erarbeiten.
So ist von sozialer Nutzung heute keine Rede mehr. 240 Wohnungen – großteils Eigentumswohnungen – sollen auf dem Gelände der ehemaligen »Stadt des Kindes« errichtet werden: für kinderreiche Familien, so steht immer wieder in werbenden Zeitungsartikeln, wohl um den sozialen Aspekt zu unterstreichen. Gerade die werden sich die nicht gerade billigen Wohnungen am wenigsten leisten können. In einer vor 6 Jahren erbauten und an die »Stadt des Kindes« angrenzenden Wohnanlage stehen 5 von 16 Wohnungen leer. Ein benachbartes Grundstück wird zum Kauf angeboten. Besteht hier wirklich ein Bedarf an 240 neuen Wohnungen? Oder geht es darum, durch eine Kette von Verkäufen zu erreichen, dass – ähnlich wie auf der Hohen Warte –Veräußerungsgewinne von der Stadt Wien auf »private« Bauträger aus ihrem Nahebereich »umgeschichtet« werden? Wenn Kontrollamt und Rechnungshof sich der Sache angenommen haben werden, wird man mehr darüber erfahren.
Die Nutzung der öffentlichen Einrichtung ist ein Thema, das die betroffene Bevölkerung bewegt. Das Schwimmbad in der »Stadt des Kindes« wurde trotz großen Interesses im Juni 2002 geschlossen. Die Bürgerinitiative erreichte, dass im Gemeinderat einstimmig die öffentliche Nutzung des Schwimmbades beschlossen wurde. Es soll nun »teilweise zur öffentlichen Nutzung« freigegeben werden. Was aber heißt »teilweise«? Wir haben gehört, dass die Anrainer einmal im Monat (!) die Möglichkeit zur Benützung erhalten sollen.
Viele fragen sich, warum die Proteste nicht früher begonnen haben. Ihnen ist entgangen, dass sich maßgebende Persönlichkeiten, unter ihnen Architekt Schweighofer, seit vielen Jahren um die Erhaltung der Anlage bemüht haben. DOCOMOMO, die zur UNESCO gehörende internationale Gesellschaft für den Denkmalschutz von Gebäuden des 20. Jahrhunderts, sammelte über 750 Unterschriften für die Erhaltung der »Stadt des Kindes«.
Die Inititiative Denkmalschutz kämpft seit langer Zeit um die Wiedererlangung des Denkmalschutzes für die Stadt

des Kindes. Man kann der Bürgerinitiative »Kunst- und KulturARCHE ›Stadt des Kindes‹« – unterstützt von der »Aktion 21 – pro Bürgerbeteiligung« vorwerfen, sich zu spät formiert zu haben. Mangelndes Engagement allerdings kann man ihr nicht unterstellen. Es scheint, dass es nun wenigstens teilweise von Erfolg gekrönt ist: die zwei noch nicht zerstörten Wohnhäuser und die Kommunikationseinrichtungen sollen erhalten und in die neue Anlage integriert werden.

Es gibt viele – zu viele – Beispiele dafür, wie leichtfertig man in Wien mit historisch wertvollen Altbauten und dem von diesen geprägten Stadtbild umgeht. Ein Blick auf Wiens Dachlandschaft lehrt, dass auch das Prädikat »Kulturelles Welterbe« nicht davor schützt, dieses Erbe mit vollen Händen zu verprassen. In der Josefstädter Straße Nr.17 gibt es ein wunderschönes Biedermeier-Ensemble. Es ist in seiner Geschlossenheit eine der wenigen Kulissen, die sich als Drehort für historische Filme aus dem Biedermeier eignen. Dieses Juwel wurde durch einen brutalen Nachbarbau, dessen hoch aufragende Feuermauern haarscharf an der Grundgrenze den Altbau buchstäblich in den Schatten stellen, weitgehend entwertet.

Initiative Weltkulturerbe für Grinzing
19. Bezirk
Homepage: www.weltkulturerbe-grinzing.at
Entstehung: Jänner 2006
Gegenstand: Antrag auf Erhebung der Weinkulturlandschaften zum Welterbe

Vom Rathaus ignoriert und bekämpft

Etwa 70 Busse mit Touristen kommen täglich nach Grinzing, an manchen Tagen über 100. Sie kommen nicht wegen des Weins, sondern weil Grinzing weit über Österreichs Grenzen hinaus als Heurigenort bekannt ist.
Grinzing bezieht individuelle Originalität aus den alten Haueranwesen. Grinzing steht aber auch als immer noch lebende Zeugin für eine großstädtische Vorstadtkultur, die im Europa nördlich der Alpen einmaligen Charakter besitzt. Es ist daher nahezu selbstverständlich, dass eine kulturbewusste Bevölkerung auf die Erhaltung des Grinzinger Ortsbildes größten Wert legt, nicht nur der touristischen, sondern auch der kulturhistorischen Attraktion wegen.
Es wundert nicht, dass Menschen in diesem Ensemble woh-

nen möchten. So lange sie sich mit leer stehenden alten Häusern zufrieden gaben, die »sanft« adaptiert und zu einem Wohnhaus umgestaltet wurden, war dagegen auch nichts einzuwenden. Doch bald sollten tiefgreifende Umbauten einen spürbaren Eingriff in das Ortsbild bewirken.

1972 hielten viele Einwohner Grinzings, darunter zahlreiche Prominente, einen Sitzstreik für die Erhaltung der Weinbaukulturlandschaft und der historischen Winzerhäuser ab. Damals waren die Heurigenbetriebe noch gut besucht und niemand dachte, dass es 30 Jahre später nur noch zwölf geben würde.

Im Oktober 1973 gab es die erste Volksbefragung für die Erhaltung Grinzings: Die Grinzinger Bevölkerung wurde befragt, ob sie die Erhaltung des Dorfcharakters oder aber neue Verbauungen wünsche. 92% der Stimmberechtigten lehnten weitere Verbauungen ab, forderten einen sofortigen Baustopp und die Lösung der immer dringlicher werdenden Parkplatzfrage, vor allem für Autobusse.

1975 wurde der berühmte Architekt Prof. Gustav Peichl von der Gemeinde Wien beauftragt, einen »Grinzing-Plan« zu erarbeiten, der den Wünschen der Bewohner gerecht werden sollte. Peichl dazu: »Ich mache einen Grinzing Plan – aber nicht für die Weinhauer«. Eine Fußgeher-Zone wurde eingerichtet, behübscht mit runden Beton-Blumenkisterln, rigorose Park- und Halteverbote wurden erlassen. Im übrigen wurde der Peichl-Plan so gut wie nicht umgesetzt.

1976 entstand die »Vereinigung der Freunde Grinzings« (CDG). Schon damals war eine bedenkliche Entwicklung zu erkennen, weshalb 1978 die Weinstockaktion ins Leben gerufen wurde. Durch eine Weinstock-Mitgliedschaft konnte man einen Weinstock mit Zertifikat und eine Bürgerurkunde »kraft geistiger Zugehörigkeit« erwerben. Der Sinn dieser Aktion war es, Weingärten zu kaufen, um den Grinzinger Weinbau zu erhalten. Das sensationelle Echo hat aber die Lobbies, welche die Landschaft mit lukrativen Wohnhausanlagen verbauen wollen, nicht auf Dauer abgehalten.

Der neue Flächenwidmungs- und Bebauungsplan aus dem Jahr 2005 ermöglicht die totale Zerstörung Grinzings. Selbst die damalige Landeskonservatorin und jetzige Präsidentin des Bundesdenkmalamtes äußerte sich kritisch zu dem den Ortscharakter entstellenden Bauboom. Die Stadt Wien verkleinerte die Dorfschutzzone und ermöglichte dadurch Um- und Neubauten.

Die angestammte Bevölkerung wollte, dass die Stadt Wien bei der UNESCO einen Antrag stellt, Grinzing und die umliegenden Weinhauergebiete in den Rang eines Weltkulturerbes zu erheben, fand dafür aber keine Unterstützung im Rathaus. Von zahlreichen Prominenten unterstützte Proteste gegen die ärgsten Auswüchse der Ortsbildzerstörung blieben ergebnislos. Grinzing ist eine einzige Baustelle. Nicht nur in der Cobenzlgasse und in der Himmelstraße, sondern auch in kleineren Gassen entstehen neue Häuser mit einer Kubatur, die ein Vielfaches der Vorgängerbauten umfasst. In der ehemals als Grünland gewidmeten Himmelstraße entsteht ein schlossartiges Gebäude im neo-neoklassizistischen Stil. An mehreren Stellen des Ortes entstehen Protz- und Prunkbauten, die nicht in die Landschaft passen.

Abb. Seite 91 und oben: Mit dem Abriss des ehemaligen Heurigen »Hauermandl« (Cobenzlgasse 20) wurde zu Ostern 2007 begonnen. Dieses alte Hauerhaus ist in seiner Substanz mittelalterlich, sein Keller mit Steinen eingewölbt, was eine Seltenheit ist.

Die Gemeinde Wien verkaufte in den letzten Jahren Weingärten, Häuser und Baugrundstücke, die von den Erwerbern als Spekulationsobjekte benützt wurden. Weingartenpächter, die mit der Gemeinde Wien keine schriftlichen Verträge hatten, wurden von den neuen Eigentümern gekündigt. Jahrzehntelang war die zuständige Magistratsabteilung froh gewesen, dass die Weingärten bewirtschaftet wurden, und hatte deshalb den Winzern »Pacht auf Lebenszeit« zugesagt.
Die Bürgerinitiative »Weltkulturerbe für Grinzing« will erreichen, dass Grinzing als Teil des Weltkulturerbes unter den besonderen Schutz der UNESCO gestellt wird, um damit die Bewahrung der historischen Substanz zu sichern. Dies mag ein Grund dafür sein, warum sich die Exponenten der Stadt Wien so vehement gegen diesen Gedanken stellen.

Die an der Zerstörung der Grinzinger Struktur und des Grinzinger Ortsbildes Interessierten werden nicht müde, die Vorkämpfer für die Erhaltung jener lebens- und liebenswerten Umgebung als Verhinderer und Träumer abzuqualifizieren. Der dieses Kapitel abschließende Beitrag zeigt auf, dass Ortsbildzerstörung nicht auf Grinzing beschränkt ist, sondern auch auf der gegenüberliegenden Seite der Donau in Jedlesee plötzlich ein ganz ähnliches Problem entsteht wie in Grinzing.

Bürgerinitiative Jedlesee
21. Bezirk
Homepage: www.jedlesee-erhalten.at
Entstehung: April 2008
Gegenstand: Erhaltung des Erholungsgebietes beim Maria Theresien-Schlössl

Eine unheilige Allianz

Bauland statt Grünland

Das Augustiner Chorherrenstift möchte die seit 2003 brach liegenden, zuvor an einen Club verpachtet gewesenen Tennisplätze im alten Ortskern des Floridsdorfer Bezirksteils Jedlesee endlich gewinnbringend verwerten, am besten durch eine Änderung der bestehenden Flächenwidmung von »Grünland – Erholung und Sport« zu »Bauland«. Um die Zustimmung des sozialdemokratischen Bezirks und der Stadt Wien zu erhalten, soll auch die »rote« Wohnbaugesellschaft Sozialbau beim geplanten Bau einer neuen Siedlung mit 180 Wohnungen in bis zu 15,5 m hohen Häusern auf rund 21.000 m^2 zum Zug kommen.

Bewohnerinnen und Bewohner im betroffenen Grätzel und in dessen Umgebung sehen das allerdings ganz anders und wehren sich seit April 2008 in einer Bürgerinitiative gegen diese Bebauungspläne. Sie wollen bestehende Flächenwidmungen für Erholungsgebiete und Grünland ebenso wie den Ensembleschutz von Kulturerbe respektiert und für künftige Generationen bewahrt sehen.
Sie weisen darauf hin, dass seit 2001 in ihrem Grätzel etwa 1500 Wohnungen errichtet wurden und in Floridsdorf bis 2010 mehr als 2000 neue Wohnungen geplant sind, der Wohnbedarf also anderweitig ausreichend abgedeckt werden kann. Für die Umwidmung bestehe daher kein öffentliches Interesse, sondern nur das Interesse des Grundeigentümers an der Wertsteigerung der Immobilie.

Denkmalgeschütztes Ensemble in Gefahr

Das umstrittene Areal liegt unmittelbar hinter dem um 1650 errichteten, ebenerdigen und nur 4,5 m hohen Maria Theresien-Schlössl im Herzen des einstigen Dorfes Jedlesee, des ältesten im heutigen 21. Bezirk. Mit der kleinen Kirche gleich vis-à-vis und den wenigen noch erhaltenen Einfamilienhäusern bildet das denkmalgeschützte Ensemble gleichsam ein Tor zum unmittelbar angrenzenden Wald- und Wiesengürtel. Von diesem wurden vor Jahren Flächen neben und hinter dem Schlössl zugunsten eines (seit 2003 geschlossenen) Tennisklubs abgetrennt.
Im Norden reicht das Areal an die jüngsten, von den Anrainern gerade noch widerstandslos hingenommenen Neubausiedlungen mit bis zu achtgeschossigen Bauten mit anschließendem Altbestand an Einfamilienhäusern heran. Im Westen grenzt das bedrohte Erholungsgebiet mit den aufgelassenen Tennisplätzen unmittelbar an die Schutzzone des Wald- und Wiesengürtels.

Werbung mit Dorf-Atmosphäre bei deren gleichzeitiger Zerstörung

Nicht erst seit der Gründung der Initiative Jedlesee 2008, sondern bereits seit 2005 kämpfen zwei unserer Mitstreiterinnen für die Bewahrung der dörflichen Atmosphäre des Grätzels. Zwei Jahre zuvor wurden sie mit dem Werbespruch »Wohnen in der Stadt, leben wie im Dorf« zur Übersiedlung in Jedleseer Neubauwohnungen motiviert. Gegen die fortschreitende Zerstörung des dörflichen Ambientes versuchten sie sich in zahllosen Briefen, Telefonaten, Vorsprachen bei Beamten und Politikern sowie durch die Teilnahme an Bauverhandlungen zu wehren.

Durch die konsequente Tätigkeit der Bürgerinitiative gelang eine Mobilisierung der Bevölkerung. Innerhalb von zehn Tagen nach ihrer Gründung waren rund 700 Unterschriften gegen die Umwidmung von Grünland in Bauland gesammelt, Anfang August 2008 waren es schon mehr als 1.600.

Bezirksvorsteher: das Bauvorhaben ist »auf Schiene«

Die Bemühungen um Unterstützung durch die politischen Parteien zeigten vorerst nur bei den Grünen Erfolg, die in der Bezirksvertretung einen Resolutionsantrag mit den Forderungen der Bürgerinitiative einbrachten. Er wurde allerdings zugunsten eines von der SPÖ initiierten Antrags für die Verbauung von SPÖ, FPÖ, ÖVP und BZÖ abgelehnt. Eine Vorsprache einer Delegation der Bürgerinitiative bei Bezirksvor-

steher Ing. Heinz Lehner verlief zwar sachlich, brachte aber nur die Information, dass das Bauvorhaben »auf Schiene« sei.
Angebote von Stift und SPÖ-Bezirksvertretung, wonach für die Anrainer bei der neuen Siedlung ein kleiner Bereich etwa als Park oder öffentlicher Spielplatz gestaltet werde und sie auch bei der farblichen Gestaltung von Fassaden mitsprechen könnten, lehnten die Betroffenen ab. Sie sehen einen Park in einer Wiese als grotesken Schildbürgerstreich. Einen weitläufigen Spielplatz gibt es in zehn Meter Entfernung vom Schlössl seit Jahren. Die Mitsprache bei der Farbgebung unerwünschter Mauern ist uninteressant.
Immerhin konnte im Frühsommer und Sommer erreicht werden, dass die Bezirkschefs von FPÖ, ÖVP und den GRÜNEN jeweils zu Besprechungen mit dem Kernteam der Bürgerinitiative kamen. Abgesehen vom Eingeständnis aller Oppositionsparteien, weitestgehend machtlos zu sein, blieb es bei der bloßen Sondierung der Positionen.

Materieller Profit geht vor Lebensqualität

Unter solchen Voraussetzungen blieben Ideen und Anregungen aus den Reihen der Initiative Jedlesee, wie man das Areal im Rahmen der bestehenden Widmung sinnvoll nutzen könne, chancenlos. Vorschläge wie die Schaffung eines naturnahen Auwald-Dschungel-Spielplatzes inklusive eines Fitness-Parcours für Erwachsene (einschließlich Senioren) oder das Anlegen von kleinen öffentlichen Anbauflächen für Gemüse und/oder Blumen zur Nutzung durch gartenlose Anrainer haben eines gemeinsam: ihre Umsetzung kostet zwar nicht viel, bringt aber für Stift und Stadt im Gegensatz zur massiven Verbauung keinen materiellen Profit. Und für Verluste an Lebensqualität sowohl der ansässigen wie auch der künftigen Bevölkerung gibt es keine messbaren Standards.
Obwohl oder gerade weil die Bürgerinitiative in diesem Sinn nichts zu gewinnen, sondern nur zu verlieren hat, wird sie ihren Kampf um die Erhaltung von Natur, Kultur und Lebensqualität im Herzen von Alt-Jedlesee nicht aufgeben. Die jüngste Entwicklung bestärkt sie darin.

Weitere Entwicklung
Die am 22. Oktober 2008 erfolgte offizielle Präsentation des Siegermodells des Architekten-Wettbewerbs mit acht Wohnblöcken zu vier und fünf Geschossen war ein Schock für die Bürgerinitiative und stieß auch bei Bezirkspolitikern auf Ablehnung. In der Bezirksvertretung wurde am 5. November einstimmig ein Allparteien-Antrag auf Einberufung eines »Runden Tisches« angenommen. Alle Beteiligten – das Stift, Politiker, Baugesellschaften, Architekten und die Bürgerinitiative – sollten die Angelegenheit neuerlich und »mit offenem Ausgang« diskutieren. Noch ist kein Termin dafür fixiert. Die endgültige Entscheidung über die Umwidmung wird voraussichtlich nicht vor dem Herbst 2009 im Wiener Gemeinderat fallen.

Das Bundesdenkmalamt nimmt das öffentliche Interesse am Denkmalschutz wahr und muss sich dabei streng an die gesetzlichen Vorgaben halten. Der geringe Ermessensspielraum, den das Gesetz den Experten bei der Bewertung der gesetzlichen Vorgaben einräumt, erfordert eine gewissenhafte Prüfung aller entscheidenden Kriterien. Damit ist das Denkmalamt sehr oft personell überfordert. Die Wahrnehmung des öffentlichen Interesses kommt dabei unter die Räder. Sie kommt ein zweites Mal unter die Räder, wenn die Berufungsinstanz gegen Bescheide des Bundesdenkmalamts, das zuständige Bundesministerium, die Fachmeinung der Experten verwirft und sich gegen den Denkmalschutz ausspricht. Es gibt nämlich im Regelfall niemanden, der eine solche ministerielle Entscheidung bei einem Höchstgericht anfechten könnte. Die Öffentlichkeit hat kein Rechtsmittel gegen diese Behördenentscheidung. Es wäre also höchste Zeit, ähnlich wie beim Umweltschutz zumindest bei Verfahren zur Aufhebung des Denkmalschutzes Bürgerinitiativen oder einschlägigen NGOs Parteienstellung einzuräumen, damit das öffentliche Interesse von unabhängigen Vertretern dieser Öffentlichkeit wahrgenommen werden kann.

3. Wenn Verkehr verkehrt verkehrt

Wachsende Städte und zunehmende Motorisierung führen zu extremen Verkehrsverdichtungen. Der überbordende Verkehr muss geregelt werden. Die Stadt Wien wird nicht müde, darauf hinzuweisen, dass der Masterplan Verkehr unter Beteiligung der Bürgerinnen und Bürger zustande kam. In jedem Bezirk konnten die beteiligungsinteressierten Bürgerinnen und Bürger an einer der nach Verkehrsmitteln (motorisierter Individualverkehr, öffentlicher Verkehr, Radfahrer und Fußgeher) eingeteilten vier Diskussionsgruppen teilnehmen und Anregungen einbringen. Daran, dass jemand an mehreren Gruppen interessiert sein konnte, hatte man offenbar nicht gedacht (oder nicht denken wollen). Die wichtigsten Verkehrsfragen betreffen aber nicht nur ein Grätzel, sondern ganze Stadtviertel oder Stadtteile. Solche Fragen mit der Bevölkerung zu diskutieren wurde von den Moderatoren des Masterplans Verkehr rundweg abgelehnt.
Es wundert also nicht, dass das Ergebnis des Diskussionsprozesses zur Regelung des Wiener Verkehrs in vielen Bereichen mangelhaft ist.
Durch geringfügiges Erschweren innerstädtischen Parkens wurde keine nennenswerte Reduktion des Verkehrsaufkommens erzielt.
Es erfolgten bauliche Maßnahmen zur Beschleunigung der Straßenbahnen, doch nicht bevorrangte Busse bleiben im Stau stecken.
U-Bahn-Linien enden auf der grüne Wiese; der geplante Hauptbahnhof, der laut Pressedienst der Stadt Wien von 145.000 Menschen pro Tag benützt werden wir, hat keine unmittelbare U-Bahn-Anbindung.
Garagen werden dort geplant, wo es Garagenplätze in Hülle und Fülle gibt, während in anderen Gegenden eklatante Parkraumnot herrscht.

Immer öfter treten Bürgerinitiativen gegen dieses verkehrte Verkehrsmanagement auf.
Die Bürgerinitiative Donaucity kämpft seit zehn Jahren gegen den Verkehrslärm durch die immer stärker befahrene A22. Der Erfolg lässt noch immer auf sich warten, obwohl sich die Stadt Wien rühmt, mit dem im Jänner 2009 veröffentlichen Lärmkataster großartige Maßstäbe gesetzt zu haben.
Verkehrsverdichtung und unerträglicher Verkehrslärm sind häufig Gründe für die Entstehung von Bürgerinitiativen. Aber auch die unmotivierte Sperre von Fußwegen oder stark befahrene Garageneinfahrten in verkehrsberuhigten Sackgassen führen zu Bürgerprotesten.
Die Einstellung der Straßenbahnlinie 21 rief einen Bürgerprotest im zweiten Wiener Gemeindebezirk hervor. Trotz aller Lippenbekenntnisse, den öffentlichen Verkehr zu fördern und den Individualverkehr reduzieren zu wollen, stellten die Wiener Linien »den 21er« ein. Die Verlängerung der U2 ersetzt dieses Verkehrsmittel nicht, meint die Bürgerinitiative.

Bürgerinitiative Handelskai
2. Bezirk
Homepage: www.handelskai.at.tt
Entstehung: 1991
Gegenstand: Belastung durch Lärm und Luftverschmutzung am Handelskai

Linie 21 – Bürgerverachtung pur

Die von der SPÖ dominierte Bezirksvertretung des 2. Bezirks beschloss, die Bevölkerung zur Einstellung der Linie 21 zu befragen. Kaum war diese Befragung von der Bezirksvertretung mit den Stimmen aller Fraktionen beschlossen worden, kam die Erkenntnis, dass dies Kosten von etwa 150 000 € verursachen würde.
Eine weitere Erkenntnis kam hinzu: eine (zu erwartende) Mehrheit für die Beibehaltung der Linie 21 hätte nicht mehr bewirkt als eine Vorsprache des Bezirksvorstehers bei der zuständigen Stadträtin Brauner.
Kosten und Zweifel, ob das Ergebnis der Bürgerbefragung überhaupt etwas an der geplanten Auflassung der Straßenbahnlinie ändern könnte, führten im Juni 2008 dazu, dass die

Befragung mit den Stimmen der SPÖ- und ÖVP-Bezirksfraktionen abgesagt wurde.
Mit der geplanten neuen Buslinie werden zwar die Probleme im Bereich der Ausstellungsstraße behoben und die Entfernungen zur Erreichung der öffentlichen Verkehrsmittel verringert, doch der frühe Betriebsschluss der Linie 80 A um 21:30 h (Wochenende 20:30 h) zeigt, wie wenig die Bedürfnisse der Bevölkerung berücksichtigt werden.
Bezirksvorsteher Kubik erreichte, dass die Wiener Linien die Buslinie 82A zwischen dem Einkaufszentrum Stadion und dem Praterstern einrichteten; sie führt durch das Stuwerviertel. Die Kosten für diese neue Buslinie und die teilweise mit Intervallverdichtungen verbundenen Verlängerungen der Linien 77A, 11A und 80A sind vermutlich nicht viel geringer als jene der eingestellten Linie 21. Was spricht daher gegen den Verdacht, die Einstellung der Linie 21 gehöre lediglich zur Vollstreckung der uralten Mayr-Doktrin (keine Parallelführung von U-Bahnen und oberirdischen öffentlichen Verkehrsmitteln)? Die Doktrin führte dazu, dass die Benutzer der Buslinie 5A, die am Nestroyplatz endet, von dort eine Station mit der U1 zum Praterstern fahren müssen, um dort in die S-Bahn, U2 oder verschiedene Straßenbahn- und Buslinien umsteigen zu können.

Die neue Buslinie 82A schafft aber noch ein anderes Problem: Das Stuwerviertel weist eine Vielzahl von unterbrochenen Straßen und Einbahnstraßen auf, die zum Teil auch gegeneinander laufen, so dass keine Straße das Stuwerviertel durchgehend quert. Betonblöcke unterbrechen die Straßen und dienen in der warmen Jahreszeit den »Schönen der Nacht« als Sitzgelegenheiten. Eine Buslinie durch das Stuwerviertel erfordert also eine völlig neue Verkehrsorganisation, einschließlich der Öffnung zumindest einer durchgehenden Straße. Gehäufte Beschwerden über den »Freierverkehr« und der Streit darüber, welche Straße für die Busse »geöffnet« werden soll, sind vorprogrammiert. Aus diesem Grund haben sich drei neue Bürgerinitiativen gebildet.
Die Buslinie 82A quält sich in Schlangenlinien durch das Stuwerviertel und fährt dann in der Vorgartenstraße, also am Rand des Wohngebietes, in Richtung Stadioncenter. Sie hat eine Auslastung von ca. 50 Fahrgästen, allerdings nicht pro Bus, sondern pro Tag. Dafür fährt nun der 11A statt wie bisher zum Stadioncenter nur bis zur U2-Station Krieau. Deshalb müssen etwa die Bewohner des Pensionistenwohnheims Prater, wenn sie zum Ambulatorium in der Hillegeiststraße fahren, eine Station mit dem 82A zurücklegen und in den 11A umsteigen.
Diese Beispiele zur Planung des öffentlichen Verkehrs im 2. Bezirk zeigen, dass die Einstellung der Linie 21 weder kundenfreundlich noch weitblickend war und sich die mangelnde Einbeziehung der Betroffenen als nachteilig erwiesen hat.

Schnellstraßen, Bahnhofsbauten oder Einkaufszentren bringen eine enorme Verkehrsbelastung für die Anrainer mit sich und führen oft zu Protesten der unmittelbar davon betroffenen Bevölkerung, besonders dann, wenn seitens der Behörden keinerlei Gesprächsbereitschaft vorhanden ist. Leider ist das die Regel. Manchmal wird von Behörden eine »Bürgerbeteiligung« ins Leben gerufen, die diesen Namen nicht verdient. Als Beispiele seien die Problemzone Landstraßer Gürtel (BI-LLG), das Meidlinger Hochhausprojekt Komet und das Großprojekt Wien Mitte genannt.

Bürgerinitiative Lebensraum Landstraßer Gürtel (BI-LLG)
3. Bezirk
Homepage: www.bi-llg.org
Entstehung: August 2003
Gegenstand: Reduktion der Verkehrsfolgen auf dem Landstraßer Gürtel

Einfach geplaudert zum GürtelAUSbau

Im August 2003 lud die grüne Partei im 3. Bezirk alle interessierten Bürger und Bürgerinnen ein, um rechtzeitig auf die Südgürtel-Ausbaupläne der Stadt Wien aufmerksam zu machen. Diesem Umstand und meiner Naivität, nicht zu wissen, worauf ich mich da einließ, war die Gründung einer Bürgerinitiative zu verdanken, die aus Bewohnern der umliegenden Viertel bestand. Leider stellten wir bald fest, dass wir von allen politischen Parteien alleine gelassen wurden, möglicherweise auch deshalb, weil das Wissen über die Ausbaupläne des Südgürtels noch nicht für eine größere Öffentlichkeit bestimmt war. (Ähnlich war es ja auch bei den Plänen für die

Volksgarage Hegergasse gewesen, die uns zwei Jahre später über ein Fax zugespielt wurden. Damals erreichten wir durch rasche Unterschriftenaktionen und »ein wenig Hausfrauenklatsch«, dass ein Garagenbau unterblieb.)

Das Gutachten von Univ.-Prof. Knoflacher, das unsere schlimmsten Befürchtungen über Verkehrszuwachs und Emissionen bei einem geplanten Ausbau des Südgürtels bestätigte, wurde vom Bezirksvorsteherstellvertreter wörtlich als »ein Wisch, aber kein Gutachten« abgetan. Ist dies nicht eine recht eigenwillige Art der Problemlösung?

Obwohl heutzutage niemand mehr leichtfertig persönliche Daten samt Unterschrift hergibt, versuchte man, die gesammelten Unterschriften gegen den Ausbau des Gürtels zu ignorieren. Man teilte uns mit, dass auf alle Fälle gebaut werde und meinte, man wisse auch um die Methoden, an Unterschriften heranzukommen.

Für unser Anliegen »mehr Naherholung anstatt Verbreiterung von Straßen« schafften wir es, über 2000 Unterschriften zu bekommen, obgleich wir von Passanten oft hörten: »Kann man da überhaupt etwas ausrichten? Die machen doch eh was sie wollen!« Unsere stereotype Antwort: »Wenn wir gar nichts sagen, machen sie das erst recht!« überzeugte so manche Skeptiker. Gestärkt durch den Erfolg wagten wir uns zum (damaligen) Stadtbaudirektor im Rathaus vor. Dieser war bemüht und lud auch Fachleute aus dem Magistrat ein. Immerhin: wir hatten drei Treffen innerhalb von 2 Jahren. Ja, ja – man muss schon hartnäckig sein.

Zum ersten dieser Gespräche begleitete uns Professor Knoflacher mit zwei Kollegen von der Technischen Universität Wien. Trotzdem gab es keinerlei Verständnis für unsere Bedenken, geschweige denn ein Eingehen auf nur einen unserer Vorschläge. »Es hat keinen Sinn, hier noch vernünftige, wissenschaftlich unterlegte Argumente anzuführen«, raunte uns einer der Begleiter von der TU während des letzten Gesprächstermines resignierend zu, »was wir brauchen ist die Presse und die Öffentlichkeit.«

Aber die Medien interessierten sich nicht für die Thematik des Gürtelausbaus. Vielleicht lag es an meiner Besenstange, auf der ich mein erstes Transparent montiert hatte, oder daran, dass es sich niemand mit den Autofahrern verscherzen will. Mein Glaube an unabhängigen Journalismus wurde jedenfalls schwer erschüttert. Da tröstete mich das Wissen – man lernt ja nie aus – über die von der Parteipolitik unterwanderte Medienlandschaft auch nicht hinweg.

Die Geschichte des Südgürtelausbaus ist noch lange nicht zu Ende. Inzwischen hat sich unsere Bürgerinitiative »Lebensraum Landstraßer Gürtel« mehreren Bauvorhaben im Bezirk (Hauptbahnhof, Arsenal, Aspanggründe, Volksgarage) zugewandt, denn diese Baustellen brauchen eine Durchleuchtung seitens der Bürger.

Einen kleinen, wenn auch nicht ganz sicheren Teilerfolg erkämpfte die Bürgerinitiative dennoch: Das Stück Grünfläche des Schweizergartens soll bis auf weiteres erhalten bleiben und keinem weiteren Fahrstreifen zum Opfer fallen. Den Teilerfolg schreibe ich auf unsere Fahnen – oder Besen –, auch wenn die Bezirks-ÖVP meint, er ginge auf ihre Gespräche mit Stadtrat Schicker zurück. Stadtrat Schicker sagte, dass die Anbindung zum Hauptbahnhof und der Durchstich zum 10. Bezirk auf KEINEN Fall komme, es sei denn nur für den öffentlichen Bus. Wenn nach Fertigstellung des Hauptbahnhofes der zusätzliche Verkehr aus dem 10. Bezirk durchflutet, könnte diese Grünfläche doch wegkommen – umgewidmet wurde sie bereits. Ich werde nicht aufgeben, weil ich von unserem Anliegen überzeugt bin. Ich lasse mich auch nicht einschüchtern, selbst wenn man uns mit Experten und ihren Gutachten mundtot machen will. Experten haben inzwischen auch wir.

Aber ich bin nicht nur kämpferisch, sondern auch nachdenklich geworden, denn ich habe während unserer Gespräche und Aktionen erkannt, dass »auf der anderen Seite« auch nur Menschen sind, von denen wir oft zu viel erwarten und voraussetzen. Bürgermeister und Gemeindeverwaltung sollten die Vorteile einer echten Bürgerbeteiligung sehen und die Chance ergreifen, denn oft sind die Bürgerinnen und Bürger die besseren Experten – mit oder ohne Besen.

Oftmals überschneiden sich bei einem neuen Bauprojekt Fragen der Stadtbildverträglichkeit, des Kulturgüterschutzes, des Umweltschutzes und der Verkehrsplanung. Wenn es der Bürgerinitiative gelingt, den Angriff auf das eine oder andere Gut erfolgreich abzuwehren, muss sie am Ende feststellen, dass sie doch in einer anderen wesentlichen Frage gescheitert ist. Die geplante Verbauung der Schönbrunner FIAT-Gründe ist ein beredtes Beispiel dafür. Ein Hochhausbau in unmittelbarer Nähe von Schloss Schönbrunn konnte verhindert werden, doch andere Probleme, wie das Verkehrsproblem, blieben ungelöst.

Bürgerinitiative Rund um Schönbrunn
12. Bezirk
Homepage: www.aktion21.at
Entstehung: 2002
Gegenstand: Verbauung der unmittelbaren Umgebung von Schönbrunn

Wolkenkratzer beim Kaiserschloss

»Wolkenkratzer-Hotel beim Kaiserschloss« lautete die Überschrift in der KRONE vom 17.11.2000.
Der Wunsch des Bauträgers BAI, auf den ehemaligen FIAT-Gründen in Wien Meidling ein vom Architekten Podsedensek geplantes Hochhaus (74 m) unmittelbar gegenüber der Schlossanlage Schönbrunn zu errichten, blieb ein »Wolkentraum«.
2001 setzte sich der damalige ÖVP-Vizebürgermeister Dr. Görg für einen EU-weiten Architekturwettbewerb ein, der den Denkmalschutz für das Schloss Schönbrunn als UNESCO Kulturerbe berücksichtigen hätte sollen.

Abb. oben: Fotomontage

Zwar erhielten »bus«-Architekten den Wettbewerbspreis und die Flächenwidmung wurde danach auf dieses Projekt zugeschnitten; doch gebaut wurde vom Architekten Podsedensek, der drei Wohnhäuser (wohlklingend »Stadtvillen« genannt) und einen Bürotrakt errichtete – bei im Wesentlichen gleicher Kubatur, statt in die Höhe eben in die Länge und Breite. Der Rest der Liegenschaft soll in den nächsten Jahren mit Wohnhäusern verbaut werden.
Das vom Bauträger BAI geplante Hotel blieb aus wirtschaftlichen Gründen unrealisiert. Die Wünsche der Anrainer, den Zu- und Abfahrts-Verkehr der Parkgarage und des Autohauses aus dem ruhigen Grätzel am Ende der Schönbrunnerstraße zur Grünbergstraße zu verlegen, wurde nicht berücksichtig. Die Bäume des kläglichen Restes des ehemaligen »Dreher«- Parks mussten einer neuen »Parkraumgestaltung« weichen, zwei weitere Alleebäume einer zusätzlichen Einfahrt zum Autohaus.
Die Pläne zur Errichtung eines Hochhauses wurden nicht aufgegeben, sondern sollten an anderer Stelle im 12. Bezirk verwirklicht werden. Sie wurden zum »Komet«- Hotel-Turm und Einkaufskomplex, wo der selbe Architekt mit einem anderen Bauträger und unter Beratung des Purkersdorfer Bürgermeisters (und ehemaligen Innenministers) Schlögl bei einer weiteren – auch hier nur auf das Projekt bezogenen – Umwidmung wiederum sein Glück versucht. Drei Häuser und deren Bewohner wollen diesem Großprojekt nicht weichen.
Der Entwurf des neuen Flächenwidmungsplans kam kurzfristig auf die Tagesordnung des Bauausschusses des Wiener Gemeinderates, wurde vertagt und nach der Nationalrats-Wahl 2008 auf fünf Jahre befristet beschlossen. Das Bauprojekt sei durch die Immobilienkrise »eh g'storben«, lautet es unter vorgehaltener Hand aus dem Rathaus. Wozu dann die befristete Umwidmung gut sein soll, bleibt aber unbeantwortet.
Der Bevölkerung rund um Schönbrunn bleibt nur die zusätzliche Lärmentwicklung und Luftverschmutzung durch den zu erwartenden Verkehrszuwachs sowie die Vermutung, dass die von der Politik wiederholt angekündigten Gesamt-

konzepte rund um das UNESCO-Weltkulturerbe Schloss Schönbrunn wohl endgültig in Amtsschubladen verschwunden sind.

Verkehrsfragen sind vielfältig. Mitunter betreffen sie nur Kleinräume, sind aber für die Lebensqualität zahlreicher betroffener Anwohner von großer Bedeutung. Ein Konflikt entzündete sich in der Heigerleinstraße an der Planung einer Zu- und Abfahrt für einen Hofer-Markt (wie die Aldi-Süd-Märkte in Österreich heißen). Ursache für diesen Konflikt war einmal mehr, dass über die Köpfe der betroffenen Anrainerinnen und Anrainer hinweg geplant wurde. Erst als alles fix und fertig geplant war, erfuhren sie von der drohenden Beeinträchtigung ihrer Wohnumgebung. Kein Wunder, wenn sie nun sowohl von der Firma Hofer KG als auch von Politik und Behörden als lästige Störenfriede betrachtet werden.

Bürgerinitiative Heigerleinstraße
16. Bezirk
Homepage: http://heigerlein.blogspot.com
Entstehung: 2008
Gegenstand: Alternative Ein- und Ausfahrt zum neuen Hofer (Aldi)-Markt

Raus aus der Sackgasse!

Just zu Beginn der Sommerferien, wenn sich viele Familien auf ihren wohl verdienten Urlaub und die Kinder auf ihre Schulferien einzustellen beginnen, musste die Bevölkerung des Grätzels rund um die Heigerleinstraße in Wien Ottakring auf den Aushängen ihrer Wohnhäuser lesen, dass die Firma Hofer KG plante, eine neue Filiale, genau gegenüber ihren Wohnhäusern, zu errichten.
Bald stellte sich heraus, dass es sich um ein Mega-Projekt handelte, mit einer Verkaufsfläche von über 1.000 m² und mehr als 90 Stellplätzen. Den Menschen im Grätzel war schnell klar, welche Verkehrsbelastung eine solche Mega-Filiale bedeuten

Abb. oben: Kundgebung vor der Ottakringer Bezirksvertretung im November 2008

würde. Dass die Einfahrt der geplanten Filiale in der Heigerleinstraße gebaut werden sollte, löste Unverständnis bei den Menschen aus. Denn die Heigerleinstraße ist an dieser Stelle eine Sackgasse und für den Verkehr, den eine derart große Hofer-Filiale mit sich bringen würde, absolut ungeeignet. Täglich wären zusätzliche 2.000 PKW und LKW zu erwarten, die ein enormes Sicherheitsrisiko für die zahlreichen Kinder auf ihrem Schulweg bedeuten. Da just an jener Stelle, an der die Einfahrt der geplanten Hofer-Filiale gebaut werden sollte, auch der Radweg zwischen Ottakring und Hernals unterbrochen ist, stellte das Mega-Projekt auch für Radfahrende eine große Gefahr dar. Das führte zur Frage: gibt es in Ottakring überhaupt ein durchdachtes, bezirksübergreifendes Verkehrskonzept? Hat man daran gedacht, was dieses Mega-Vorhaben für die Bevölkerung aus Ottakring bedeuten würde?
Trotz Ferienbeginns gelang es 122 Betroffenen, eine gemeinsame Stellungnahme für die erste mündliche Verhandlung im Betriebsanlageverfahren zu verfassen und Parteienstellung zu erlangen. Ein Großteil der Betroffenen war bei der Ver-

Anstatt der geplanten Verkehrseinschleusung ins Ruhegebiet (blau) fordert die Bürgerinitiative den Erhalt des grünen Schutzwalles und die Ein- bzw. Ausfahrt nächst dem Hauptverkehrsweg (rosa).

handlung anwesend. Aufgrund ihrer Einwendungen erhielt die Firma Hofer KG die Auflage, alternative Konzepte vor allem im Hinblick auf die Einfahrt zu überlegen – allerdings nur mündlich und nicht protokolliert. Mitte Juli wandten sich die Betroffenen – mittlerweile waren es über 250 – mit einer Petition an alle politischen Parteien, an alle in Frage kommenden Magistratsbehörden sowie an die Firma Hofer KG, doch erfolgte keinerlei Reaktion.

Die zweite Verhandlung im Betriebsanlageverfahren wurde am ersten Schultag im September anberaumt. Auf Intervention der Bewohnerinnen und Bewohner wurde diesen für die Verhandlung Unterstützung durch die Bezirksvertretung zugesagt, die sich allerdings auf die bloße Anwesenheit eines Bezirksmandatars beschränkte. Die Bürgerinnen und Bürger, die sich konstruktiv um eine Lösung bemühten, hatten mittlerweile einen Plan für eine andere Einfahrt ausgearbeitet und signalisierten damit ihre Verhandlungsbereitschaft.

Die Betroffenen wandten sich erneut an die Bezirksvertretung. Für viele unerwartet reagierten die politisch Verantwortlichen mit offenem Desinteresse und erklärten sinngemäß folgendes: Die Politik habe in einem solchen Fall keinen Einfluss, die Firma Hofer KG könne tun und lassen was sie wolle, sie sei die Eigentümerin des ehemaligen ÖBB-Grundstückes. Angesichts der Tatsache, dass es sich bei der Ein- und Ausfahrt der geplanten Hofer-Filiale um eine öffentliche Verkehrsfläche und damit auch um öffentliches Interesse handelt, waren diese Aussagen freilich verblüffend. Obwohl alle Oppositionsparteien in der Ottakringer Bezirksvertretung das Anliegen der Anrainerinnen und Anrainer unterstützten, blieb die SPÖ-Bezirksvorstehung bei ihrer Haltung. Die Firma Hofer KG reagierte gelangweilt auf die Ängste und Sorgen ihrer zukünftigen Kundinnen und Kunden und war zu keinem Dialog bereit. Spätestens zu diesem Zeitpunkt stellten sich viele Betroffene die Frage: wie ernst werden wir von der Politik genommen?

Die Menschen fühlten sich von ihren »Vertretern« alleine gelassen. Ihnen wurde schmerzlich bewusst, dass sie die Dinge selbst in die Hand nehmen müssten. Sie luden daher zu einer

Versammlung ein, um möglichst viele Menschen im Grätzel über die Pläne der Firma Hofer KG und die abweisende Haltung der SPÖ-Bezirksvorstehung zu informieren. Sie gründeten die Bürgerinitiative Heigerleinstraße.

Im Laufe der darauf folgenden Monate versuchte die Initiative, in der Öffentlichkeit auf ihre Anliegen aufmerksam zu machen. Sie knüpfte Kontakte zu interessierten Medien, organisierte Kundgebungen vor der Ottakringer Bezirksvertretung und informierten die Kundschaft der umliegenden Hofer-Filialen mit Flugblättern. Sie richtete einen Web-Blog ein, um laufend über die aktuellen Geschehnisse und ihre Aktivitäten zu informieren. Sie verstärkte die Vernetzung zu anderen Initiativen in Ottakring und wurde Mitglied der Plattform Aktion 21. Die mediale Präsenz war groß. Die Initiative erreichte zudem, dass ihr Anliegen kurz vor Weihnachten auch im Wiener Gemeinderat zum Thema gemacht wurde. Allen Beteiligten war klar, dass nur mit anhaltendem Druck etwas bewegt werden konnte.

Nach Erhöhung des medialen und politischen Drucks überdachte die SPÖ-Bezirksvorstehung kurz vor Jahresende 2008 ihre anfangs sehr distanzierte Haltung und brachte eine Resolution in der Ottakringer Bezirksvertretung ein, in der sie sich erstmals für eine Lösung im Sinne der Anrainerinnen und Anrainer aussprach. Diese Resolution wurde von allen Oppositionsparteien unterstützt.

Die Firma Hofer KG drohte der Betreiberin des Web-Blogs der Initiative mit einer Klage. Einen Tag vor Weihnachten ließ sie durch ihre Anwälte schriftlich mitteilen, dass die Mail-

Kundgebung vor der geplanten Hofer-Einfahrt in der Heigerleinstraße im September 2008

adresse des für das Bauprojekt zuständigen Geschäftsführers Jan Posch von der Webseite entfernt werden müsse, andernfalls mit strafrechtlichen Konsequenzen zu rechnen sei. Abgesehen davon, dass die formulierten Anschuldigungen jeglicher rechtlicher Grundlage entbehrten, begann man sich zu fragen: wie wichtig sind der Firma Hofer KG ihre zukünftigen Kundinnen und Kunden eigentlich?

Alle überprüften Bauvarianten wurden aufgrund der Nähe zu den Bahngleisen und den vorhandenen Starkstromleitungen als kompliziert und risikoreich eingestuft. Einer Verlegung der Einfahrt steht angeblich nur ein ÖBB-Kabel im Weg, dessen Wartung während der Bauarbeiten ca. 10.000 Euro kosten würde. Soll die Einfahrt nur deshalb in der Heigerleinstraße gebaut werden, weil weder die Hofer KG, noch die ÖBB, noch der an der Filiale so interessierte Bezirk diesen vergleichsweise lächerlichen Betrag aufbringen wollen, um den Betroffenen ihre Wohnqualität und den Kindern einen sicheren Schulweg zu erhalten? Ein Grund mehr zu fragen: Ist dieser Standort überhaupt für das Hofer-Mega-Projekt geeignet? Immer öfter stellt sich diese Frage, denn nach wie vor gibt es keinen Vorschlag der Firma Hofer KG, aus dem erkennbar wäre, dass ihr die Sicherheit der Grätzel-Bevölkerung wichtig ist. Die Bürgerinitiative Heigerleinstraße ist nach wie vor überzeugt, dass eine Lösung im Sinne der Bevölkerung möglich ist und fordert daher: Raus aus der Sackgasse!

Eine ganz andere, den Fußgeherverkehr betreffende Problematik beschäftigt zahlreiche Bürgerinnen und Bürger in Dornbach im 17. Bezirk. Hier wurde 2006 überraschend und zum Ärger vieler Bewohner ein öffentlicher Fußweg auf den Schafberg gesperrt. Die Gründe dafür waren undurchsichtig, der Kampf, Licht in den Behördendschungel zu bringen, ist auch hier sehr mühsam. Die über 700 Unterzeichner und Unterzeichnerinnen einer Unterschriftenaktion geben aber nicht auf.

Bürgerinitiative Erhaltung des Fußwegs auf den Schafberg in Dornbach
17. Bezirk
Homepage: www.aktion21.at
Entstehung: Herbst 2006
Gegenstand: Erhaltung des Fußweges Handlirschgasse/ Korngasse (Schafbergbad)

Das Katz und Maus-Spiel mit dem »Mauserlweg«

Ein beliebter schattiger Wanderweg zwischen den Kleingärten auf der Südseite des Schafbergs in Dornbach führt seit Jahrzehnten zahlreiche Spaziergänger zur Schafberghöhe, mit herrlichem Blick über die Weingärten auf die Stadt. Auch das Schafbergbad ist für Fußgänger auf diesem Weg leicht zu erreichen. Ein blaues Verkehrszeichen wies den Weg als »Fußweg« im Sinne der Straßenverkehrsordnung (Verordnung der MA 46, Verkehr) aus, auf halbem Weg war die Hinweistafel angebracht, dass der Weg bei Schneelage nicht gestreut wird und die Benützung auf eigene Gefahr erfolgt.
Im September 2006 wurde der Weg zum Ärger der zahlreichen überraschten Spaziergänger von der MA 37 gesperrt

– angeblich aus Sicherheitsgründen. Gewisse Instandhaltungsarbeiten wären wohl sicher wünschenswert gewesen, doch die Sperre verstand niemand. Nicht unerwähnt soll bleiben, dass die Absperrung mit zwei größeren Bauvorhaben – Mehrfamilienhäusern – entlang des Fußwegs zusammenfiel. Die Empörung war groß, es bildete sich eine Bürgerinitiative. In wenigen Tagen wurden mehr als 700 Unterschriften zur Erhaltung des Durchgangs für die Spaziergänger gesammelt und der Hernalser Bezirksvorsteherin Dr. Ilse Pfeffer übergeben.
Von da an begann das »Verwirrspiel mit dem von der Bezirksvorsteherin so benannten Mauserlweg«. Bei ersten telefonischen Auskünften 2006 wurde uns mitgeteilt, dass es dort gar keinen Weg gäbe und der Weg privat sei. Eindeutig war erst die Antwort der MA 37, die bestätigte, dass es sich um einen öffentlichen Weg handle, der sich großteils im Eigentum der Gemeinde Wien, zum geringeren Teil in privatem Eigentum befinde. Die MA 37 hatte von der MA 69 (Liegenschaftsmanagement der Stadt Wien) die Weisung erhalten, aus Sicherheitsgründen den Weg zu sperren. Die Frage, wann der Weg wieder »normal« begangen werden könne, wurde weder von der Bezirksvertretung noch von den involvierten Magistratsabteilungen 37, 46 oder 69 beantwortet. Da alle Absperrungen, die man immer wieder eneuert hatte (zuletzt zwei versperrte Metallgittertüren), von empörten Wegbenützern aufgebrochen und entfernt worden waren, war der Weg in der Folge manchmal gesperrt und manchmal nicht. Beim Verkehrszeichen »Fußweg« wurde von der MA 46 eine Zusatztafel »Gehweg endet in 60 m« angebracht. Die Spaziergänger ließen sich aber auch dadurch nicht abhalten, den Weg zu benützen.
Neuerliche Vorsprachen bei der Bezirksvorstehung blieben zunächst erfolglos. Die jeweils angesprochene Magistratsabteilung sah die Verantwortung immer bei einer anderen Stelle. Die Bezirksvorsteherin meinte schließlich, die Sache sei rechtlich sehr kompliziert und eine Reparatur des Weges extrem teuer. Dem wurde entgegengehalten, dass es sich um einen wie im Wienerwald üblichen Pfad handle und die

Spaziergänger keineswegs einen betonierten Weg und eine rollstuhlgerechte Sanierung wünschten. Da immer wieder auf die privaten Eigentümer eines Teils des Weges hingewiesen wurde, regte die Bürgerinitiative an, diese zur Instandhaltung aufzufordern.
Im Herbst 2008 waren die beiden oben erwähnten Bauvorhaben entlang des Weges abgeschlossen. Nach Aussage der MA 46 wurden die privaten Eigentümer und Anrainer angehalten, den Weg, dort wo es nötig ist, im Sinne der Wegehalterhaftung instand zu setzen. Wenn auch schleppend erfolgten nun tatsächlich Reparaturarbeiten entlang des Wegs. Die Bezirksvorsteherin teilte am 11. Jänner 2008 mit, dass sie das Anliegen an die zuständige MA 69 weitergeleitet habe und an einer für alle Teile befriedigenden Lösung sehr interessiert wäre. Sie versicherte, es gebe keine Bestrebungen, den Weg stillschweigend zu schließen und sie wüsste auch nicht von diesbezüglichen Anrainerinteressen.
Bei der MA 69 versprach ein neuer, sehr freundlicher Sachbearbeiter (Herr Schaupp), sich den Akt anzusehen und sich um die Sache zu kümmern: er habe den Bereich gerade erst übernommen und seine Vorgängerin »hätte bezüglich dieser Sache keine wesentlichen Initiativen entfaltet«.
In der Zwischenzeit wurde der offiziell abgesperrte Weg wie schon immer benützt. Zu befürchten ist, dass auch in diesem

Grünbereich Wiens mit Weingärten und Kleingärten die Bautätigkeit weiter zunehmen wird und auch hier zunehmend das »Grün« dem »Beton« weichen wird, wie die Bauten entlang des »Mauserlwegs« zeigen. Der Schriftwechsel mit der Bezirksvertretung zeigt die mangelnde Bereitschaft der zuständigen Stellen, sich des Problems des gesperrten Fußwegs anzunehmen. Die Hernalser Bezirksvorsteherin teilte am 21. August 2008, also fast zwei Jahre nach der ersten Sperre des Weges, mit, dass »sie alles daran setzen wolle, in dieser Angelegenheit eine für alle zufriedenstellende Lösung zu erarbeiten«. Sollte nicht vielleicht doch geplant gewesen sein, auf Wunsch einiger Anrainer den Weg einfach zu sperren? Angesichts der bisherigen Ereignisse sind Wachsamkeit und Bürgerpräsenz weiterhin geboten!

Wie wenig Rücksicht die Stadtpolitik auf Fußgeher nimmt, erweist sich an den Problemen, mit denen sich die Bewohner der Donaucity konfrontiert sehen. Wenn sie bei Wind den öffentlichen Raum vor ihren Wohnhäusern betreten, dann können sie von Glück reden, wenn sie unbehelligt von den hochhausimmanenten Fallwinden an ihr Ziel gelangen. Das Verlassen der eigenen vier Wände kann zum Wagnis werden, weil es gegen plötzlich auftretende Windböen im wahrsten Sinn des Wortes keinen Halt gibt. Weder der Fall jener Frau, für die ein solches »Abenteuer« mit schweren Verletzungen und Spitalsaufenthalt geendet hatte, noch ähnliche Fälle mit leichten Verletzungen nach Stürzen waren für die Verantwortlichen Anlass, auf Abhilfe zu dringen. Erst als die Schwerverletzte zu Gericht ging, kam ein wenig Bewegung in die Szene. Die Behörden und die Bauherrschaft halten Gefährdungspotenziale wie Fallwinde bei Hochhäusern offenbar für »zumutbar«. Das Gleiche gilt für eine Lärmbelastung, die ihresgleichen sucht.
Die Bürgerinitiative Donaucity versucht sich vor allem gegen den sie seit zehn Jahren quälenden Verkehrslärm der immer stärker befahrenen A22 zu wehren. Der Erfolg lässt noch immer auf sich warten, obwohl sich die Stadt Wien rühmt, mit dem im Jänner 2009 veröffentlichen Lärmkataster verbindliche Maßstäbe gesetzt zu haben.

Mieterinitiative Donaucity Platte gegen den Lärm
22. Bezirk
Homepage: www.aktion21.at
Entstehung: 1998
Gegenstand: Lärmschutz vor dem Kaisermühlentunnel (A 22)

In den Wind gesprochen

Zum zehnjährigen Jahrestag unserer Reise durch die Institutionen

Bereits 1998 wandten sich Mieter an den damaligen Wohnbaustadtrat Werner Faymann und ersuchten um Unterstützung für die Errichtung eines effizienten Lärmschutzes im unmittelbaren Bereich des Kaisermühlentunnels.
Von 2006 bis zu seinem Amtsantritt als Bundeskanzler war Faymann als Leiter des Bundesministeriums für Verkehr, Innovation und Technologie (BMVIT) wieder unser Ansprechpartner in Sachen Lärmschutz.
Täglich rasen 120.000 Fahrzeuge auf der Stadtautobahn A 22, direkt an unseren Wohnungen vorbei in den Kaisermühlentunnel. Es gibt kein Wohnhaus in Österreich, geschweige denn eine Wohnhausanlage mit 3500 Mietern, die ein solches Verkehrsaufkommen ohne jeden Lärmschutz ertragen muss.

Den Mietern wurde vor Bezug der Wohnungen die Weiterführung der Überplattung der A 22 versprochen. Alles deutete darauf hin, dass es sich um ein reell geplantes Vorhaben handelte. Der ehemalige Bezirksvorsteher Effenberg (SPÖ) setzte sich sehr dafür ein und präsentierte jede Menge Unterlagen, wenn er wiederholt Abordnungen der Mieter empfing. Nach einigen Jahren wurde klar, dass die Gemeinde Wien diese weitere Überplattung der Stadtautobahn stillschweigend ad acta gelegt hatte und die Bewohner ihrem »lauten Schicksal« überließ.
Nach einigen Jahren resignierte die erste Mieterinitiative, einige Mitglieder verließen die Donaucity, andere wechselten in andere Gebäudeteile. Jene, die nicht ans Aufgeben dachten, schrieben sich die Finger wund mit Briefen an Behörden und Politiker und erhielten nette Antworten: man werde dies und jenes überprüfen …
In der Zwischenzeit wurde es immer lauter um uns herum, denn das Verkehrsaufkommen wuchs kontinuierlich an.
Im Jahr 2006 organisierten sich daher die Mieter neuerlich, nicht zuletzt deshalb, weil sie fassungslos miterleben mussten, wie große Teile der österreichischen Autobahnlandschaft hinter Schallschutzwänden verschwanden, während in der Donaucity der Schutz der Bewohner einfach ignoriert wurde.
Die seit Mitte 2006 für Lärmschutz an Bundesstraßen zuständige ASFINAG war nun unser Ansprechpartner. Ende Dezember 2006, drei Wochen nach dem ersten Gesprächstermin mit einem Vertreter der ASFINAG, erließ der scheidende Minister Gorbach, quasi an seinem letzten Arbeitstag, eine Dienstanweisung, die folgendes besagt: »Wohnprojekte, die nach dem 1. Jänner 1996 baubewilligt wurden, sind nicht anspruchsberechtigt«.
Das galt unabhängig von der Höhe der Lärmbelastung. Die gesetzliche Frist hatte die Donaucity um vier Monate verpasst. Die ASFINAG bedauert nun achselzuckend, rein gar nichts für uns machen zu können, ja nicht einmal zu dürfen!
Seit dieser Entscheidung des BMVIT im Jahr 2006 stieg das Verkehrsaufkommen um weitere 10% und somit auch der

Lärmpegel. Das Fatale ist, dass die Wohnungen der am meisten betroffenen Gebäudeteile so angeordnet sind, dass alle Räume zur A 22 hin ausgerichtet sind. Es gibt in diesen Wohnungen also kein Entkommen aus dem unerträglichen Verkehrslärm, der alle von der WHO als gesundheitsgefährdend eingestuften Werte überschreitet. Selbst gute Schallschutzfenster helfen nicht gegen den Lärm, vor allem den der LKWs. Im Sommer haben die Bewohner die Wahl zwischen 30 Grad im Schlafzimmer oder höllischem Lärm. Wir schöpften wieder Hoffnung, als kolportiert wurde, im BMVIT gäbe es eine Liste mit Projekten, für welche die Terminisierung 1.1.1996 nicht gelte. Sofort begehrten wir, die Donaucity in diese Liste aufzunehmen. Der Minister und seine Beamten berieten über unser Anliegen, berücksichtigt wurde es letztendlich nicht.
Wir fragen uns: wo ist Lärmschutz dringender erforderlich als an diesem Autobahnabschnitt, mit einer riesigen Wohnhausanlage unmittelbar am Tunnelportal? Nach der Praterbrücke ist dies die am meisten befahrene Straße Österreichs!
Wir fordern ein paar hundert Meter Einhausung, eine Konstruktion mit Glasdach, wie beim Petueltunnel in München.
Die Ablehnung unsrer Forderungen war für uns unverständlich und nicht nachvollziehbar, wir waren fassungslos und wütend. Gleichzeitig brach über Österreich noch die Debatte über die Abfertigungen der ASFINAG-Vorstände herein. Nun waren wir nicht nur wütend, sondern auch angewidert.
Wiederholte Kontakte zur Bezirksvorstehung, Briefe an Stadtrat Schicker mit der Bitte, sich im BMVIT für unser Anliegen einzusetzen, ein Brief an das BMVIT sowie Medienberichte schafften zumindest ein Bewusstsein dafür, dass hier etwas völlig im Argen liegt. Trotz einer einstimmigen Erklärung des Bezirksparlaments, unser Anliegen zu unterstützen, wurde die Lärmschutzverbauung bislang noch nicht errichtet.
Am 1. April 2009 präsentierte die ASFINAG die lärmtechnische Studie »A22 Donaucity km 3,5 - km 4,5« im Rahmen einer Bürgerversammlung, bestritt auch nicht die zu hohen Werte, lehnte aber dennoch eine Einhausung »aus Kostengründen« ab.
Wir bleiben trotzdem dran.

Auch in Donaufeld im 21. Bezirk kämpfen die Bewohner gegen die immer stärker werdende Verkehrsbelastung. Sie kritisieren zu Recht die Stadtplanungspolitik, die einem entfesselten Verkehr entweder tatenlos zusieht oder ihn mit unzulänglichen Mitteln zu bändigen versucht. Die Bürgerinitiative für ein Lebenswertes Donaufeld fordert von der Stadtpolitik, die Betroffenen in die Diskussion der Verkehrskonzepte einzubeziehen.

Initiative Für ein lebenswertes Donaufeld!
21. und 22. Bezirk
Homepage: http://donaufeld.a21.at
Entstehung: 15. Mai 2007
Gegenstand: Eindämmung des Durchzugsverkehr in Wohngebieten und Ausbau der öffentichen Verkehrsmittel

Stadtentwicklungsplan und Masterplan

Verkehr in der Praxis oder: Papier ist geduldig

Seit den 1980er Jahren werden in Wien immer wieder relativ fortschrittliche Verkehrskonzepte entwickelt und vom Landtag/Gemeinderat beschlossen. Derzeit gilt noch immer der Masterplan Verkehr 2003, in dem unter anderem festgehalten wurde, dass sich die Wiener Verkehrspolitik den Grundsätzen der »Beteiligung von Interessenvertretungen und BürgerInnen« oder der »Entlastung von sensiblen Siedlungsgebieten und Naturräumen durch Verlagerung des weiträumigen Straßenverkehrs auf entsprechend abgeschirmte Trassen« verpflichtet fühlt. (Der Masterplan Vekehr ist abrufbar unter: http://www.wien.gv.at/stadtentwicklung/verkehrsmasterplan) Als wir bei einem Gespräch im Büro des zuständigen

Stadtrates Maßnahmen zur Unterbindung des Durchzugsverkehrs aus den Siedlungs- und Erholungsgebieten einforderten, bekamen wir die interessante Antwort: »Grundsätzlich ist das ja ein legitimes Anliegen, aber dieser Wunsch könnte ja in jedem Wohngebiet erhoben werden.«
Wir treten für effektive Maßnahmen zur Beschleunigung der existierenden Straßenbahn (Linie 26) ein. Das Problem, dass diese Linie zwischen den beiden regionalen Zentren Floridsdorf und Kagran regelmäßig im Auto-Stau steht, ist nur mit einem selbständigen Gleiskörper zu begegnen. Lange Zeit wurde diese Maßnahme mit dem Argument, dass dadurch Parkplätze verloren gingen, abgelehnt. Schließlich wurde die Realisierung eines selbständigen Gleiskörpers angekündigt, allerdings nur in Fahrtrichtung Kagran, mit dem verblüffenden Effekt, dass sieben (!) zusätzliche KFZ-Stellplätze entstanden, obwohl man davon gesprochen hatte, dass Parkplätze verloren gehen würden.
Außerdem muss hier auch festgehalten werden, dass dem ruhenden Verkehr im Masterplan Verkehr 2003 die unterste (fünfte) Prioritätsstufe im öffentlichen Straßennetz eingeräumt worden ist. Das heißt, dass das Parkplatzargument von den Verantwortlichen von vornherein völlig zu Unrecht gegen die Errichtung eines eigenen Gleiskörpers für die Linie 26 vorgebracht wurde!
Eines der größten Probleme der kommunalen (Verkehrs-)Planungspolitik ist die Kompetenzverteilung in der kommunalen Verwaltung, bzw. die mangelnde Kommunikation zwischen den Ämtern während der Erstellung von Konzeptpapieren und bei deren Umsetzung.
Einem »Runden Tisch« der Bezirksvorstehung Floridsdorf (19. November 2007) folgten vier weitere Sitzungen. Seit Sommer 2008 wurden einige Maßnahmen zur Verbesserung des öffentlichen Verkehrs in Aussicht gestellt. Für den Durchzugsverkehr wurden jedoch alle Lösungsvorschläge der Bürgerinitiative abgelehnt; Bezirks- und Stadtverwaltung haben dagegen keinerlei Alternativvorschläge vorgelegt.
Der Bus entlang der Oberen Alten Donau (von Floridsdorf nach Mühlschüttel), der bereits in der ersten Hälfte der 1990er

Jahre im Auftrag der Wiener Stadtplanung entwickelt wurde, soll nun endlich doch eingerichtet werden, allerdings mit einem so langen Intervall (20 Minuten) und ohne Wochenendverkehr, dass man berechtigte Sorgen haben muss, ob ein derart unattraktives Verkehrsmittel überhaupt angenommen werden wird.

Im Stadtentwicklungsplan 2005 wurde für das Donaufeld unter Berufung auf noch ältere Programme eine Bebauung mittlerer Dichte festgelegt. Die Neubebauung des Bombardier-Areals ist mit den ursprünglich geplanten etwa 450 Wohnungen ohnehin schon an der oberen Grenze der Verbauungs-

dichte angelangt. In der Praxis werden derartige Zielvorgaben aber regelmäßig ignoriert, und so wurde die Anzahl der Wohnungen auf den Bombardier-Gründen inzwischen auf fast 700 angehoben. Inzwischen ist bekannt geworden, dass im Stadtentwicklungsgebiet Donaufeld die Errichtung von mindestens 4000 neuen Wohnungen geplant ist. Müssen die Menschen in Donaufeld damit rechnen, dass auch diese Zahl erhöht wird und statt einer Verbauung in Grünlage mit mittlerer Dichte ein dicht verbautes Stadtgebiet ohne nachhaltige Verkehrslösungen und ohne jegliche Erholungsräume entsteht?
Es geht nicht an, dass die Stadtplanung die Wohngegenden an der Peripherie mit dem Argument des hohen Erholungswertes (Grünruhelage) bewirbt, und dieses Umfeld dann entwertet! Die Menschen haben einen Anspruch darauf, sich auf langfristige Ankündigungen auch verlassen zu können.
Eine zukunftsweisende Stadtplanungspolitik müsste anders aussehen: Zuerst müssten die jeweiligen Pläne in Zusammenarbeit mit den Regionalverwaltungen und den betroffenen Anrainerinnen und Anrainern erstellt und anschließend in einer konzertierten Aktion auch wirklich umgesetzt werden. Das würde bedeuten, dass die reale Macht der Wiener Bezirksvorstehungen stark beschnitten werden müsste. Das ist zur Zeit noch Illusion. Wenn die Bekenntnisse zur partizipativen Demokratie eines Tages doch umgesetzt werden sollten, wären Willkürentscheidungen in den Bezirken nicht mehr möglich.

Bei der Lobauautobahn ging es lange Zeit darum, ob diese Transitschneise nur über niederösterreichisches oder auch über Wiener Gebiet führen solle. Eine Transitautobahn, die Wiener Gebiet meidet – undenkbar! Statt darüber froh zu sein, dass es eine Möglichkeit gab, dieses für notwendig gehaltene Übel nicht nur von der Stadt, sondern vor allem vom einzigartigen Naturreservat Lobau fern zu halten, sprach sich die Stadt Wien für eine Lobau-Untertunnelung aus. Ohne die Bevölkerung ernsthaft in diese Planung einzubinden, wurde von oben am grünen – oder vielmehr am roten – Tisch entschieden.

Bürgerinitiative Rettet die Lobau – Natur statt Beton
22. Bezirk
Homepage:www.lobau.org
Entstehung: 2004
Gegenstand: Keine neuen Autobahnen im Nordosten Österreichs und in der Lobau

Die Betonschneise

Der Wiener Teil des Nationalparks Donauauen (Lobau) ist von einer LKW- Transitschneise bedroht. In der EU heißt sie TEN 25, die geplante Schwerverkehr-Transitachse von der Ostsee (Danzig) über Wien zum Mittelmeer. Um die wahre Dimension dieses Milliardenbauprojekts zu verschleiern, wird die Autobahn hierzulande stückerlweise (A 5, S 1 Ost, S 1 West, S 2, usw.) präsentiert und mit blumigen Namen wie Weinviertelautobahn, Umfahrung für Wien, Regionenring, Lobautunnel versehen. (Für den Lobautunnel machte die Stadt Wien mit Steuergeld eine Werbekampagne). Der Lobautunnel ist als Teil eines ganzen Netzes von Transitautobahnen geplant, obwohl Österreich jetzt schon EU-weit die drittmeisten Autobahnkilometer pro Einwohner aufweist. Die 7 geplanten Autobahnen im Großraum Wien würden zu

einem enormen Zuwachs von Verkehr und Umweltbelastung (durch Feinstaub, Ozon, CO_2, Lärm, etc.) führen.
4,4 Mrd. Euro (1,63 Mrd. für den Lobau-Tunnel) Kosten werden für die derzeit geplanten Autobahn-Abschnitte in Nordost-Österreich veranschlagt. Bei zu erwartenden etwa 35% Mehrkosten ist mit Endkosten von rund € 6 Milliarden zu rechnen, gewaltige Summen, die für den Ausbau von Bahn und anderen öffentlichen Verkehrsmitteln fehlen. (Zum Vergleich: Einnahmen aus Studiengebühren jährlich € 140 Mio., Gesamtkosten Eurofighter € 2 Mrd.)
Eine Lobau-Autobahn würde laut Asfinag die Südosttangente nur »einmalig um 3-5 % entlasten«. Angesichts der Verkehrszuwächse auf der A 23 wäre dieser Entlastungseffekt innerhalb eines halben Jahres aufgezehrt. Die Schnellbahnline S 80 wäre eine ideale Entlastung für den Autoverkehr auf der Tangente. So lange sie allerdings in halbstündigen Intervallen fährt und – statt in Bratislava – in Hausfeldstraße endet, ist sie unattraktiv. Die Strecke Wien-Bratislava ist großteils eingleisig und nicht elektrifiziert. Die Luftschadstoffe, die im Lobau-Tunnel entstehen würden, würden aus vier 10m hohen Schloten, unmittelbar an der Grenze von Nationalpark und Natura 2000-Gebiet, ungefiltert verteilt, je nach Windrichtung zum Nationalpark oder zu den benachbarten Wohngebieten hin. Die Lobau ist gleich mehrfach durch internationale Abkommen (Nationalpark, Natura 2000, Ramsar Konvention, Biosphärenreservat) geschützt. Wenn nicht einmal ein so hochrangig geschütztes Gebiet vor der Betonierwut sicher ist, welches Naturschutzgebiet wäre dann überhaupt noch vor solchen Zugriffen geschützt? Die Frage ist berechtigt: vor kurzem wurden bei Klosterneuburg 45 ha Auwald, ein Natura 2000 Gebiet, für einen Straßenausbau gefällt. Die österreichischen Behörden kümmern sich um internationale Naturschutzabkommen erstaunlich wenig.

Die Farce der Umweltverträglichkeitsprüfungen (UVP)

Internationale Transitschneisen werden in Österreich – in kleinste Teilstücke zerlegt – der Umweltverträglichkeitsprüfung (UVP) unterworfen. Die Teile sind genau so bemessen, dass sie unter dem sogenannten »Irrelevanzkriterium« bleiben. Das bedeutet: die Luftschadstoffe, die durch dieses Autobahnteilstück zu erwarten sind, verschlechtern die Gesamtsituation in Österreich um weniger als 3 Prozent. Deshalb werden sie vom zuständigen Ministerium für »irrelevant« erklärt. Aufgrund dieses »Tricks« können mitten in Feinstaub- und Stickoxidsanierungsgebieten Wiens und Niederösterreichs neue zusätzliche Autobahnen genehmigt und für umweltverträglich erklärt werden. Alle einzelgenehmigten Teilstücke zusammen ergeben ein Vielfaches an zusätzlichen Schadstoffen. Da diese Salamitaktik als gesetzeskonform gilt, sind das Gesetz und seine Anwendung unzulänglich und dringend revisionsbedürftig. Bei der S 1 West kam die integrative Gesamtbewertung der Umweltverträglichkeitsprüfung zu dem Ergebnis, dass die Autobahn fast nur Verschlechterungen bringen würde (es wurden zwei positive, 96 nachteilige und neun wesentlich nachteilige Auswirkungen angeführt) – dennoch wird gebaut.

Bei drei verschiedenen Umweltverträglichkeitsprüfungen hatten wir als Bürgerinitiative »Rettet die Lobau« bereits Parteienstellung:

Bei der S 2 brachten wir beim Verfassungsgerichtshof Beschwerde gegen die Trassenverordnung ein. Dieser nutzte einen lächerlichen Formfehler, um uns den Status als Bürgerinitiative im Sinn des UVP-Gesetzes abzuerkennen. Damit konnte er unsere 25 Seiten lange Beschwerde abweisen, ohne mit einem Wort auf die darin vorgebrachten Argumente eingehen zu müssen. Bemerkenswert ist dabei, dass wir bei der öffentlichen Erörterung der Umweltverträglichkeitsprüfung und im Protokoll darüber stets als Bürgerinitiative anerkannt worden waren. Auch in den nachfolgenden Materialienrechtsverfahren erhielt ich als Sprecherin der Bürgerinitiative die eingeschriebenen Briefe und Vorladungen zu den Verhandlungen. Und dann wurde uns das Recht, den Verfassungsgerichtshof anzurufen, mit der Begründung verweigert, wir wären keine Bürgerinitiative. Die Begründung des Verfassungsgerichtshofs: auf unseren Unterschriftenlisten sei zwar »Jutta Matysek«, nicht aber »Sprecherin Jutta Matysek« gestanden.

Von unserem Anwalt wissen wir, dass der Verfassungsgerichtshof mit einer Beschwerde gegen die A 5 ähnlich umgegangen ist. Wir machten trotzdem weiter: unsere Beschwerde wurde im Namen einer befreundeten Bürgerinitiative, die im UVP-Verfahren auch Parteienstellung hatte, erneut eingereicht. Wir sind gespannt, ob es jetzt endlich zu einer inhaltlichen Auseinandersetzung kommen wird. Inzwischen sind allerdings die Bauarbeiten für die S 2 bei Süßenbrunn voll im Gange, denn der Verfassungsgerichtshof hat der Beschwerde keine aufschiebende Wirkung zuerkannt und wird erfahrungsgemäß mehrere Jahre benötigen, um eine Entscheidung zu treffen.

Bei der S 1 Süd (ehemals B 301) schreckte die Asfinag, um ihre Ziele schnell zu erreichen, auch nicht vor einer Bauführung ohne gültigen Wasserrechtsbescheid zurück. Obwohl der Verwaltungsgerichtshof diesen nach der Beschwerde einer Bürgerinitiative aufhob, baute sie monatelang weiter, ohne darauf Rücksicht zu nehmen. Die S 1 Süd avancierte damit zur größten Schwarzbaustelle Österreichs. Wegen offensichtlicher Planungsfehler gab es bereits zahlreiche Todesopfer.

Bei der S 1 Ost sind wir immer noch Bürgerinitiative mit Parteienstellung. Hätte ich an allen der UVP nachgelagerten Verhandlungen teilgenommen, hätte ich meinen ganzen Urlaub aufgebraucht, denn sie finden natürlich immer an Wochentagen am Vormittag statt. Dabei ist die Teilnahme völlig sinnlos: immer wieder wird bloß vorgestellt, was beabsichtigt ist und wenn dagegen etwas vorgebracht wird, wird das notiert und das war's.

Auch bei der S 1 West erwies sich das immer wieder als institutionalisiertes Partizipationsinstrument gepriesene Umweltverträglichkeitsprüfungsverfahren als das Gegenteil eines echten Beteiligungsprozesses. Wir hatten alle formalen Voraussetzungen für eine Bürgerinitiative erfüllt und hatten mit unseren Anfragen, Argumenten und Vorschlägen erheblichen Anteil an einer umfassenden, gründlichen, öffentlichen Erörterung des Projekts. (Das wurde in einem 600 Seiten starken Protokoll festgehalten.) All das wurde mit einem Federstrich weggewischt: wegen eines (von Beginn an beabsichtigten?)

Formfehlers der Behörde – zu kurze öffentliche Auflage der Unterlagen – wurde das Verfahren für ungültig erklärt und seine Wiederholung angeordnet. Während die Sprengungen bereits auf Hochtouren liefen, wurde uns, als wir uns in dem neuen Verfahren in die Rednerliste eintragen wollten, erklärt, wir hätten als Bürgerinitiative keine Parteienstellung, weil wir verabsäumt hätten, nochmals Einwendungen (gegen das formalrechtlich neue, sonst aber völlig gleiche Projekt) zu verfassen und die gesetzlich geforderten 200 Anrainerunterschriften dafür beizubringen! Wenn sich die Anrainer, die das gleiche Schriftstück nochmals, nur mit anderem Datum versehen, unterschreiben müssen, gefrozzelt vorkommen, ist dies sicher nicht im Sinn der Erfindung des UVP-Verfahrens. Vielmehr erhebt sich angesichts solcher Schikanen der Verdacht, dass sie nur dazu dienen sollen, die Bürgerinitiativen aus dem Verfahren hinterrücks zu entfernen.
Die Rechnung ging dennoch nicht auf. Wir schafften es, uns über das Ökobüro und eine verzweifelte anrainende Bäuerin als deren Experten zu Wort zu melden. Von dieser Bäuerin erfuhren wir auch, dass sich die Asfinag nicht einmal an die Auflagen des Umweltverträglichkeitsprüfungsverfahrens, so etwa an das nächtliche Bauverbot, hält.
In Österreich hat noch nie ein UVP-Verfahren den Bau einer umweltunverträglichen Autobahn verhindert. Es scheint, als wäre die UVP bloß ein Vorwand, sich den Anschein der Bürgernähe geben zu können, um unter Berufung auf die Einbindung der Bevölkerung ohne Rücksicht auf Verluste zu bauen. Die »UVP neu«, das novellierte Gesetz zur Umweltverträglichkeitsprüfung, hat es für »normale« Leute noch schwieriger, ja fast unmöglich gemacht, gegen ein Projekt gewichtige Gründe mit Aussicht auf Berücksichtigung geltend zu machen.
Gemeinsam mit Greenpeace, VIRUS, GLOBAL 2000, BIM Großenzersdorf, BIGNOT und zahlreichen engagierten Einzelpersonen haben wir durch Dauerbesetzung rund um die Uhr 6 Wochen lang die Probebohrungen im Nationalpark Lobau verhindert. Die Stadt Wien wagte es nicht, uns zu entfernen, die ASFINAG allerdings drohte mit Klagen.

Kurz vor Weihnachten 2006 zogen wir ab, nachdem uns Verhandlungen am »Runden Tisch« angeboten worden waren.
Am 23.07.07 beendeten wir Bürgerinitiativen und Umweltschutzorganisationen von uns aus diesen »Runden Tisch«, da wir nur hingehalten wurden und die Vertreter von Wien und Niederösterreich den Dialog mit uns nicht im Geringsten ernst nahmen.
Auf der S 2, A 5, der S 1 Ost und der S 1 West wird gebaut. Die S 1 Süd ist fertig und hat, wie wir erwartet hatten, die versprochene Entlastung der Südosttangente nicht gebracht. Die Logik der Asfinag ist wohl, den internationalen Transitverkehr, der jetzt über die D 2 an Österreich vorbeiläuft, nach Wien zu holen und so lange in die A 23 zu leiten, bis der Verkehr dort nur noch steht und die Transitschneise durch den Nationalpark in der Lobau politisch durchsetzbar wird. Mit der geplanten A 23-Verlängerung und der geplanten Marchfeld-Schnellstraße droht eine weitere Ost-West-Transitschneise, die bis in die Ukraine reicht.
Fazit: Bürgerbeteiligung im Rahmen der gesetzlichen Möglichkeiten der Umweltverträglichkeitsprüfung ist eine Chimäre. Der ohnedies mit zahlreichen bürokratischen Hürden verstellte Zugang der Bevölkerung zum UVP hat bloßen Alibicharakter. Es ist traurige Wahrheit, dass sich die Betroffenen wirkungsvoll nur durch Protestaktionen, Protestveranstaltungen und durch gewaltfreien Widerstand äußern und dadurch etwas erreichen können. Sie können sich dabei auf Menschenrechte berufen: das Recht auf Leben und Gesundheit und auf das Recht zur Versammlungsfreiheit. Für diese Rechte lohnt es zu kämpfen!

Bürgerinitiative NEIN zur NordostDURCHfahrung (BIGNOT)
22. Bezirk
Homepage: www.bignot.at
Entstehung: 15. April 2003
Gegenstand: Verhinderung einer Umfahrungsautobahn durch die Donaustadt

Wien ist – drüberfahren!

Bekanntlich gibt es in der Donaustadt, dem flächenmäßig größten und einwohnerstärksten Bezirk Wiens, die meisten noch verfügbaren Grünflächen. Wohnhausanlagen, Reihenhäuser, Einfamilienhäuser wurden und werden hier gebaut, auf öffentliche Verkehrsmittel wurde, abgesehen von der viel zu spät errichteten U 2-Verlängerung, überhaupt vergessen.
In der Donaustadt gibt es die S 2, also die Verlängerung der Süd-Ost-Tangente, und die A 22, die Donauuferautobahn. Gegen den weiteren Ausbau von Autobahnen und Straßen formierte sich die Bürgerinitiative »NEIN zur NordostDURCHfahrung«, später dann »BIGNOT« genannt.
Es war im April 2003, als uns Donaustädter Bürgern ein Flugblatt aus dem Wiener Rathaus die Lösung der Verkehrsprobleme in der Donaustadt versprach und uns zur

Präsentation ins Haus der Begegnung Donaustadt einlud. Als interessierter Bürger folgte ich dieser Einladung und war dann völlig verwundert, weil nicht, wie am Flugblatt angekündigt, über den Ausbau des öffentlichen Verkehrs gesprochen wurde, sondern eine Autobahn, die sogenannte Nord-Ost-Umfahrung, präsentiert wurde. Diese Trasse sollte laut Rathausplanung durch die Lobau und dann weiter mitten durch den 22. Bezirk führen.

Klammheimlich, still und leise wurde eine Autobahn durch unseren Lebensmittelpunkt geplant. Man hat uns Bürger gar nicht dazu befragt, man hat einfach eine Autobahn – die hauptsächlich den zu erwartenden Transitverkehr auffangen sollte – auf Kosten unserer Lebensqualität vorgesehen und uns jetzt vor vollendete Tatsachen gestellt.

Noch vor Ort wurde beschlossen, dagegen etwas zu unternehmen. Neben anderen Bürgerinitiativen wurde auch die Bürgerinitiative »NEIN zur NordostDURCHfahrung« gegründet.

Wir alle waren voll motiviert, hatten jedoch keine Erfahrungen. Wir mussten uns Strukturen schaffen, wir mussten uns organisieren, wir mussten auf uns und auf das Problem aufmerksam machen.

Informationen wurden uns nicht oder nur sehr spärlich erteilt, Einblick in die Unterlagen wurde uns nicht gewährt und Auskunft über die exakte Trassenführung wurde uns mit dem Argument der möglichen Grundstücksspekulation verweigert. Nicht nur, dass man von offizieller Stelle zum Bittsteller degradiert wurde, nein, fallweise wurde man auch noch als Querulant verunglimpft.

Unermüdlich wurden Unterschriften gesammelt. Mit großem Erstaunen stellten wir dabei fest, dass nur ganz wenige Bürgerinnen und Bürger von dieser Autobahn wussten.

Nur informierte Bürger sind auch mündige Bürger. Als eines unserer Hauptziele wurde nun die Information der betroffenen Bürger verfolgt. Die vielfältigsten Aktionen und Veranstaltungen wurden organisiert. Ob es die Teilnahme am Erntedankfest in Aspern war (»Wer Autobahnen sät wird Protest ernten«) oder ob es unsere jährlichen Meilensteinfeste »Stroh

statt Beton«, genau auf jenem Feld, das der möglichen Trasse hätte weichen müssen, waren: der Kampf gegen diese Nordostumfahrung, die ja eigentlich eine NordostDURCHfahrung hätte werden sollen, verlangte unseren vollen Einsatz.
Unsere Freizeit kam dabei arg unter die Räder, bei gar manchem litt das Familienleben unter dieser Belastung. Andere wiederum stellten wiederholt erhebliche Finanzmittel zur Verfügung. Das »Geheimnis« unserer Bürgerinitiative war der ideale Mix der beteiligten Personen. In unseren Reihen befanden sich Feuerwehrmänner, Unternehmer, Prokuristen, Professoren, Magistratsbedienstete, Mitglieder der verschiedensten Parteien, Jugendliche und viele Pensionistinnen und Pensionisten. In Spitzenzeiten konnten wir auf bis zu 50 aktive Bürgerinnen und Bürger zählen. Den harten Kern stellten etwa 20 Personen dar. Mit der Zeit fanden wir immer mehr Unterstützung aus der Bevölkerung. Auf Gartenzäunen durften Infotafeln angebracht werden, zur Flugzettelverteilung entstand ein richtiges Netzwerk, das betroffene Gebiet wurde dazu planmäßig in Verteilzonen eingeteilt.
Ein Netzwerk mit den anderen mittlerweile ebenfalls gegründeten Bürgerinitiativen gegen diesen Autobahnwahnsinn wurde ins Leben gerufen, viele gemeinsame Veranstaltungen wurden durchgeführt.
Immer wieder wurde der Kontakt zu den Verantwortlichen im Rathaus, zur Bezirksvorstehung oder zur ASFINAG gesucht, teilweise mit Erfolg. Manchmal erhielten wir »kleine Informationsstücke«, auf jeden Fall nötigte aber unser massiver Protest die planenden Stellen, zahlreiche »Informationsveranstaltungen« für die Bevölkerung abzuhalten. Natürlich boten diese auch die Möglichkeit, die Bevölkerung aus unserer Sicht über dieses Projekt zu informieren. Eines unserer wichtigsten Anliegen war, seriöse Bürgeraufklärung zu diesem Thema zu leisten. Die Stadt Wien reagierte auf unseren Bürgerprotest mit einer Veranstaltungsreihe namens »DialogNOW«. Tatsächlich war dies aber ein »MonologNOW«, da auf subtile Art und Weise der Bevölkerung bloß das Gefühl gegeben werden sollte, bei der Planung zu diesem wichtigen Projekt beteiligt zu sein. Übersehen wurde dabei jedoch, dass

dies mit fertig ausgearbeiteten Trassenplänen und Unterlagen erfolgte. Die Bürger hätten einmal mehr als Beteiligungs-Feigenblatt herhalten sollen.
Der seriöse Kontakt zu den Behörden sollte sich noch als großer Vorteil herausstellen. Unser Protest und die meisten unserer kontroversiellen Gespräche erfolgten seriös, respektvoll und ehrlich. Aber natürlich muss ein Protest, der immer wieder als Kampf David gegen Goliath definiert wurde, auch heftig, umfangreich, die Verursacher störend und vor allem medienwirksam ausgetragen werden. Die Grenze zwischen einem oftmals kritisierten »Kuschelkurs mit den Behörden« und dem massiven Protest, der Polizeieinsätze nach sich zog, wurde immer wieder überschritten. Bei unserem »Besuch« der Feier zu »50 Jahre Donaustadt«, bei der wir Herrn Bürgermeister Häupl eine Protestnote überreichen wollten, kam es zur Konfrontation mit der Polizei. Ein »Überfall« auf die ÖVP-Klubklausur wurde im Dialog mit den Wiener ÖVP-Politikern beendet, leider ohne ein nachhaltiges Ergebnis erzielt zu haben.
Am 5. März 2005 erfolgte zwischen Bürgermeister Häupl, Bundesminister Gorbach und der Asfinag die definitive Trassenfestlegung. Die Trassenführung durch die Donaustadt konnte abgewehrt werden, auch die Verlängerung der A 22 und somit die Vernichtung der Grünoase des südlichen Teils der Donauinsel (FKK Gebiet) wird nun nicht realisiert.
Unsere Bürgerinitiative »BIGNOT« hat ihr Ziel zum größten Teil erreicht, wenngleich natürlich eine Autobahn so nah bei Wien insgesamt in Frage gestellt werden muss. Wir sind nun in einer Warteposition, bleiben wachsam und behalten die Entwicklungen in unserem Bezirk im Auge.
Im November 2006 waren die ersten Probebohrungen im Nationalpark Lobau geplant, was de facto einem Baubeginn gleichkommt. Alle in den Protest gegen die Lobauautobahn involvierten Gruppen beschlossen, eine Aktion zu starten, die sogenannte »Mahnwache für die Lobau« mit einer großen Eröffnungskundgebung am 1. November 2006 in Groß Enzersdorf. Gut 1.000 Besucher kamen zu dieser Veranstaltung. Es wurden auch zahlreiche Zelte aufgebaut, um den Protest

auch vor Ort zu demonstrieren. Wir beabsichtigten, die Probebohrungen auf jeden Fall zu verhindern. In dieser Zeltstadt standen bis zu 75 Zelte und an Spitzentagen übernachteten dort etwa 100 Personen, auch bei Minusgraden. Die Anrainer unterstützen uns mit Essen und heißen Getränken – es entstand eine richtige Nachschublogistik. Am 27. November sollten dann tatsächlich die Probebohrungen beginnen, die ASFINAG rückte an zwei Zufahrten zugleich mit »schwerem Bohrgerät« an. Sofort wurden alle Zufahrten blockiert und alle Teilnehmer per SMS alarmiert. Nach heftigen Diskussionen und heißen Debatten, nachdem sich Demonstranten vor die Raupen auf den Boden gelegt und unzählige Fotoaufnahmen gemacht hatten, zog die ASFINAG unverrichteter Dinge wieder ab. Weitere Versuche, die Bohrungen durchzuführen, blieben ebenfalls erfolglos. Um den Protest rasch zu beenden, wurde eine völlig neue Methode angewandt: Man versuchte uns mit Klagsdrohungen und Schadenersatzforderungen einzuschüchtern. Anfangs erfolglos, doch mit der Zeit kamen speziell die beiden großen NGOs Greenpeace und GLOBAL 2000 ins Wanken und stimmten der Aufgabe des Protests zu. Die Besetzung der Lobau war damit am 19. Dezember 2006, nach fast sechs Wochen, beendet. Die Zeltstadt wurde abgebaut, Frust verbreitete sich, es war eine sehr traurige Stimmung. Der Beschluss zur Beendigung war nicht einstimmig erfolgt und schon gar nicht nach demokratischen Regeln. Zwar hat man uns von offizieller Stelle Gespräche am »Runden Tisch« versprochen, in der Folge stellte sich jedoch heraus, dass beide Seiten völlig unterschiedliche Vorstellungen davon hatten und auch nicht bereit waren, sich in irgendeine Richtung zu bewegen. So scheiterte auch der »Runde Tisch«, ohne ein vernünftiges Ergebnis erzielt zu haben. Für unsere Bürgerinitiative war dies ein ziemlich ernüchterndes Ende des Protests. Uns fiel dazu der afrikanische Spruch ein: »Wenn du den Leoparden jagst, achte darauf, mit wem du auf die Jagd gehst«.
Berichte über die diversen Aktionen unserer Bürgerinitiative können auf der Homepage, http://www.bignot.at eingesehen werden.

Unsere Erfahrungen:

- man muss die Courage haben, gegen jegliches Unrecht aufzutreten, egal welchen Ursprung dieses Unrecht immer haben mag, und der »Obrigkeit« die Stirn zu bieten,
- man muss hartnäckig sein, weil unsere Politiker nicht gewohnt sind, sich mit Bürgern direkt auseinander zu setzten,
- Bürgerbeteiligung muss eingefordert werden. Leider steckt sie bei uns noch in den Kinderschuhen, was einem demokratischen Land, das sich seines sozialen und humanistischen Niveaus rühmt, zur Schande gereicht.

Einmal mehr muss es daher heißen: DAS RECHT GEHT VOM VOLK AUS. Fordern wir es also ein.

Als besonders anfällig für Planungssünden hat sich jener Verkehr erwiesen, der sinnigerweise als »ruhender Verkehr« bezeichnet wird. Damit sind nicht die unfreiwillig im täglichen Stau »ruhenden« Automobile gemeint, sondern abgestellte, weil gerade eben nicht im Fahrgebrauch stehende Karossen.

Intermezzo: Park-Garage?

»Park« ist ein Ort der Muße, des Ruhens und der Erholung. Seit dem Altertum dient der Park den Menschen als eine Stätte der Distanzierung vom pulsierenden Alltag. Vor allem in den stetig wachsenden Städten, in denen die Entfernung zum umgebenden Grünland immer mehr zunahm, wurden Parks geschaffen.
Obwohl der Bau innerstädtischer Garagen als nachhaltige Lösung wachsender städtischer Verkehrsprobleme ohnedies zunehmend angezweifelt wird, werden Garagen vorzugsweise dort geplant, wo dies ohne nennenswerte Beeinträchtigung des Verkehrs kostengünstig möglich ist: unter Parkanlagen. Durch den mit solchen Garagen verbundenen Mehrverkehr steigt die Schadstoffbelastung. Die Parkbäume, die ganz wesentlich zur Verminderung solcher Schadstoffe beitragen, werden im Zuge der Bauarbeiten geschlägert. Natürlich mit der Auflage einer entsprechenden Ersatzpflanzung. Diese »Pflanzerei« ergibt nicht einmal ein Hundertstel der »entfernten« luftverbessernden Grünfläche. Aber was soll's. Hauptsache wir verstecken das Auto unter dem Erdboden.
Sogenannte »Volksgaragen«, auch »Wohnsammelgaragen« genannt, sollten – mit finanzieller Unterstützung aus öffentlichen Mitteln – für die Bewohner ihres Umfeldes errichtet werden. In der Bevölkerung stießen zahlreiche Garagenplanungen auf massiven Widerstand und Befragungen der betroffenen Wohnbevölkerung gingen fast immer gegen die Garage aus. Trotzdem werden den »Garagenentwicklern« von der Stadt Wien immer wieder städtische Parks als Idealorte für die Errichtung von Parkgaragen angedient.
Die unter dem Rudolf von Alt-Platz im 3. Wiener Gemeindebezirk geplante Volksgarage wurde von einer Bürgerinitiative massiv bekämpft. Letzten Endes brachte sie auch den Bezirksvorsteher dazu, die anrainende Bevölkerung über die Garage abstimmen zu lassen. Es ist ihm hoch anzurechnen, dass er die von ihm nicht wirklich erwartete

Entscheidung gegen die Garage akzeptierte und das Projekt für diesen Standort begrub. Am Bacherplatz im 5. Bezirk entzündete sich der Kampf um die Garage an der Tatsache, dass die politisch Verantwortlichen von öffentlicher Diskussion nichts hören wollten und den Weg für die Baumfäller und Bagger freigaben. »Wenn Ihr die letzten Opfer seid, denen eine Garage unter einem Park aufoktroyiert wird, dann habt Ihr doch wenigstens eine Diskussion in Gang gebracht«, meinte ein Journalist gegenüber Vertretern der Bürgerinitiative zu einem Zeitpunkt, als es keine Hoffnung mehr zu geben schien, das Tiefgaragenprojekt unter dem Bacherpark zu verhindern.
Es sollte anders kommen.

Bürgerinitiative Bacherpark
5. Bezirk
Homepage: www.baeume-statt-garage.psido.at
Entstehung: Dezember 2004
Gegenstand: Erhaltung des Bacherparks ohne Tiefgarage

Hände weg vom Bacherpark!

»In einer Demokratie hat jeder verantwortungsbewusste Bürger das Recht, gegen einen Beschluss, der Schaden für die Allgemeinheit zu bringen droht, öffentlich Einspruch zu erheben. Dieses Recht lassen sich die Margaretner niemals nehmen!« (Transparent der Bürgerinitiative Bacherpark)

»Hände weg vom Bacherpark!«

Über den Bau einer Volksgarage wird in einer Bezirksvertretungssitzung abgestimmt. Im Gemeinderat wird das Projekt dann beschlossen, und in weiterer Folge von Privaten errichtet und betrieben. Dafür erhält der Unternehmer aus Steuergeldern ein zinsenloses Darlehen für 40 Jahre. Rund 100 Millionen Euro öffentliche Subventionen fließen so im Rahmen des Volksgaragenprogramms in private Taschen. Begehrte Objekte für solche Volksgaragen sind öffentliche Parks, denn da kostet der Grund nichts. Kinderspielplätze, sprich Ballspielkäfige, werden auf den Garagendächern wiedererrichtet Alte, schattenspendende Bäume fallen dem Garagenbau zum Opfer und neue Bäume wachsen auf den Betondächern nicht.

Ein solches Garagenprojekt unter dem Bacherpark weckte Ende 2004 den Widerspruch der Anrainer, denn der Bacherpark ist die letzte intakte Grünoase inmitten eines stark verbauten Bezirks.

Die unübersichtliche Zufahrt hätte für hunderte Schulkinder eine Gefahr bedeutet. Im Umfeld waren zum Teil auch billigere Garagen nicht ausgelastet. Eine Bedarfserhebung für die Garage lag nicht vor.

Mit einer einfachen Zählung – Universitätsprofessor Macoun von der Technischen Universität Wien nannte sie eine »politisch motivierte, unseriöse Stellplatzerhebung« – sollte das »öffentliche Interesse« für die Umwidmung von Grün- in Bauland begründet werden.

2400 Bürger sprachen sich mit ihrer Unterschrift gegen das Projekt aus und forderten eine Befragung. Bezirksvorsteher Wimmer lehnte ab: In der repräsentativen Demokratie entscheiden nur die dazu berufenen Instanzen. Sein Verständnis von Bürgerbeteiligung erschöpfte sich darin, die Anrainer und die Bürgerinitiative einzuladen, nach dem Bau der Garage an der Gestaltung der Oberfläche mitzuwirken. Die Bürgerinitiative empfand dies als Hohn und lehnte dankend ab.

Sie informierte in Aussendungen und Flugblättern, in Bürgerversammlungen und Veranstaltungen im Park über die Auswirkungen der Garage. Wissenschaftliche Studien belegten die negativen Folgen für Bäume, Gesundheit, Verkehrsaufkommen und Lebensqualität.

Planungs-Stadtrat Schicker zeigte sich davon wenig beeindruckt.

Die Bürgerinitiaive brachte eine Beschwerde beim Verfassungsgerichtshof ein. Es folgten weitere Demonstrationen, Pressekonferenzen, Interviews und sogar eine TV-Diskussion.

Die Direktorin der Pannaschschule (gleichzeitig SPÖ-Bezirksrätin) untersagte bei einer Elternversammlung jegliche

Diskussion über die Garage in der Schule. Eine Mutter, die es wagte, dagegen aufzutreten und die Presse informierte, musste in der Folge ihr Kind wegen Mobbings aus der Schule nehmen. In der an den Bacherpark angrenzenden Schule verschwanden Unterschriftenlisten.

Ein Treppenwitz der Pseudo-Demokratie

Die Bürgerinitiative richtete an alle Mandatare des Gemeinderats Briefe mit dem Appell, die anstehende Beschlussfassung über die Umwidmung nochmals zu überprüfen. Sie erhielt keine einzige Antwort. Die Bezirksvertretung beschloss vielmehr die zusätzliche, gesonderte Umwidmung eines Streifens von 2 x 60 m entlang des Baugrunds mit dem einzigen Ziel, damit den anrainenden Wohnungseigentümern die Parteienstellung in der baurechtlichen Verhandlung zu entziehen. Da die der Umwidmung entsprechende Abtrennung dieses Grundstreifens im Grundbuch nicht durchgeführt wurde, musste den Anrainern die Parteienstellung dennoch zuerkannt werden. Bei der folgenden Projektpräsentation wurden von CD Invest Consult GmbH falsche Pläne vorgelegt, vor allem die Einleitung der Abgase in den Park betreffend. »Die werden über den Kamin der Schule geleitet«, hieß es – was technisch undurchführbar ist. Später überlegte man, einen 10 m hohen Schlot in den Park zu setzen, durch den die Abluft der Garage aufsteigen sollte.
Zur Unterstützung des Bezirkvorstehers gründete Herr Seitner die »Initiative der unabhängigen sozialdemokratischen Bezirksräte«, etwas später in »Initiative Pro Garage« umbenannt, ohne allerdings Unterschriften vorzuweisen – aus Datenschutzgründen, wie er sagte.

Bürgerbevormundung

Die Lokale Agenda 21 wurde einst geschaffen, um Bürger bei der Verwirklichung von Projekten zu unterstützen und eine Anlaufstelle für ihre Anliegen zu sein. Als sich eine interessierte Gruppe bildete, deren Anliegen die Erhaltung der Grünflächen in Margareten war (LEB – Lebens- und Erholungsraum Bacherpark), wurde sie in der Lokalen Agenda

Margareten nur unter der Auflage akzeptiert, dass die Garage kein Thema sein dürfe. Die Gruppe organisierte eine gut besuchte Diskussionsveranstaltung im Polycollege. Eine weitere, bereits geplante Veranstaltung wurde abgesagt. »Es gibt Signale aus der Politik, dass dies nicht gewünscht wird«, hieß es. Schlussendlich wurde die Gruppe durch einen Beschluss des Agenda-Steuerungsteams unter dem Vorsitz von Bezirksvorsteher Wimmer sistiert.

Baubeginn und Besetzung

Im Dezember 2005 wurde der Baubescheid ausgestellt. Die ersten Bäume wurden gefällt, am 19. Dezember kamen viele Menschen zu einer Demonstration gegen die Garage in den Park. Unübersehbar und unüberhörbar war der laute Protest: «Hände weg vom Bacherpark!«.

Am 9. Jänner 2006 wurde ein großes Zelt am Rande des vorgesehenen Bauplatzes zur symbolischen Besetzung aufgestellt - es war ein legaler Protest, der als politische Demonstration angemeldet war.

Der Bauwerber blieb davon unbeeindruckt, der Kinderspielplatz wurde abmontiert, um dort die Baustelle einzurichten. Doch am nächsten Tag wurde dieser Platz mit 10 Zelten besetzt, von Bürgern, die nun wochenlang – anfänglich bei Tem-

peraturen bis minus 15 Grad – die politische Demonstration auf öffentlichem Grund fortsetzten. Die Besetzung dauerte drei Monate.
Anrainer brachten heißen Tee und warmes Essen. Neue Sympathisanten aus den umliegenden Häusern und aus ganz Wien schlossen sich der Besetzung an, Besucher kamen in Scharen, die Medien berichteten, der ORF drehte eine Sendung »Am Schauplatz« über »Bewegte Bürger«.
Der Park wurde zum kommunikativen Dorfplatz. Die Kinder fanden eine stets geöffnete Anlaufstelle, österreichische und türkische Jugendliche rappten gemeinsam auf vielen Festen. Der Bezirksvorsteher aber fand nicht zu seinen Bürgerinnen und Bürgern.

Der Bürgermeister: Polizeilich geräumt wird nicht.
Einen Polizeieinsatz – für eine Volksgarage gegen das Volk – wollte man nicht riskieren. Man erinnerte sich an Hainburg. Die Wiener Landtagswahl wurde vorgezogen, der Wahlkampf begann. Eine Parkbesetzung passte da nicht ins Konzept. Herr Seitner von der »Bürgerinitiative Pro Garage« kopierte jene Bilder von der Homepage der Bürgerinitiative, mit denen die Demontage des Spielplatzes dokumentiert wurde, und stellte diese auf die eigene Homepage, als »Beweis« für angebliche Untaten der Bürgerinitiative. Nicht genug: er unterlegte sie mit aggressiven Texten wie »missbrauchen unschuldige Kinder für ihre schmutzigen Geschäfte«. Es handelte sich dabei um eine eklatante Urheberrechtsverletzung, also um einen auch strafrechtlichen Tatbestand. Einstehen dafür hätte der für die Homepage Letztverantwortliche müssen, der Obmann der Wiener SPÖ. Dieser – identisch mit dem Bürgermeister – entschuldigte sich für dieses unselige Pamphlet öffentlich im Gemeinderat. Signale in Richtung Mediation folgten.

Mediation und Befragung
Der private Investor erklärte sich bereit, eine Mediation zu finanzieren. Mediation bedeutet Suchen einer Problemlösung in »Augenhöhe« aller Beteiligten und vor allem »Ergebnisoffenheit«. Die Bürgerinitiative bezweifelte, dass dies ehrlich

gemeint sei, denn noch unmittelbar vor Beginn versicherte Stadtrat Schicker, die Garage werde auf jeden Fall gebaut, er könne sich aber eine Verringerung der Stellplätze um 2% vorstellen!

Dennoch ging die Bürgerinitiative zuversichtlich in die Mediation und hoffte, dass nun alle Fakten auf den Tisch kämen und sich sodann zwangsläufig herausstellen müsste, dass die Garage an diesem Standort nicht gebraucht werde. Diese Hoffnung erfüllte sich zwar nicht, denn weder die Politik noch der Investor hatten ein Interesse daran, das Volksgaragenprogramm an sich in Frage zu stellen. Aber man ging in 100 Sitzungsstunden daran, richtungweisende Standards für eine korrekte Projektplanung auszuarbeiten, die auch in Zukunft gelten sollten. Stadtrat Schicker fasste sie gegenüber den Medien wie folgt zusammen:

- Bedarfsanalyse
- Machbarkeitsstudien
- Information und Diskussion mit der betroffenen Bevölkerung
- Befragung der betroffenen Bevölkerung

Das Prozedere für die Befragung wurde bis ins Detail festgelegt: der Befragungskreis (300 m Radius), der Personenkreis, die Information der zu Befragenden, die Fragestellung, die Gewährleistung der Anonymität und die Kontrolle der abgegebenen Stimmen wurden gemeinsam bestimmt.

Als die Bürgerinitiative auf das Ungleichgewicht der finanziellen Resourcen im »Wahlkampf« vor der Befragung hinwies, einigte man sich, der amtlichen Stimmkarte ein Pro- und Contra-Blatt beizulegen, in dem beide Seiten ihre Argumente anführen konnten.

Die Befragung und das Ergebnis

Die Befragung verlief korrekt. Die Fehlerquote (nicht oder falsch verschickte Stimmkarten) entsprach der auch bei Nationalratswahlen üblichen.

Am 12. Juni 2006, nach zweieinhalb Jahren des Widerstands, wurden im Beisein eines Notars alle eingelangten Stimmkarten überprüft und ausgezählt. Das Ergebnis: Gegen die Garage stimmten 1620, für die Garage 839 Anrainer: 66% hatten sich gegen den Garagenbau ausgesprochen, nur 34% dafür!

Das Ergebnis wurde – wie verbindlich vereinbart – von allen Beteiligten akzeptiert. Die Garage wurde nicht gebaut, der Bacherpark blieb als intakte Grünoase erhalten.

Die Kosten für die Planung der nicht gebauten Garage beliefen sich auf 460.000 Euro. Dieser Betrag wurde der Gemeinde Wien von der Baufirma in Rechnung gestellt. Bezahlen muss dies der steuerzahlende Bürger.

Zur gleichen Zeit wie der Kampf um den Bacherpark fanden ähnliche Auseinandersetzungen im 1. und im 4. Bezirk statt. Die neugewählte Bezirksvorsteherin der Wiener Innenstadt stellte sich auf die Seite der Bürgerinnen und Bürger und führte mit einer Befragung der anrainenden Bevölkerung eine vorübergehende Wende im aussichtslos scheinenden Kampf gegen die Tiefgarage Neuer Markt herbei.

Bürgerinitiative Neuer Markt
1. Bezirk
Homepage: www.aktion21.at
Entstehung: 2001
Gegenstand: Tiefgarage unter dem Neuen Markt

Farce und Zynismus

Wenn ich an die Geschichte unserer Bürgerinitiative zur Verhinderung einer Garage unter dem Neuen Markt denke, an unser Engagement, das sechs Jahre lang angedauert hat – von den zaghaften Anfängen bis hin zu den Protest-Aktionen rund um den Brunnen, auf der Straße und im Wahl-Container – wenn ich an die Transparente, Flugzettel und Plakate denke, die wir entwarfen, an die Briefe, die wir verschickten, an die Unterschriftenlisten, die wir dem Bezirksvorsteher Grundwalt übergaben, an Presseaussendungen, Interviews, Radio- und TV-Sendungen und an die Diskussionen im Alten Rathaus, wenn ich mich an die Grätzel-Treffen in den Café-und Gasthäusern erinnere, an die Zusammenkünfte im Hotel Astoria mit Fachleuten aus Verkehr, Denkmalpflege und Stadtarchäologie, wenn ich mich erinnere, wie der Garagenkoordinator und selbst die Anrainer uns einreden wollten, dass wir ohnehin keine Chance hätten, da die Planung zu weit fortgeschritten sei und unser Antrag auf Bürgerbefragung im Mai 2003 abgelehnt wurde, weil sich die Bezirksvertretung auf die Seite der Milliardäre und ihrer Interessen stellte, wenn ich mich an die Machenschaften unserer Gegner erinnere und wie der Streit um die geplante Garage einige Tage vor der Befragung eskalierte, dann war es ein Triumph, als das Projekt einer Tiefgarage aufgrund einer Stadtteilbefragung von der neuen Bezirksvorsteherin Ursula Stenzel im Februar 2006 fallen gelassen wurde. Einer Platzgestaltung, sagten wir, stünde also nichts mehr im Wege und wir machten zahlreiche Vorschläge.

Zwei Jahre nach diesem Erfolg sehe ich, wie der Neue Markt, der mit dem Brunnen von Raffael Donner und den historischen Fassaden einer der schönsten Plätze der Innenstadt sein könnte, immer mehr verwahrlost und zu einem Schandfleck verkommt.

In den letzten Jahren wurden einige Plätze der Innenstadt aufwendig gestaltet (Judenplatz, Franziskanerplatz), nur beim Neuen Markt wird seit Jahrzehnten alles blockiert.

Seit dem U-Bahn-Bau in den frühen siebziger Jahren ist der

Neue Markt ein wüstes Provisorium. Die Umrisse der Baugrube sind auf dem wellenartig gestückelten »Bodenbelag« nach drei Jahrzehnten immer noch erkennbar. Der Platz wird als Lager- und Abstellfläche für Baustellen der Kärntnerstraße verwendet.
Der Neue Markt ist das letzte große Spekulationsgebiet der Wiener Innenstadt, die jetzt schon leer stehenden Geschäfte sind dafür ein deutliches Zeichen. Zu befürchten ist, dass seitens der Stadt Wien Strategie dahinter steckt und der Garagenlobby durch diese Hinhaltetaktik noch einmal Gelegenheit gegeben wird, das Garagenprojekt gegen den Willen der Betroffenen durchzupressen.

In den 1990er-Jahren war der Glaube an die Notwendigkeit des innerstädtischen Garagenbaus noch weit verbreitet. Umso größer war die Verwunderung über den Widerstand der Bevölkerung gegen die geplante Garage auf der Wieden. Es sollte nicht das letzte Garagenprojekt sein, gegen das zahlreiche Bürgerinnen und Bürger des 4. Wiener Gemeindebezirks protestierten. Offenbar hatten Weitblick und Nachhaltigkeitsdenken bei ihnen einen größeren Stellenwert als bei jenen, die für die Garagenplanung Wiens verantwortlich zeichnen. Bemerkenswert, dass ein alter »Garagenfuchs« wie Johann Breiteneder ein gutes Gespür dafür hatte, dass eine von der Bevölkerung nicht erwünschte Garage für ihn kein »gutes Geschäft« werden würde: er zog es letzten Endes vor, darauf zu verzichten.

Bürgerinitiative Wirtschaftskammerpark
4. Bezirk
Homepage: www.aktion21.at
Entstehung: 1992–1995
Gegenstand: Tiefgarage unter dem Wirtschaftskammerpark

Park gerettet – Zutritt verwehrt

Zuerst war ein Garagenbau im öffentlichen Rubenspark geplant, dann sollte als Nachfolgeprojekt im Park der Wirtschaftskammer Österreich eine Tiefgarage mit 436 Stellplätzen errichtet werden. Beide Projekte scheiterten am Widerstand der Bevölkerung.
Im Jahr 1992 wollte einer der großen »Garagenbauer« Wiens unter dem öffentlichen Rubenspark im 4. Bezirk eine Tiefgarage errichten; die Bezirksvertretung ließ den Park flugs umwidmen. Es wäre ebenso flugs gebaut worden, hätten sich nicht die lästigen, aufmüpfigen Bürgerinnen und Bürger dem Bauprojekt entgegengestellt, dem fast der gesamte Baumbestand des Parks auf der ohnedies grünarmen Wieden zum Opfer gefallen wäre. (Die Rückwidmung von Bauland in Erholungs- und Parkgebiet im Rubenspark erfolgte erst im Jahr

2007.) Eine im Privateigentum der Wirtschaftskammer stehende Grünfläche, wo Angestellte und Besucher dieser Kammer für eine nie enden wollende Garagennutzung sorgen würden, wurde als Liegenschaft für einen Garagenbau ins Auge gefasst. 1995 war der Deal zwischen dem Wirtschaftskammerpräsidenten Leopold Maderthaner und dem Garagenbauer Johann Breiteneder für ein vier Geschoße tiefes, von der Gehsteigkante bis zur Gebäudekante reichendes Tiefgaragenprojekt mit 436 Stellplätzen perfekt. Das Grätzel sollte damit aufgewertet und von der angeblichen Parkplatznot befreit werden. Am 3. November 1995 , einem Fenstertag, (auch damals waren Bauverhandlungen zu Unzeiten schon Methode) fand die erste Bauverhandlung statt. Die Nachbarschaft hatte sich aber bereits zum Widerstand formiert. Wir leisteten uns anwaltliche Unterstützung, weil wir, wie alle Bürgerinitiativen, anfänglich von den mit der Thematik verbundenen Rechtsfragen heillos überfordert waren. Dafür waren die Flugblätter umso leidenschaftlicher formuliert. Innerhalb von zwei Wochen wurden über 1000 Unterschriften gegen das Projekt gesammelt. Homepage gab es damals natürlich noch keine. Wir hatten die vage Hoffnung, das Projekt bis zur Einführung des Parkpickerls hinauszögern zu können. Mitglieder der Bürgerinitiative hatten nämlich durch Zählungen der Kennzeichen parkender PKWs zu allen Tages- und Nachtzeiten einen regelmäßigen Anteil von 20-30 % »Einpendlern« erhoben. Damit wurde den Projektbetreibern vor Augen geführt, dass unter den Anrainerinnen und Anrainern kein Bedarf für eine solche Monstergarage bestand. Der »Bedarf« hat sich auch bei anderen Garagenprojekten als das wohl dünnste aller Argumente herausgestellt. (Der Garagenbauer Breiteneder soll gesagt haben, er baue Garagen nicht für sich, sondern für seine Enkelkinder.)
Der Widerstand gegen das Garagenprojekt erfolgte auf 3 Ebenen: Bauverfahren, gewerberechtliches Verfahren und Medienarbeit. Der »gute Ausgang« lässt im Rückblick die zermürbenden Verhandlungen, das Studieren von Plänen und das Einarbeiten in Gutachten verblassen. Wir erinnern uns viel lieber daran, wie wir in einer »konspirativen

Wohnung« Transparente für die umliegenden Hausfassaden mit markigen Sprüchen à la »Wer Garagen sät, wird Verkehr ernten« gepinselt haben, wie sich alle engagierten Anrainerinnen und Anrainer kennen und schätzen gelernt haben und heute noch, nach 12 Jahren gerne aufeinander zugehen. Auch Freundschaften wurden geschlossen, es gab sogar eine Benefizlesung von Robert Menasse, um Geld für den Anwalt aufzustellen. Das leidige Problem mit der Finanzierung konnten wir zwar auch nicht zufriedenstellend lösen, aber wir baten die anrainenden Haus- und Wohnungseigentümer um einen größeren Betrag (damals ÖS 5000,-) und viele beteiligten sich. Das gab einen Polster für unseren Rechtsanwalt Dr. Prader (der uns einen Teil des Honorars nachgelassen hatte). Selbst die Anfertigung von Kopien war damals noch ein finanzielles Problem.

Breiteneder nahm sein Baurecht innerhalb von 4 Jahren nicht in Anspruch und ließ es damit verfallen. Im gewerberechtlichen Verfahren wurde bis in die 2. Instanz gestritten, da gab es auch mehr Einspruchmöglichkeiten. Das letzte Schreiben in diesem Verfahren datiert aus 2006. Darin führte der Verfassungsgerichtshof aus, »dass die belangte Behörde eine verfassungswidrige Gesetzesbestimmung angewendet« habe; das bezog sich auf die aufschiebende Wirkung. Drei prall gefüllte Ordner könnten geschlossen werden, wenn nicht die Wirtschaftskammer Österreich ihren Gebäudekomplex verkauft und über eine WKO Immobiliengesellschaft selber wieder geleast hätte. Nach einem großzügigen Umbau, der beinahe zwei Jahre in Anspruch genommen hatte, beschloss die Direktion der Wirtschaftskammer Österreich im März 2009 den bisher immer öffentlich zugänglichen Park einfach zu schließen und die Bevölkerung auszusperren. Die Auseinandersetzung mit der WKO um ihren Park und öffentliches Grün tritt hiermit in eine neue Phase.

Der geplante Bau einer Volksgarage drohte, den St. Elisabethplatz rund um die gleichnamige Kirche im 4. Bezirk um sein ohnedies spärliches Grün zu bringen und ihm dafür stinkenden Garagenverkehr zu bescheren. Kein Wunder, dass die Bevölkerung der Umgebung dagegen Sturm lief. Dank den äußerst knappen politischen Mehrheitsverhältnissen im 4. Bezirk war die Bezirksvorsteherin bereit, auf die Wünsche der Bürgerinitiative einzugehen.

Bürgerinitiative Rettet den Elisabeth-Platz
4. Bezirk
Homepage: www.aktion21.at
Entstehung: Februar 2006
Gegenstand: Tiefgaragen unter dem St. Elisabeth-Platz und in der Argentinierstraße

Eine Erfolgsstory

Die Bürgerinitiative

Nach einer Informationsveranstaltung im Februar 2006 über die geplante Errichtung einer Volksgarage unter dem St. Elisabeth-Platz im 4. Wiener Gemeindenbezirk bildete sich gegen sie spontan eine Bürgerinitiative »Rettet den Elisabeth-Platz«. Innerhalb von drei Tagen wurde ermittelt, dass im Umkreis von 300 Metern mehr freie Garagenplätze vorhanden waren, als mit einem beträchtlichen finanziellen Aufwand neu errichtet werden sollten. Die Bürgerinitiative erwirkte, dass der Bau einer Volksgarage nur nach dem positiven Ausgang einer Befragung der Bürgerinnen und Bürger des Viertels erfolgen sollte. Die Befragung ergab ein klares Nein zur Garage. Neben anderen Argumenten gegen die Volksgarage war der fehlende Bedarf dafür ausschlaggebend, dass die Bezirksvertretung schließlich im Mai 2006 den Standort aufgab. Der Magistrat der Stadt Wien wurde gebeten, einen neuen Standort vorzuschlagen.

Die Agendagruppe

Die sehr engagierten Beteiligten an der Bürgerinitiative beschlossen nach erfolgreicher Ablehnung des Projekts, weiterhin beisammen zu bleiben, um das Viertel um den St. Elisabeth-Platz aktiv mitzugestalten. Als Möglichkeit der Beteiligung der Bürgerinnen und Bürger bot sich die Lokale Agenda 21 an. Unsere Gruppe reichte ein sehr umfangreiches Projekt, das alle vier Bereiche umfasste, mit dem Titel »Annäherung« ein und wurde daraufhin als »Agendagruppe St. Elisabeth-Viertel« von der Steuerungsgruppe des 4. Bezirkes als Agendagruppe anerkannt. Schließlich wurde beschlossen, die Gruppe auch als Verein anzumelden, dessen konstituierende Sitzung im September 2006 stattfand.

Den Erfolg der Verhinderung der Garage feierte die Gruppe am 15. September 2006 im Rahmen eines Volksfestes am St. Elisabeth-Platz, an dem über 1000 Besucher teilnahmen. Zur Bearbeitung der vier Agendabereiche wurden Arbeitsgruppen gebildet, wobei die Gruppe »Kultur« zunächst besonders aktiv und erfolgreich war. Es fanden sich zunächst 12 bildende Künstlerinnen und Künstler des Grätzels, die sich vorher nicht gekannt hatten, zusammen, um die Theresianum-Mauer in der Argentinierstraße künstlerisch zu gestalten. Die Vernissage der ersten Ausstellung erfolgte im Rahmen des Volksfestes. Das Motto der Ausstellung war »Annäherung«, womit die Annäherung der Künstlerinnen und Künstler untereinander und an die Bürgerinnen und Bürger gemeint war. An weiteren Ausstellungen beteiligten sich auch Kunstschaffende anderer Wiener Bezirke und mehrerer anderer Länder. Die Kunst an der Mauer wird von den Passanten mit großem Interesse wahrgenommen. Mit Musikausübenden des Viertels wurden bisher zwei sehr schöne Konzerte veranstaltet. Lesungen von Autorinnen und Autoren des Bezirkes sind geplant. Wir haben die Absicht, Kunst zu den Menschen zu bringen. Ein weiteres kulturelles Vorhaben ist die Revitalisierung des Boeckl-Ateliers in der Argentinierstraße mit Blick auf den Kirchenplatz sowie der öffentliche Zugang zu dieser kunsthistorischen Stätte.

Die Gruppe »Ökologie und Soziales« beantragte beim Bauamt der Erzdiözese einen barrierefreien Zugang zur St. Elisabeth-Kirche, der sich nun in Planung befindet. Sie regte weiters die Errichtung eines Fußübergangs von der Karolinengasse zum Belvedere bei der Bezirksvertretung an, die dieses Anliegen befürwortete und an den Magistrat der Stadt Wien weiterleitete. Zur Belebung des Kirchenplatzes werden verschiedene Überlegungen angestellt, unter anderem die Errichtung einer Boule-Bahn. Die Einrichtung einer öffentlichen WC-Anlage in der Nähe der Grünanlagen am Kirchenplatz ist eine dringende Forderung der Gruppe.

Die Gruppe »Ökonomie« ist bestrebt, leer stehende Gassenlokale einer Verwendung zuzuführen, da diese in der Regel einen nicht sehr ansprechenden Zustand aufweisen.

Die zweite Befragung

Auch ein weiteres Vorhaben zum Bau einer Volksgarage unterhalb der oberen Argentinierstraße, etwa 100 Meter vom Kirchenplatz entfernt, wurde - entsprechend dem Versprechen der Bezirksvertretung - einer Befragung der Bürgerinnen und Bürger des Viertels unterzogen. Da die Gruppe die gleichen Argumente wie beim ersten Garagenprojekt gegen den Bau vorbrachte und sie der Bevölkerung auch zu vermitteln vermochte, wurde auch dieses Projekt von 75 % der befragten Bewohnerinnen und Bewohner des Viertel abgelehnt. Schließlich war ja nicht zu erwarten, dass sich die Bedarfssituation 100 Meter vom ersten Standort entfernt so anders dargeboten hätte, dass der Bau der Garage sinnvoll gewesen wäre.

Nachhaltigkeit

Sowohl die Entstehung der Gruppe als auch ihre Aktivitäten und Erfolge sind soziologisch beachtenswert. Um gegen den geplanten Garagenbau zu protestieren, fanden sich spontan zahlreiche Bewohnerinnen und Bewohner des Viertels, die einander vorher gar nicht oder nur vom Sehen gekannt hatten, zusammen und pflegen nun gute Kontakte. Es entwickelten sich nicht nur Bekanntschaften, sondern sogar freundschaftliche Beziehungen. Der Verein zählt zur Zeit etwas mehr als 50 Mitglieder, wobei immer wieder neue Interessenten dazu kommen.

Mit dem Engagement zur Gestaltung des Grätzels stellten sich auch eine stärkere Identifizierung mit dem Viertel und ein neues Bewusstsein über die Bedeutung und die Qualität dieses Stadtteiles ein. Insbesondere wurde das künstlerische und kulturelle Potenzial des Viertels erkannt. Das Interesse an öffentlichen Dingen nahm auf Grund der Erfolge deutlich zu, woran die sehr gute Kooperation mit der Bezirksvertretung und dem Agendabüro maßgeblichen Anteil hat. Die Gruppe wird auch nach Auslaufen der Agenda-Aktivitäten der Stadt Wien weiter bestehen bleiben und viele mittel- bis langfristigen Ziele in der Gestaltung unseres Lebensraumes anstreben.

Die Erfolgsstory des Vereins »Agendagruppe St. Elisabeth-Viertel« ist ein beredtes Beispiel dafür, wie Zusammenarbeit von Stadtpolitik und Bürgerschaft zu wesentlich größeren Erfolgen für beide Seiten führen kann, als Gegnerschaft und ein mühsam und unter großen Opfern errungener Sieg.

»Agenda 21« besagt unter anderem, dass Bürgerbeteiligung wichtig ist, und »die Kommunen von den Bürgern lernen sollten«. Der Sprecher der »Agendagruppe St. Elisabeth-Viertel«, der leider viel zu früh verstorbene Professor Leibetseder, lieferte ein hervorragendes Beispiel dafür, wie ein solcher Lernprozess aussehen könnte. Er entwarf für den Bau von Garagen jedweder Art ein Prozedere: Zu allererst müsse eine Bedarfsanalyse feststellen, ob am geplanten

Ort überhaupt ein Bedarf an einer Garage bestehe. Erst wenn dies der Fall sei, sollten Studien über die technische, wirtschaftliche und rechtliche Machbarkeit angefertigt werden. All dies sollte mit der betroffenen Bevölkerung ehrlich und ungeschönt kommuniziert werden. Sollten dann immer noch Zweifel bestehen, sollte man die betroffene Bevölkerung befragen. Erst wenn all dies klar für einen Garagenbau sprechen würde, sollten die rechtlichen Voraussetzungen für einen Bau geschaffen werden. Dieses Prozedere drang im Rahmen der Bacherpark-Mediation bis ins Büro des zuständigen Stadtrats DI Rudolf Schicker, der es den Medien als zukunftsweisende Vorgangsweise verkündete.

Die Geschehnisse rund um die im Park auf dem Luegerplatz geplante Garage zeigen, dass das Prozedere beim Garagenbau, zu dem sich auch die Stadtverwaltung bekannte, nicht eingehalten wird. Dort gibt es nämlich nach Jahren des Tauziehens zwischen Garagenentwickler und Bürgerinitiative noch immer keine Bedarfsanalyse – und wird es vermutlich auch nie geben, weil ihr Ergebnis für den Garagenkoordinator der Stadt Wien und für den Garagenerrichter niederschmetternd wäre. Wie beim Bacherpark wurde auch beim Garagenprojekt am Luegerplatz versucht, die Bürgerinitiative mit bloßen Stellplatzerhebungen über den Tisch zu ziehen. Dass es am Luegerplatz nicht nur um die üblichen Baumfällungen ging, sondern das Gedeihen eines den Platz prägenden Naturdenkmals auf dem Spiel stand, gab dem Ganzen eine zusätzliche Brisanz.

Bürgerinitiative Luegerplatz
1. Bezirk
Homepage: www.platane.at
Entstehung: Juli 2006
Gegenstand: Tiefgarage unter dem Dr. Karl-Luegerplatz

Garage statt Platane – nein danke!

Die Vorgeschichte

Auf dem Luegerplatz steht hinter dem Denkmal für den ehemaligen christlich-sozialen Bürgermeister Karl Lueger eine riesige Platane. Nicht irgendeine, nein – der jetzige Bürgermeister Dr. Michael Häupl erklärte 1994 diesen von einer Bürgerin namens Berta Schirrer gepflanzten Baum mit seinem einmaligen Wuchs im Beisein der damals 100-jährigen Dame zum Naturdenkmal.
Die Platane dominiert den Platz, lädt unter ihrem Schatten zum Verweilen ein, gibt dem Ort ein besonderes Raumklima und dem Schanigarten des ebenfalls legendären Café Prückel sein berühmtes Flair.

Im Rathaus indes zerbricht sich ein sogenannter »Garagenkoordinator der Stadt Wien« den Kopf, wo er die einem vorsintflutlichen Verkehrskonzept entstammenden Tiefgaragen unterbringen soll. Wo doch die Bürgerinnen und Bürger mit Hilfe ihrer damals noch neuen Bezirksvorsteherin Stenzel das Garagenprojekt unter dem Neuen Markt niedergestimmt haben. Als Ersatz für dieses gescheiterte Projekt wurden gleich zwei neue Garagen im 1. Bezirk geplant: hinter der Börse und unter dem Luegerplatz. Wie beim Bauprojekt am Neuen Markt unterstützte der Wiener Wirtschaftsbund und die von ihm dominierte Wiener Wirtschaftskammer auch diese zwei Garagenbauten.

Eine Bürgerinitiative entsteht

Es begann wie üblich: 2006 wurde der Bevölkerung das Projekt in groben Zügen vorgestellt. Die Garage sollte bis unter das Luegerdenkmal reichen, das Denkmal sollte abmontiert und wieder aufgestellt werden. Die Garage würde bis unter die Platane und damit weit in deren Wurzelbereich vordringen. Viele Menschen wollten keine Garage unter dem Luegerplatz, zumal sie keinen dringenden Bedarf dafür sahen. Sie fürchteten, eine Großbaustelle könnte den Platz auf lange Zeit veröden, wie damals beim U-Bahnbau. Sie fürchteten, »ihre« Platane könnte Schaden leiden. Es formierte sich eine Bürgerinitiative, die im Bereich um den Luegerplatz im Nu über 1800 Unterschriften gegen den Garagenbau sammelte.

Das Bezirksparlament beschloss eine verbindliche Bürgerbefragung. Nach der von Stadtvertretern geäußerten Kritik am Befragungsmodus beim Neuen Markt ging die Bezirksvorsteherin vorsichtig ans Werk. Sie ließ von »Veränderungs-Managerinnen«, die sehr deutlich den Garagenbau begünstigten, ein Gespräch mit den Projektanten moderieren. An dem Gespräch nahm auch eine Vertretung der Bürgerinitiative teil. Ein Sachverständiger sollte eine Bedarfserhebung durchführen, ein anderer die Auswirkungen des Baus auf die Platane beurteilen. Der eine erhielt hinter dem Rücken der Bürgerinitiative den Auftrag zu einer bloßen ergänzenden Stellplatzerhebung, der andere kam zu dem seltsamen

Schluss, dass die Garage den Wuchs der Platane sogar begünstigen würde.
Die Initiative entgegnete mit harten, unwiderlegbaren Argumenten. Sie erhielt wertvolle Unterstützung durch international anerkannte Fachleute, die Gefälligkeitsgutachten zu Makulatur werden ließen und auf bislang völlig vernachlässigte Fragen wie etwa den Grundwasserspiegel eingingen. Es wurde der Nachweis erbracht, dass keinerlei Bedarf an der Garage besteht, weil in der nächsten Umgebung ständig, sogar in Spitzenzeiten – vom Leitsystem auf der Ringstraße und von der Homepage der Stadt Wien ablesbar – über 200 (inzwischen bereits 400) freie Garagenplätze angeboten werden. Vom Garagenkoordinator wurden von den Garagen vergebene Dauerparkplätze als ständige Belegungszahlen gewertet und davon ein Bedarf abgeleitet. Der Computer jedoch berechnet, wie viele Parker maximal gleichzeitig in der Garage sind – der freie Rest steht Kurzparkern zur Verfügung. In monatelanger Kleinarbeit trug die Bürgerinitiative mit ihrem *spiritus rector*, dem emeritierten Neurologen Dr. Kurt Summer Beweis um Beweis zusammen.

Bürger als Wurzelexperte

Dr. Summer verlegt sich unter Assistenz seiner sachkundigen Frau mit der ihm eigenen wissenschaftlichen Gründlichkeit auf das Studium von Baumwurzeln und ihrer Bedeutung für den Wuchs eines Baumes. Er widerlegte nicht nur das Erstgutachten, er bekämpfte auch ein nachfolgendes, vom Projektbetreiber in Auftrag gegebenes, welches sich mit unzulänglichen Grabungen nach Wurzeln begnügte. Die zahlreichen Anwesenden bei einer für 3 Abende angesetzten »Bürgerversammlung«, bei der die »Experten« das umgeplante Projekt erneut anpriesen, setzten durch, dass Dr. Summer als gleichberechtigter »Experte« seine Argumente zugunsten der Platane vortragen durfte. Die Bezirksvorsteherin, die sich aus der Diskussion bewusst heraushielt, bekam einen Eindruck von der Stimmung in der Bevölkerung.
Auf die immer noch fehlende Bedarfserhebung angesprochen, sagte der Garagenkoordinator, dass Prof. Meschik den

Bedarf erhoben habe, obwohl die Bezirksvorsteherin, die es als Auftraggeberin wohl besser wissen musste, übereinstimmend mit dem Gutachter klipp und klar erklärt hatte: »Prof. Meschik wurde mit einer Stellplatzerhebung beauftragt«.
All dies brachte folgendes Ergebnis: Ein dritter Gutachter sollte östlich des Denkmals die bloß 1,20 tiefe Schürfe auf 3 m vertiefen um festzustellen, ob dort, wo der Zweitgutachter Wurzeln so gut wie ausgeschlossen hatte, nicht doch welche vorhanden seien. Wie von Dr. Summer und seinen Fachberatern angenommen, befanden sich auch dort zahlreiche Wurzeln, die für die Ernährung des Baumes wesentlich sind. Es seien daher eine ganze Reihe langwieriger und aufwändiger Maßnahmen notwendig, um sicherzustellen, dass die Platane auch bei einem neuerlichen Verschieben der Garagenwand nach Osten in ihrem Wuchs nicht beeinträchtigt werde. Selbst dann sei ein zwar als »vertretbar« bezeichnetes, aber immerhin doch vorhandenes »Restrisiko« nicht auszuschließen. Wie hoch dieses Restrisiko sei, vermochte der dritte Gutachter nicht zu beziffern. Die Wurzelexpertin Dr. Monika Sobotik, Professorin an der Universität Klagenfurt, bezeichnete die Wahrscheinlichkeit, dass tiefer liegende Wurzeln in Mitleidenschaft gezogen würden, allerdings mit 50:50.

Offene Fragen

Die Frage der Abgasableitung blieb ungelöst. Ein Bedarf für die Garage konnte nicht nachgewiesen werden. Damit steht und fällt aber die Verantwortung dafür, dass die Stadt Wien gemeinsam mit dem von der Wiener Wirtschaftskammer mitgegründeten Wiener Wirtschaftsförderungsfonds einen erheblichen Teil der Garagenerrichtungskosten subventioniert und den Mehraufwand für die Stärkung der Platane tragen muss. In Zeiten der Wirtschaftskrise sollte man sich Ausgaben wie diese dreimal überlegen. Die Frage, inwieweit die vom Garagenerrichter gegebenen Preis-, Planungs- und Schutzgarantien bindend sind, konnte von niemandem hinreichend beantwortet werden.

Demokratiepolitischer Skandal

Trotz dieser offenen Fragen setzte die Bezirksvorsteherin möglichst rasch einen Termin für die Anrainerbefragung fest. Die Modalitäten sollten mit der Bürgerinitiative einvernehmlich festgelegt werden. Tatsächlich beschränkte sich dieses Einvernehmen auf die Formulierungen eines dem Befragungskuvert beizulegenden »Pro- und Kontra-Blattes«, wobei sogar dessen Layout (samt Kuvertbeilagen) hinter dem Rücken der Initiative vereinbarungswidrig (und natürlich zum Nachteil der Garagengegner) verfälscht wurde. Viel schwerer wog allerdings die einseitige Festlegung von Befragungsmodalitäten gegen so gut wie alle in Bundes- und Landesgesetzen für Befragungen geltenden Rechtsgrundsätze wie allgemeines, geheimes, gleiches und persönliches Wahlrecht. Hinzu kam, dass weder die Festlegung des Personenkreises, der befragt werden sollte, noch die Auflistung der Stimmberechtigten einer wirksamen Kontrollmöglichkeit unterworfen waren. Eine solche Befragung könnte als inoffizielle Meinungsumfrage von Garagenbefürwortern unter einem ausgewählten Personenkreis bezeichnet werden, wobei die Frage nach den nicht unerheblichen Kosten vom Kontrollamt der Stadt Wien zu beantworten sein wird. Man kann nur hoffen, dass dieses »Modell« nicht Schule macht.

Die Befragung der Bürgerinnen und Bürger brachte dessen ungeachtet folgendes Ergebnis:

Bei einer (hohen) Beteiligung von 41% votierten 66,3% (997 Stimmen) gegen den Bau der Garage am Luegerplatz. Das war die eindeutige Antwort auf den Versuch, der Bevölkerung mit allen Mitteln eine ungewollte Garage aufzuoktroyieren.

Die folgenden Beispiele zeigen, wie es den Bürgerinnen und Bürger ergehen kann, wenn sie der Übermacht von Garagenlobby und Stadtpolitik ausgeliefert sind und sich nicht rasch und medienwirksam Gehör verschaffen können. Der Manes Sperber-Park im 2. Bezirk, ein kleiner Park nahe dem Donaukanal, musste einer Garage weichen. Alles musste schnell gehen, bevor sich Widerstand

formieren konnte. Ein großer Baum, der in aller Eile gefällt wurde, fiel auf ein benachbartes Wohnhaus. Ein typischer Fall von Kollateralschaden, mit dem man eben rechnen muss, wenn man das Pech hat, neben einem »geeigneten Garagenstandort« zu wohnen.
Erfolgreicher war die Bevölkerung rund um die Hegergasse im 3. Bezirk. Die dort geplante Garage scheiterte am Widerstand der Bürgerinnen und Bürger. Sie wollten keine Garage, obwohl die Parkplätze für ihre Autos dort knapp sind. Aber sie wussten, dass daran auch die Garage nichts ändern würde.
Auch beim Schützpark setzte eine Bürgerinitiative durch, dass man die Menschen zum geplanten Garagenbau befragte.

Bürgerinitiative Rettet den Schützpark
14. Bezirk
Homepage: www.schuetzpark.de.ki
Entstehung: 1. März 2004
Gegenstand: Tiefgarage unter dem Schützpark

Erfolg der Vernunft

Der »Park auf dem Schützplatz« wurde 2003 nach dem bekannten Wiener Dichter »H.C. Artmann Park« benannt. H.C. Artmann war Breitenseer. 1958 veröffentlichte er den Dialekt-Gedichtband *med ana schwoazzn dintn. gedichtar aus bradnse* (Mit einer schwarzen Tinte. Gedichte aus Breitensee) und wurde damit schlagartig berühmt. Artmann hätte sich vermutlich im Grab umgedreht, hätte er gewusst, dass eine Volksgarage dem nach ihm benannten Park beinahe das Leben gekostet hätte.

Volksgarage bedeutet Garagenpreisdumping, wofür öffentliche Parks, die letzten urbanen Erholungsräume, bedenkenlos geopfert werden. Volksgaragen sind nicht ausschließlich für Anrainer gedacht. Sie werden auch Kurz- und Tagespar-

kern angeboten und tragen damit zu jener Verkehrserregung bei, als deren Abhilfe sie propagiert werden.
Nach den Recherchen der Bürgerinitiative waren im näheren Umkreis des Schützplatzes – H. C. Artmann Parks zur selben Zeit über 500 (!!!) Garagenplätze frei.
Artmann hätte vermutlich mit seiner *schwoazzn dintn* den Irrwitz des Wiener Volksgaragenkonzepts sehr drastisch zu beschreiben gewusst. Als Breitenseer hätte er die Bürgerinitiative gewiss unterstützt.
In dem nach H. C. Artmann benannten Park am Schützpark im 14. Bezirk war die Errichtung einer Tiefgarage mit 150 PKW-Stellplätzen geplant. Nach Bekanntwerden der Garagenplanung organisierte sich umgehend eine Bürgerinitiative und sammelte 2586 Unterschriften gegen die Garage. Die Anrainerinnen und Anrainer waren gegen eine Schleifung des Parks, sie stärkten mit ihrem Votum die Bemühungen der Bürgerinitiative gewaltig.
Zur gleichen Zeit wurde bekannt, dass die Straßenbahnremise der Linie 49 in der Hütteldorfer Straße aufgelassen werden würde und an ihrer Stelle ein Neubau geplant sei. Dieses Projekt lieferte ein gutes Argument dafür, den Garagenbau nicht im Park zu errichten, sondern die Garage mit dem geplanten Neubau zu verbinden.
Auf Grund der Aktivitäten der Bürgerinitiative erklärte sich die Bezirksvertretung schließlich bereit, eine Bürgerbefragung im Einzugsgebiet des Parks durchzuführen und knapp 4000 Befragungsformulare an Bewohner im Umkreis von 300 Metern zu versenden. Die Befragung brachte im Februar 2005 folgendes Ergebnis: 119 Befragungsformulare nicht zustellbar. Von den 868 abgegebenen Rückmeldungen war eine ungültig (Leerkuvert), 214 (24,68%) waren für und 653 (75,32%) gegen die Garage.
Die Bürgerbefragung brachte somit eine eindeutige Ablehnung der Tiefgarage. Der Park war gerettet, die Kinder können weiterhin unter großen, alten Bäumen spielen, die fast alle dem Garagenbau zum Opfer gefallen wären.
Auf dem Remisengrundstück wird es entgegen der ursprünglichen Planung zwar kein Bezirkszentrum geben, weil

die Liegenschaft inzwischen verkauft wurde. Den künftigen Nutzern – welcher Art auch immer – wird eine Tiefgarage im Gebäude zur Verfügung stehen.
Die Rettung des H. C. Artmann Parks zeigt, dass Bürgerinnen und Bürger etwas bewegen können, wenn sie einig sind und sich zusammenschließen. Der vernünftigen Bezirksvorsteherin Kalchbrenner waren 2586 entschlossene Bürgerinnen und Bürger nicht gleichgültig, weshalb sie eine Befragung, obwohl sie nicht in ihrem Sinne auszugehen versprach, einem »Diktat« von oben vorzog.

Nicht so erfolgreich war jene Handvoll Bürgerinnen und Bürger, die gerade noch im letzten Moment von den Garagenplänen im Rohrauer Park erfahren hatten. Sie konnten zwar eine Befragung wie beim Schützpark durchsetzen, doch wurde diese so kurzfristig angesetzt, dass kaum Zeit blieb, die betroffene Bevölkerung über die Garage und ihre Folgen zu informieren. Eine stattliche Minderheit (43%) der Bürgerinnen und Bürger sprach sich gegen die Garage aus.

Bürgerinitiative Rohrauer Park
15. Bezirk
Entstehung: 2006
Gegenstand: Tiefgarage unter dem Rohrauer Park

Sturm im Rohrauerpark

Die grünen Wurzeln des Roten Wien

Das Grätzel um den Rohrauerpark ist uraltes Siedlungsgebiet des Roten Wien. Die Gebäude sind zum Teil älter als der Karl-Marx-Hof und zumeist nur zweigeschossig. Kleingartenanlagen befinden sich in den riesigen Innenhöfen.

Der Rohrauerpark ist nach Alois Rohrauer benannt, einem der Gründer der Naturfreunde (die Naturfreunde sind ja bekanntermaßen das »rote« Pendant zum »schwarzen« Alpenverein) und eines guten Freundes von Karl Renner. Der Park bezaubert durch seine naturbelassene Topographie und die kleineren Hänge, die im Winter gerne zum Rodeln genutzt werden. Von überragender Schönheit sind die alten, schattenspendenden Silberlinden.

Nach dem Ersten Weltkrieg wurden rund um den Rohrauerpark architektonisch und städtebaulich richtungweisende Wohnbauanlagen errichtet, die in ganz Europa Nachahmung fanden. Durch aufgelockerte Bauweise und viel Grün bieten

Er sollte es besser wissen: Aus dem Lageplan zum Garagenbau, den er der Bürgerinitiative Rohrauerpark zur Verfügung stellte, ist klar ersichtlich, dass 21 Bäume dem Garagenprojekt zum Opfer fallen würden.
Die Bewohner des dem Rohrauerpark nahegelegenen Pensionistenheimes durften nicht mitentscheiden – ohne nähere Begründung. Es kann davon ausgegangen werden, dass sich unter ihnen nicht viele Stimmen für die Garage gefunden hätten. Warum sollten sie auch Grün und Ruhe gegen Verkehr und Lärm eintauschen wollen?
Versandt wurden Abstimmungskarten mit einem Brief des Bezirksvorstehers Walter Braun, in welchem er sich implizit auf Grund der »bestehenden Parkplatznot« für den Garagenbau aussprach. Hier wurden unzulässigerweise amtliche und politische Tätigkeit vermengt. Mit der Bürgerinitiative abgesprochen war auch, dass die Briefe mit einem Aufdruck »Amtlicher Stimmzettel« versehen werden, um einen entsprechenden Rücklauf sicherzustellen. Ein entsprechender Aufdruck fehlte aber.
Die Bürgerinitiative Rohrauerpark hielt unter dem Motto »Sturm im Rohrauerpark« eine Informationsveranstaltung ab, auf der dem interessierten Publikum echter Sturm aus- und reiner Wein über das Volksgaragenprojekt eingeschenkt wurde. Störtrupps der Garagenbefürworter pöbelten dabei das interessierte Publikum an.
Verschiedene Anrufe erreichten die Bürgerinitiative. Ein Anrainer erzählte, dass er es sich beim Hundeäußerln zum Hobby gemacht habe, die leeren Stellplätze rund um den Rohrauerpark zu fotografieren. Ein einflussreicher, für die

Mietervereinigung tätiger Garagenbefürworter habe ihm gesagt, dass er das nicht dürfe, weil diese »Fotografiererei« gegen das Datenschutzgesetz verstoße, da ja die Kennzeichen der Autos erkennbar seien – ein origineller Einschüchterungsversuch, aber natürlich ohne juristische Grundlage.
Im Rohrauerpark gibt es weder ein öffentliches WC noch eine Ballspielanlage. Die betroffene Bevölkerung fühlt sich erpresst: »Entweder eine Garage mit einer Oberflächenneugestaltung oder keine Garage und keine Oberflächenneugestaltung«, bekam sie zu hören. Die Bürgerinitiative richtete daher einen offenen Brief an Bürgermeister Michael Häupl, in welchem gebeten wurde, eine Oberflächenneugestaltung (inklusive öffentliches WC und Ballspielanlage) in jedem Fall sicherzustellen. Der Bürgermeister schickte diesen Brief an das Büro der Geschäftsgruppe Stadtentwicklung und Verkehr, wo der Brief immerhin eine Geschäftszahl (GSV-2025/2006) bekam.
Es gibt auch ein Antwortmail der Büroleiterin Ingrid Götzl vom 24.10.2006: »Herr Stadtrat Dipl.-Ing. Rudi Schicker hat mich ersucht, zu Ihrer E-Mail von der zuständigen Fachdienststelle einen aktuellen Bericht einzuholen. Wir bitten daher noch um etwas Geduld. Wir werden Sie so rasch wie möglich vom Ergebnis informieren.« Die Bürgerinitiative Rohrauerpark wurde bis heute nicht informiert. Öffentliches WC und Ballspielplatz gibt es bis zum heutigen Tag nicht.

Finale

Die Auszählung der Stimmen erfolgte am 6.11.2006. Rund 57% der ausgezählten Stimmen waren für den Garagenbau. Unter den erwähnten schwierigen Rahmenbedingungen wahrlich kein überwältigendes Votum für die Garage! Die Bürgerinitiative mag sich damit trösten, dass sie eine Befragung der Betroffenen erreicht und die Bevölkerung damit nicht nur für den Garagenbau, sondern auch für die damit verbundenen Versprechungen sensibilisiert hat. 43% NEIN-Stimmen können auch dem Garagenerrichter zu denken geben. Man kann etwas bewegen, wenn man sich bewegt!

4. Bleibt uns die Luft weg?

Umweltbewusstsein, nachhaltige Entwicklung und Beteiligung der Bürgerinnen und Bürger sollten bei der Entwicklung unseres Planeten im Vordergrund stehen. Das betrifft nicht nur, aber vor allem das urbane Lebensumfeld, wo Großbauten und Verkehrsströme, aber auch kleinräumige Projekte – einzeln oder in ihrer Gesamtheit – wesentliche Auswirkungen auf Gesundheit und Wohlbefinden der städtischen Bevölkerung haben. Umso beängstigender ist der Umgang der Verantwortlichen mit den ohnedies spärlichen Ressourcen, über die eine Großstadt verfügt. Gewiss, Wien steht hinsichtlich Lebensqualität unter den Weltstädten ganz oben. Noch, muss man hinzufügen.

Noch ist die Atemluft einigermaßen intakt, dank der geografischen Lage der Stadt, der großzügigen, der Metropole eines Kaiserreiches entsprechenden Grünräume und den – wenn auch allzu zaghaften – Maßnahmen gegen die Luftverpestung durch den zunehmenden KFZ-Verkehr. Die Anliegen der nachfolgend zu Wort kommenden Bürgerinitiativen zeigen, dass die Sorgen berechtigt sind und die Stadt Wien auf dem besten Weg ist, ihr Kapital an Lebensqualität zu verspielen: durch die Luftvergiftung der Müllverbrennungsanlagen, durch die Reduzierung des Baum- und Pflanzenwuchses, durch Zerstörung von Parks oder durch Vernachlässigung vormals attraktiver Viertel wie dem Grätzel rund um den Rudolfsplatz.

Bürgerinitiative Rudolfsplatz und Umgebung
1. Bezirk
Entstehung: 1990
Homepage: http://rudolfsplatzviertel.alt-wien.eu
Gegenstand: Erhaltung der Lebensqualität in einer Wohnzone

Ein gastronomischer Super-Gau

Warum tun sich Menschen im Grätzel zusammen, sitzen in einem Lokal gemeinsam um den Tisch und tauschen Erfahrungen aus?
Unsere Grätzeltätigkeit wurde vor mehr als 20 Jahren durch die Absiedelung der Textilgeschäfte aus dem historischen Textilviertel im 1. Bezirk ausgelöst. Lokale zogen in die Gewölbe der leer stehenden ehemaligen Textillager ein, es entstanden gestylte Räume, die Nachtschwärmer anzogen und »Leben« ins Viertel brachten. Mit der verschlafenen Beschaulichkeit war es vorbei – die Erfolgsgeschichte des Bermudadreiecks begann.

Abb. oben: Im September 2009 wurde der Park feierlich am Rudolfssplatz wieder eröffnet, eine kleine grüne Insel im Häuserdschungel der Inneren Stadt.

Profitiert haben die Hauseigentümer, denn die neuen Lokalmieten überstiegen alle Erwartungen.
Doch immer öfter prallten die Interessen der Bewohner auf jene der Lokalbetreiber – und ganz schnell zeigte sich die Ohnmacht der Behörde und die Ahnungslosigkeit der Politiker. Dass es sich hier im Grätzel, zwischen Schwedenplatz und Rudolfsplatz, um eine »Wohnzone« handelt, wurde von der Politik ständig beschworen.
Wer meint, als Bezirksbewohner hätte man eine lokalpolitische Vertretung gewählt, damit sie die Interessen der Bewohner vertritt, der irrt. Schließlich hat der Bezirk auch andere Verpflichtungen: Besucher und Touristen müssen bedient werden, die Wirtschaft braucht aktive Unterstützung und die Kultur darf auch nicht vergessen werden …
Grätzelinitiativen sind ein Stachel im Fleisch der Politiker: von außen ist es nicht genau auszumachen, wie groß die Gruppe der Sympathisanten ist und wie viele Menschen im Ernstfall auch »aufstehen«. Politiker wissen nie genau, wer ihr »Gegenüber« ist. Darin liegt auch die größte Chance der Bewegung, denn Bürgerinitiativen sind das »Unerwartete« in der Politik.
Die Bürgerinitiative »Rudolfsplatz und Umgebung« meldete sich laufend sehr engagiert zu Wort, organisierte Aktionen, demonstrierte und argumentierte.
Das Grätzel um den Rudolfsplatz und der gesamte 1. Bezirk wurden zum Versuchsfeld für Parkraumbewirtschaftung, welche die Parkplatzmisere nicht entschärfte, sondern verlagerte. Doch die Lebensqualität des Grätzels ist rettungslos dahin, zu Grabe getragen von unentschlossenen Politikern und einer überforderten Behörde.
Viele sind aus dem Viertel um den Rudolfsplatz weggezogen, geflohen vor dem Lärm der Lokale. Wohnungen stehen leer, mit Ausnahme des Gastgewerbes sind kaum Gewerbe- und Handelsbetriebe vorhanden, doch die »Gastronomie« hofft noch immer in dieser unglaublichen Dichte des Angebotes überleben zu können. Es herrscht ein dauerndes Kommen und Gehen der Betriebe, ein ständiges Auf- und Zusperren. Das Grätzel verkommt zum Vergnügungsviertel mit

zweifelhaftem Ruf und zwielichtigen Besuchern. Die Bewohner, die mehr oder weniger verdrossen an ihrem Grätzel hängen, haben trotz aller Anstrengungen kaum Hoffnung, dass sich an der Situation etwas zum Besseren wenden könnte!

Was die Stadtverwaltung unter Nachhaltigkeit, allerdings mit negativen Vorzeichen, versteht, hat sie anlässlich der Fussball-Europameisterschaft rund um das Praterstadion gezeigt.

Intermezzo: Bäumefällen im Prater

Im Zuge der Vorbereitungen für die Fußball-Europameisterschaft wurde ruchbar, dass der Kranz von hohen Pappeln, welche das Ernst-Happel-Stadion im Wiener Prater umgeben, abgeholzt werden sollte. Als Begründung wurde angegeben, die freie Zufahrt für Einsatzfahrzeuge sei nur durch diese Maßnahme sicherzustellen. Als die Holzfäller anrückten, waren sie mit Menschen konfrontiert, die sich auf den zur Fällung vorgesehenen Bäumen »eingenistet« hatten. Sie zogen unverrichteter Dinge ab. Dadurch war zumindest ein Dialog erzwungen worden, den man den damit überforderten Organisator der EM austragen ließ. Ein einziges Mal erhielt er Unterstützung durch die Leiterin der Sportstelle der Stadt Wien, die ebenso wenig Verhandlungsspielraum hatte wie ihr Kollege, mit dem man sich wenigstens einigen konnte, einige zur Schlägerung bestimmt gewesene Bäume nicht zu fällen.

Vier Tage, nachdem ein gemeinsamer Begehungstermin vereinbart worden war, rückten die Holzfäller jedoch erneut an und vollbrachten diesmal ihr Zerstörungswerk. Selbstverständlich hatte man es sich einfach gemacht und alle Bäume abgeholzt. Selbstverständlich konnte keine Rede davon sein, dass der internationale Fußballverband die Beseitigung der Bäume verlangt hatte, wie zunächst behauptet wurde. Auch Polizei, Feuerwehr oder Rettung haben solche Fällungen nicht gefordert, sondern die Einrichtung einer freien Durchfahrt den Organisatoren überlassen.

Kahl und nackt präsentiert sich nun das Praterstadion. Die Fußball-EM ist längst Geschichte. Die graue Betonwüste ist geblieben.

diese Gemeindebauten hohe Lebensqualität. Prominente Politiker der österreichischen Sozialdemokratie wohnten hier, unter anderem auch Dr. Adolf Schärf. Auch heute noch sind hier im Grätzel diese Gemeindewohnungen stark nachgefragt.

Anrainerbefragung auf die Schnelle

Als bekannt wurde, dass eine Volksgarage unter dem Rohrauerpark gebaut werden sollte, formierte sich schnell Widerstand bei den Anrainerinnen und Anrainern. An die 1000 Unterschriften gegen einen Garagenbau wurden gesammelt, doch das beeindruckte die Bezirksvertretung zunächst wenig: »Die Garage wird auf jeden Fall gebaut!«, wurde uns mitgeteilt.

Dann kam die Auseinandersetzung um den Garagenbau im Bacherpark, die Parkbesetzung und das Mediationsverfahren, in dem die Gegner der Volksgarage eine Befragung erreicht hatten. Jetzt gab es für die Bezirksvertretung Rudolfsheim-Fünfhaus kein vernünftiges Argument mehr, dem Wunsch nach einer Befragung nicht nachzukommen.

Die Bürgerinitiative Rohrauerpark wurde im September 2006 von der Bezirksvertretung eingeladen, Gespräche über das Prozedere einer solchen Befragung zu führen. Dem SPÖ-Bezirksvorsteher Walter Braun und seinem SP-Bezirksklubobmann Helmut Tomek, beide Befürworter des Volksgaragenprojekts Rohrauerpark, war daran gelegen, die Befragung ohne ausreichende Informationsphase durchzupeitschen. Bereits Ende Oktober 2006 fand die Befragung statt.

Kein Ballspielplatz – aber jede Menge Fouls

Nichts gegen gesunde Härte, wenn bewegte Bürger und manchmal unbewegliche Politiker aufeinandertreffen. Aber in dem Match um den Rohrauerpark gab es doch ein paar hässliche Fouls auf Seiten der Garagenbefürworter. Hier ein paar davon:

Klubobmann Helmut Tomek sah vor lauter Garage die Bäume nicht, die gefällt werden sollen. Mit treuherzigem Blick erklärte er in der Fernsehsendung *Wien heute*, dass beim Garagenbau »lediglich zwei Bäume« entfernt werden müssten.

Initiative zur Erhaltung des Mariahilfer Ruhe- und Therapieparks (Vinzenz von Paul-Park)
6. Bezirk
Homepage: www.ruhe-und-therapiepark-mariahilf.at
Entstehung: 2008
Gegenstand: Umgestaltung und Erhaltung des Parks

Stimmen für die Stille

Die Entstehung des Mariahilfer Ruhe- und Therapieparks
2002/2003 wurde der kleine, versteckt liegende Vinzenz von Paul-Park im 6. Wiener Gemeindebezirk in der Garbergasse 20 unter Einbeziehung der Anrainerinnen und Anrainer um zirka 140.000 Euro zum 1. Mariahilfer Ruhe- und Therapiepark umgestaltet. Dabei wurden speziell die Bedürfnisse von Erholung- und Ruhesuchenden sowie älteren und behinderten Menschen berücksichtigt. Benannt ist der Park nach Vinzenz von Paul, dem Gründer der Kongregation der Barmherzigen Schwestern vom heiligen Vinzenz von Paul.

Das Besondere am Park
Von Anfang an wurde die Idee des Parks von einer Gruppe engagierter Menschen aus der unmittelbaren Umgebung,

aus anderen Bezirken und verschiedenen Institutionen durch entsprechende Angebote und Veranstaltungen unterstützt.
Der Park ist ein Ort, an dem Menschen Entspannung erleben, aber auch zu Aktivitäten eingeladen sind. Eine Reckstange dient für Übungen des Oberkörpers. Eine Übungsstiege und eine Gehschule helfen dabei, das Gehen – beispielsweise nach einer Hüftoperation oder bei Gleichgewichtsstörungen – zu trainieren. Der Boden besteht aus verschiedenen Materialien wie Stein, Gras, Sand und Erde.
Den Mittelpunkt des Parks bildet eine sogenannte Sitzschnecke – ein Ort der Kommunikation. In einem offenen Kreis sind Sitzbänke angeordnet und von einem Hochbeet umschlossen. Dieses Hochbeet ermöglicht es Menschen mit Bewegungseinschränkung, Pflanzen und Kräuter zu pflegen und zu ernten. Eine Pergola bietet schattige Plätze zum Ausruhen. Die Bänke im Park haben unterschiedliche Sitzhöhen, dadurch wird bewegungseingeschränkten Personen das Aufstehen erleichtert.

Bisherige Aktivitäten im Park

Im Vordergrund steht der Grätzelgedanke. Zu den Aktivitäten im Park gehörte beispielsweise ein monatliches Themenfrühstück. Dabei trafen Interessierte einander im Park und tauschten sich über ein bestimmtes Thema aus. Alle brachten etwas mit – Proviant, Wissenswertes zum Thema oder einfach Neugierde und Freude am Austausch. Die Parkbesucherinnen und Parkbesucher folgten dem Lauf der Natur im Jahresrhythmus – und feierten gemeinsam Frühlingsbeginn, Sonnenwende, Erntedank, Weihnachten … Gemeinsam mit Gärtnerinnen und Gärtnern des Stadtgartenamtes wurden die Hochbeete zu Frühlingsbeginn mit Kräutern bepflanzt. Eine Pflanzentauschbörse ergänzte das »grüne« Programm. Angeboten wurden Übungen für Körper und Geist wie Yoga, Shiatsu, Gesundheitsgymnastik für Jung und Alt. Auch Kulturelles und Literarisches fand statt – beispielsweise in Form einer Erzähl- und Schreibgruppe für Seniorinnen und Senioren.

Die Probleme im Park
Seit dem Frühjahr 2008 häufen sich im 6. Bezirk Vorfälle mit Gruppen von teils stark sozial verhaltensauffälligen Kindern und Jugendlichen. Auch die Menschen aus dem »Grätzel« um die Garbergasse, Liniengasse, Millergasse, Mittelgasse und Bürgerspitalgasse sind von extremer Lärmbelästigung (teilweise bis spät in die Nacht), Sachbeschädigung, Bespucken von Fensterscheiben, Beschimpfen von behinderten Kindern als Krüppel, Aufhalten von Fahrzeugen auf der Straße, Raufereien und Prügeleien betroffen. Manche Bewohnerinnen des Grätzels fühlen sich bereits von den Kindern und Jugendlichen bedroht. Der Ruhe- und Therapiepark ist von dieser Problematik stark in Mitleidenschaft gezogen. Menschen, für die der Park konzipiert wurde, besuchen diesen kaum noch. Die Situation macht es unmöglich, ein auf das Zielpublikum des Parks zugeschnittenes Programm erfolgreich umzusetzen.

Warum diese Initiative?
Der Ruhe- und Therapiepark entwickelte sich zunehmend zu einem Brennpunkt sozialer Probleme. Bereits im Sommer 2008 traten wir mit zuständigen Stellen in Kontakt: Bezirksvorstehung, Juvivo – aufsuchende Teenie- und Jugendarbeit, Polizei, Gebietsbetreuung, Stadtgartenamt. Nicht selten wurde die Thematik bagatellisiert, wurden die Betroffenen als »Nörgler und Querulanten« abgetan. Gespräche mit Bewohnerinnen und Bewohnern der Garbergasse und Umgebung sowie eine große Anzahl an Unterstützungsunterschriften zeigten allerdings, dass ein ganzes Viertel unter diesen Zuständen leidet.
Im Rahmen eines Gespräches im September 2008 zur Lösung der Lärm- und Vandalismusprobleme im Park und seiner Umgebung stellte die Bezirksvorsteherin Renate Kaufmann die Idee und den weiteren Bestand des Vinzenz von Paul-Parks als »Ruhe- und Therapiepark« in Frage und sprach eine eventuelle Umgestaltung in einen Spielplatz an. Dieser Versuch, das Problem des viel zu geringen Freiraums für Kinder und Jugendliche in Mariahilf auf Kosten von Ruhe- und Erholungsuchenden zu lösen, war entschieden abzulehnen,

zumal der nächste Spielplatz (»Minna Lachs-Park«) mit Spielgeräten, Sandkiste, Tischtennistisch und Ballspielkäfig nur wenige Schritte vom Ruhe- und Therapiepark entfernt liegt. Ein weiterer Spielplatz befindet sich keine fünf Gehminuten entfernt im »Hubert Marischka-Park«. Auch die Lage des Parks (in einem begrünten Hinterhof) lässt im Interesse der Anrainerinnen und Anrainer nur eine schonende Nutzung zu.
2008 mussten aus dem Bezirksbudget zirka 150.000 Euro für die Instandsetzung von mutwillig verwüsteten Parkanlagen im Bezirk aufgewendet werden, um 50 Prozent mehr als im Jahr zuvor. Sehr viel Geld, das zweifelsohne sinnvoller in bedürfnisorientierte Angebote für die Mariahilfer Bevölkerung, insbesondere in die außerschulische Betreuung von Kindern und Jugendlichen, geflossen wäre.
Ein wesentliches Anliegen der Initiative ist eine für alle zufriedenstellende, dauerhafte Lösung, die auch die Interessen der Kinder und Jugendlichen, ihrer Erziehungsberechtigten und der Schulen berücksichtigt. Die Kommunikation mit den dafür Zuständigen gestaltet sich allerdings mühsam. Ob das Ignorieren schriftlicher Anfragen auf unzureichende Büroorganisation oder politisches Kalkül zurückzuführen ist, lässt sich nur vermuten. Eine Politik und Verwaltung, die in maßgeblichen Bereichen nicht willens oder in der Lage ist, gemeinsam mit der Bevölkerung an der Lösung anstehender Probleme zu arbeiten, hinterlässt einen bitteren Geschmack. Umso wichtiger ist es, dass viele Menschen bereit sind, ihr Lebensumfeld mitzugestalten und dabei die Politik auf ihre Verantwortung hinzuweisen.

Die Bürgerinitiative »Stimmen für die Stille« setzt sich für die Weiterentwicklung des bisherigen Konzeptes im Ruhe- und Therapiepark und für die Bewahrung der Wohn- und Lebensqualität im Grätzel ein.

Die Initiative will

- einen Park, in dessen Atmosphäre sich die Menschen wieder wohl fühlen können und sich ein vielfältiges Programm zu den Themen Gesundheitsprävention, Entspannung und Kultur entwickeln kann,
- in Zusammenarbeit mit den im Bereich Jugendarbeit kompetenten Einrichtungen für sozial verhaltensauffällige Kinder und Jugendliche eine für alle zufriedenstellende, dauerhafte Problem-Lösung finden,
- umfassende Information und Diskussion über die Erkenntnisse der von der Bezirksvertretung beim Team Focus in Auftrag gegebenen Sozialraumstudie und deren zügige Umsetzung,
- auf einem straßenseitig angebrachten Schild einen klaren Hinweis auf die »Widmung« des Vinzenz von Paul-Parks als »Ruhe- und Therapiepark«, eine Tafel im Park, die auf die vielfältigen Nutzungsmöglichkeiten der Grünanlage hinweist und verdeutlicht, welche Verhaltensweisen nicht akzeptabel sind (Abfälle liegen lassen, laute Musik hören, schreien, Pflanzen beschädigen).

Was wurde bis jetzt erreicht?

Bezirksvorsteherin Renate Kaufmann stellte anlässlich der Mariahilfer Bezirksvertretungssitzung vom Dezember 2008 fest, dass nicht geplant ist, den Mariahilfer Ruhe- und Therapiepark in einen Spielplatz umzugestalten.

Zu dieser Klarstellung kam es auf Grund des Engagements von »Stimmen für die Stille«, das die GRÜNEN zu einer Anfrage und die ÖVP zu einer Resolution bewog. Die SPÖ steuerte ihrerseits einen Antrag bei, in dem das Stadtgartenamt (MA 42) aufgefordert wird, eine Tafel beim Eingang zum Vinzenz von Paul-Park mit dem Hinweis auf die »Widmung« als Ruhe- und Therapiepark anzubringen. Für Spiel und Spaß

soll auf den nächstgelegenen Minna Lachs-Park verwiesen werden. Ende April 2009 wurde endlich eine kleine Tafel (40 x 30 Zentimeter) auf dem Eingangstor montiert, die innerhalb weniger Stunden heruntergerissen und gestohlen wurde. Anfang Juni 2009 wurde eine neue Tafel angebracht.
Für die Verbesserung der Jugendbetreuung wurden erste positive Schritte gesetzt. Die Bezirksvertretung beschloss eine Erhöhung der Mittel für die Jugendbetreuung in Mariahilf von 87.000 auf 205.000 Euro. Ein Jugendcafé (nichtkommerzieller Jugendtreffpunkt) soll entstehen, das der Verein Juvivo betreuen wird. Geplant ist die Inbetriebnahme in einem ehemaligen Geschäftslokal in der Gumpendorferstraße 62 im September 2009. Interessant in diesem Zusammenhang wird auch das Ergebnis der Sozialraumstudie sein.

Weiteres Vorgehen der Initiative

Bei regelmäßigen Treffen werden die Pläne, Programmpunkte und die weitere Vorgehensweise besprochen. Auf der Homepage der Initiative gibt es eine Helpline-Liste, auf der alle Ansprechpersonen mit Adresse, Telefonnummer und E-Mail zusammengestellt sind.
Im Rahmen eines von der Initiative organisierten Treffens informierte der Präventionsbeamte der nahegelegenen Polizeiinspektion Stumpergasse über seine Arbeit mit Jugendlichen. So gibt es in der 7. und 8. Schulstufe einer Reihe von Mariahilfer Schulen seit einiger Zeit Workshops und Vorträge zum Thema Gewaltprävention. Weitere Gespräche mit den Jugendbetreuerinnen und -betreuern von Juvivo sollen helfen, die Probleme Lärm, Vandalismus und Verschmutzung im Park und seiner Umgebung in den Griff zu bekommen.
Ein wesentlicher Aspekt des Parkprogramms 2009 sind gemeinsame Aktivitäten der Besucherinnen und Besucher. Seit dem Frühjahr 2009 finden wieder mindestens einmal im Monat Veranstaltungen im Park statt.
Die bisherige Entwicklung hat gezeigt, wie notwendig und sinnvoll es ist, sich gemeinsam mit anderen Menschen für ein soziales Miteinander sowie für eine Verbesserung der Lebensqualität einzusetzen.

Beteuerungen, für Bürgerpartizipation eintreten zu wollen und den kommerziellen Interessen klare Grenzen zu setzen, werden bei Bauprojekten oft vergessen. So lange im Stillen Pläne wie die Tivoli-Verbauung ausgebrütet werden, wäre es töricht, zu hoffen, der Beteiligungsgedanke könnte schon bald die geschlossene Unterstützung der Oppositionsparteien im Wiener Landtag erfahren. Das Bauprojekt beim Springer-Park wurde durch einen großkoalitionären »Pakt« über die Köpfe der Bevölkerung hinweg beschlossen. Nur der massive Bürgerprotest hat zu einem Überdenken geführt.

Bürgerinitiative Tivoli-Alarm – Rettet den Springer-Park
12. Bezirk
Homepage: www.tivoli-alarm.at
Entstehung: Jänner 2009
Gegenstand: Verbauung des Springer-Parks

Geheimplan bestätigt

Geplante Verbauung des Parkschutzgebiets Springer-Park
Die politische Akademie (PolAk) der ÖVP plant auf dem Gelände des Landschafts- und Parkschutzgebietes Springer-Park die Errichtung einer viergeschoßigen Häuserzeile, einer Tiefgarage und eines Hotelkomplexes. Die überrumpelten Anrainer sind empört und fordern von der zuständigen Rathauspolitik die Einhaltung geltender Schutzbestimmungen.
Die Anrainer rund um den historischen Springer-Park erleben zur Zeit ein Déjà-vu der besonderen Art: Vor rund 15 Jahren sorgten skandalöse, zum Teil nicht genehmigte Baumaßnahmen im Natur- und Parkschutzgebiet für einen beträchtlichen medialen Wirbel. Zur Erinnerung: Im Jahr 1993 ermöglichte ein rot-schwarzer Deal die Erweiterung von Parteiakademien in Grünräumen, in denen überhaupt nicht gebaut werden dürfte. Die Politische Akademie der ÖVP durfte

sich im Springer-Park erweitern, die Akademie der SPÖ im Altmannsdorfer Schlosspark.
Nun droht ähnliches Ungemach: Im Jänner 2009 informierte die Politische Akademie in einem Rundschreiben die Anrainer von geplanten Renovierungs- und Baumaßnehmen zur »wirtschaftlichen Aufrechterhaltung des bestehenden Hotel- und Seminarbetriebs«. Nähere Details wurden verschwiegen. Das überrascht nicht, denn die geplante Umwidmung widerspricht sämtlichen geltenden Rechtsvorschriften.
Besonders brisant ist die Tatsache, dass es sich bei den Eigentümern der Akademie durchwegs um nicht gewinnorientierte Vereine handelt. Hinter den Vereinen stehen namhafte Politiker und Politikerinnen der ÖVP: Dr. Johannes »Gio« Hahn, Norbert Walter, Dr. Werner Fasslabend, Elisabeth Gehrer, PolAk-Direktor Dr. Dietmar Halper, Dkfm. Dr. Otto Keimel, Maria Rauch-Kallat, Werner Amon und Fritz Kaltenegger.

Geheimes Plandokument bestätigt Befürchtungen der Anrainer

Kurz darauf wurde einigen Anrainern ein streng geheimes Plandokument zugespielt, das die dramatischen Ausmaße der geplanten Bautätigkeiten dokumentiert: die Errichtung einer rund 900 Quadratmeter großen Tiefgarage, eines Hotelkomplexes von 90 mal 60 Metern Seitenlänge sowie die Errichtung von vier mehrstöckigen Gebäuden in einem Waldstück, das die Anrainer bisher vor Lärm, Staub und Abgasen der rund 150 Meter entfernten Grünbergstraße – eine der meistbefahrenen Straßen Wiens – abgeschirmt hat.
Der Bau der Gebäudezeile ist in einem Waldstück vorgesehen, das strengsten Naturschutzauflagen der Stadt Wien unterliegt. Durch den dichten Bewuchs sind zwangsläufig auch außerhalb der geplanten Baufläche durch Baumaschinen und Baustellenzufahrten zahlreiche Parkbäume akut gefährdet. Realistische Schätzungen gehen von bis zu 100 Schlägerungen allein für die geplante Häuserzeile aus.
Die Politische Akademie der ÖVP argumentiert, die vier Gebäude zur temporären Unterbringung von Gästen und wissenschaftlichem Personal verwenden zu wollen. Die Bür-

gerinitiative vermutet, dass es nicht um Förderung der Forschung geht, sondern um knallharte Grünraum-Spekulation. Wie ist es sonst zu erklären, dass die Wohnblöcke möglichst weit weg von der Grünbergstraße errichtet und mit Rundum-Grünblick-Balkonen ausgestattet werden sollen?

Seit Jahren schrumpfender Baumbestand

Baumfällungen zählen seit Jahren zur gärtnerischen Hauptbeschäftigung der Politischen Akademie. »Aus Alters- und Sicherheitsgründen«, heißt es stets seitens der Verantwortlichen. Empörte Anrainer sprechen von einer gezielten Salami-Taktik, die der Vorbereitung auf das geplante Großprojekt diene und die Bevölkerung vor vollendete Tatsachen stellen solle. Laut Statistik der Wiener Umweltschutzabteilung (MA 22) sind von den ursprünglich 20 Naturdenkmälern nur noch drei Exemplare (Schwarzkieferngruppe, Platane und Zürgelbaum) vorhanden. Eine im Frühjahr 2009 erfolgte Zählung des gesamten Baumbestandes ergab: Im Park- und Naturschutzgebiet Springer-Park fehlen mehr als 360 Bäume, aber nur für 222 Baumfällungen liegen Bewilligungen vor! Bis Juni 2009 wurden nur 55 Nachpflanzungen vorgenommen. Die Befürchtungen der Anrainer, »die Politik werde sich's wieder einmal richten im Park«, wie es in Anspielung auf die Anfang 2009 im Liesinger Schlosspark erfolgten Rodungen hieß, haben sich bestätigt.

Umfassende Parksanierung gefordert

Abgesehen von den permanenten Rodungen (die Argumentation reicht von »Überalterung« bis hin zu »nicht dem historischen Parkbild entsprechenden Bäumen« befindet sich der Park in einem katastrophalen Zustand. Jedes Jahr werden durch rücksichtslosen Rasenschnitt zahlreiche Bäume beschädigt. Es ist wohl nur eine Formsache, Rodungsbewilligungen für derart geschädigte Bäume einzuholen.

Die Bürgerinitiative »Tivoli-Alarm – Rettet den Springer-Park« fordert daher die Politische Akademie, die damit in Verbindung stehenden Institutionen, deren politische Repräsentanten sowie die Wiener Stadtregierung auf, den Springer-Park am Tivoli in seiner ökologischen Substanz und historischen Bedeutung zu bewahren und folgende Zielsetzungen zu unterstützen:

- Erhaltung und Pflege der bestehenden Baumsubstanz des Naturdenkmals Springer-Park
- Ausnahmslose Nachpflanzung der in den Jahren 2005, 2007 und 2008 gerodeten Bäume unter Aufsicht eines Anrainervertreters
- Freihaltung derzeit nicht bebauter oder als Kfz-Abstellplätze genutzter Flächen vor jeglicher Bebauung
- Rechtzeitige, umfassende und transparente Einbindung der Anrainerinnen und Anrainer bei künftig erforderlichen Erhaltungs- oder Sanierungsmaßnahmen des bebauten und unbebauten Raumes im Springer-Park.

Der Protest richtet sich gegen folgende Tätigkeiten und Vorhaben:

- Änderung von Flächenwidmungs- und Bebauungsbestimmungen, wenn diese eine Zunahme der gegebenen Bauflächen (auch Tiefbauten) und Bauhöhen ermöglichen
- Änderungen am Baubestand, wenn damit eine Zunahme bestehender Baukubaturen (über- oder unter dem Geländeniveau) verbunden ist
- Baumfällungen, die nicht forsttechnisch oder aus Sicherheitsgründen unbedingt erforderlich sind und dieses Erfordernis nach Zuziehung eines Anrainervertreters und unter Berücksichtigung seiner Stellungnahme behördlich bestätigt wird.

Die endgültige Verbauung des Springer-Parks: ein städtebaulicher Präzedenzfall?

Die Position der Bürgerinitiative »Tivoli-Alarm – Rettet den Springer-Park« ist klar: Nutzungen müssen den Potenzialen eines bestehenden und historisch geprägten Standortes angepasst werden. Wegen eines ökonomischen Nutzens darf kein Landschafts- oder Parkschutzgebiet verbaut werden, das langfristig für zukünftige Generationen und die gesamte Stadtbevölkerung Grünraum- und Umweltressourcen sicherstellen muss.

Die entwicklungsstrategische Kernfrage – und eine generelle Kernfrage des städtebaulichen Risikomanagements – ist es doch, ob man langfristig zu sichernde Ressourcen (wie einen Grünraum) aus Gründen in Frage stellen soll, die jedenfalls kurzfristigeren Konjunkturen und Trends unterliegen. Die prinzipielle Antwort ist: NEIN, NIEMALS !!!

Die von der Politischen Akademie der ÖVP angestrebten Umwidmungen im »Springer-Park« müssen dadurch begründet werden, dass die geplanten Maßnahmen für die »Sicherung« des Betriebs unumgänglich sind. »Sicherung« ist aber nicht dasselbe, wie eine massive »Expansion«. In diesem Sinn wäre es sicher denkbar, das bestehende Gästehaus abzureißen und möglichst mit der gleichen Kubatur ein neues, besseres, zu bauen. Eine Vervielfachung der Kubatur kann aber keinesfalls mit dem Argument der »Sicherung« eines bestehenden Betriebes begründet werden.

Was ist zum Beispiel, wenn die ÖVP beschließt, ihre Akademie nach Niederösterreich zu verlegen? Was ist, wenn in nicht allzu fernen Zeiten der Krise der Betrieb der Politischen Akademie wieder »gesundschrumpfen« muss? Was ist, wenn das nächste Akademie-Management überhaupt auf e-learning umstellt? Innenstadt-Headquarters sind schon aus viel banaleren Gründen verlassen worden.

Vielleicht möchte die Politische Akademie der ÖVP ohnehin sofort nach der baulichen Expansion – oder auch gleich nach einer mit enormen Widmungsgewinnen verbundenen Umwidmung – verkaufen und sich an einen bescheideneren Standort zurückziehen? Was kann nicht alles passieren, wenn man sich gedanklich auf der zeitlichen und räumlichen Maßstabsebene eines Betriebes oder gar der Parteipolitik bewegt? In jedem Fall hätte man einen unter Landschafts- und Parkschutz stehenden und langfristig abzusichernden innerstädtischen Grünraum aus kurzfristigem Kalkül vernichtet.

Aus dieser stadtentwicklungsstrategischen Perspektive ist das vorliegende Projekt grundsätzlich falsch.

Die Wiener Stadtplanung wäre auch gut beraten, darüber genau nachzudenken, ob sie bei der Verbauung eines Landschafts- und Parkschutzgebiets einen so krassen Präzedenz-

fall schaffen will. Wenn es einmal so anfängt, wo hört es auf? Auch die im Wiener Stadtpark bestehenden Betriebe könnten plötzlich entdecken, dass sie noch mehr Profit erwirtschaften könnten, wenn man den halben Stadtpark verbaut – erste Anfänge sind ja nicht zu übersehen. Der Augarten und der Schlosspark Schönbrunn wären erstklassige Wohnstandorte für Superreiche. Das Burgtheater könnte sicher gut argumentieren, warum eine Probebühne und ein Kulissendepot im Burggarten sehr wirtschaftlich wären etc. etc. Auf Basis der Argumente, die jetzt von der Politischen Akademie der ÖVP ins Treffen geführt werden, könnte man alle Wiener Parks und obendrein den Wald- und Wiesengürtel bebauen.
Wenn die Politische Akademie der ÖVP tatsächlich so viel mehr Raum und Baukubatur braucht, sollte sie dann nicht den Park einfach Park sein lassen und einen anderen Standort ins Auge fassen?

Wien verdankt seine hohe Lebenqualität, auf die wir so stolz sind, erwiesenermaßen den vielen Grünoasen. Sie geben der Stadt ein eigenes Gepräge, nicht nur dem Stadtbild, sondern auch dem Mikroklima. Vor allem Bäume tragen zur Milderung der Sommerhitze, zum Sauerstoffgehalt der Atemluft und zur Herabsetzung der Schadstoffbelastung in der Luft bei. Ihr Schutz und ihre Erhaltung ist daher gesetzlich geregelt. Strenge Bestimmungen sollen gewährleisten, dass der Baumbestand zumindest nicht abnimmt. Doch wo Bäume Bauprojekten »im Weg« sind, werden sie gefällt. Bauprojekte haben eben Vorrang. Erst wenn die Bäume geschlägert wurden, merkt man, was man an ihnen verloren hat. »De Bam wåchsen e nåch« wird gesagt und auf die gesetzliche Pflicht zur Ersatzpflanzung verwiesen. Darüber, wie viele junge Bäume gepflanzt werden müssen, um einen einzigen alten Baum zu ersetzen, schweigt sich das Gesetz allerdings aus. Absichtlich?

Bürgerinitiative Erhaltung der Bäume in der Fleschgasse 1130 Wien

13. Bezirk
Homepage: www.aktion21.at
Entstehung: Sommer 2007
Gegenstand: Erhaltung des ortsprägenden Baumbestandes

»Wåns an Bam seng woin, gens in Woid!«

(Ausspruch eines Bezirkspolitikers)

Vorgeschichte

Die Fleschgasse in Hietzing ist eine beliebte Wohngegend zwischen Hietzinger Hauptstraße und Auhofstraße. Der hohe Grünanteil und der für eine Großstadt bemerkenswerte alte Baumbestand bestimmen hier seit alters her die Lebensqualität der Wohnbevölkerung.

Eine 1997 vom Hietzinger Bezirksbauausschuss nach der öffentlichen Auflage unbemerkt empfohlene und in der Folge vom Wiener Gemeinderat beschlossene Änderung des Flächenwidmungs- und Bebauungsplans (Plandokument Nr.

Abb. oben: Baumtaufe der Clemens von Pirquet-Linde

6869) sollte der grünen Idylle in der Hietzinger Fleschgasse ein jähes Ende bereiten. Die Wohnbevölkerung erwachte erst 2005, als auf Fleschgasse 10 ein Einfamilienhaus aus den 1930er Jahren abgerissen wurde und alle Bäume der Liegenschaft gefällt wurden. Die in der öffentlichen Auflage genannte und auch ortsübliche höchstzulässige Traufenhöhe von 7,5 m war nachträglich unerwartet auf 9 m geändert worden. Ebenso waren Beschränkungen der unterirdischen Bebauung in diesem als Schutzzone ausgewiesenen Bereich still und heimlich weggelassen worden. Danach dauerte es nicht lange, bis ausschließlich an Kubaturmaximierung orientierte Bauwerber auf den Plan traten. Im Juni 2007 reichte die Firma SÜBA AG ihre Pläne bei der MA 37/13 ein.

Die Bürgerinitiative

Die Anrainer schlossen sich daraufhin zu einer sehr aktiven Bürgerinitiative zusammen, die Informationsveranstaltungen vor Ort abhielt und Unterschriften sammelte. Die Empörung über die Schlägerung von mehr als 20 alten Bäumen in einem bisher unverbauten Garten, der noch dazu mit einer mehr als hundertjährigen gemauerten und das Ortsbild prägenden Einfriedung umgeben ist, kannte keine Grenzen. Zudem herrschte Fassungslosigkeit darüber, dass die Behörden keinen Einwand gegen eine direkt in den Gehsteig mündende steile Garagenausfahrt erhoben, obwohl über diese doch der tägliche Schulweg vieler Kinder zu den zahlreichen Schulen der Umgebung führt.

Die ÖVP-dominierte Bezirksvertretung war über die Aktivitäten der Bürger und Bürgerinnen zunächst alles andere als glücklich. In unzähligen persönlichen Vorsprachen und Briefen wurde bei den politisch Verantwortlichen im Bezirk und im Wiener Gemeinderat gegen die Vorgangsweise protestiert. Die Politiker kümmerten sich jedoch um die Interessen der Bürgerinnen und Bürger zunächst herzlich wenig. Die Bürgerinitiative Fleschgasse forderte sie auf, die Schutzzonenwidmung dieses Grätzels ernst zu nehmen und die entscheidenden Stellen (MA 19) anzuweisen, das Ortsbild der Straße zu erhalten. Sprüche wie: »Wåns an Bam seng woin, gens in

Woid« oder: »Se håm jå ka Recht, dåss in an Paak wonan« wollten die Bewohner nicht mehr hören. Die Verpflichtung unserer Generation zur Erhaltung von Bäumen in einer Zeit des unübersehbaren Klimawandels sollte endlich ernst genommen werden – zum Wohl unserer Kinder und Enkel!

Erste Erfolge

Geradezu als Sensation war zu werten, dass Mitglieder der Bürgerinitiative im März 2008 erstmalig Gelegenheit bekamen, in einer Bauausschusssitzung des Bezirks Hietzing ihre Anliegen vorzutragen und damit die Aufmerksamkeit der Bezirkspolitiker aller Fraktionen auf dieses Projekt zu lenken. Weiters erschienen dazu zahlreiche Medienberichte, darunter alleine sechs Artikel in der Kronenzeitung. Die Nationalratsabgeordnete der GRÜNEN im Wahlsprengel Wien West, Eva Glawischnig, schrieb die Mitglieder des Bezirksbauausschusses persönlich an, damit das geplante Projekt nicht durch Ausnahmegenehmigungen nach § 69 der Wiener Bauordnung noch weiter vergrößert würde.

Noch ist es nicht zu spät, das überdimensionierte Projekt auf Fleschgasse 4–6 – ein Wohnblock mit 18 Wohneinheiten und zweigeschossiger Tiefgarage –, dem der gesamte 20 Bäume umfassende Baumbestand dieser Liegenschaft zum Opfer fallen soll, zu verhindern.

Immerhin beschloss die Bezirksvertretung am 1. April 2009 einstimmig den Vorrang von Naturdenkmälern vor Verwertungsinteressen und maximaler Ausnützung von Bauplätzen.

Der alte Baumbestand des Nachbargrundes müsste bei Einhaltung des vorläufigen Bauplanes fallen.

Die Bürgerinitiative hofft noch immer auf ein Einlenken der Bauwerberin SÜBA und auf eine Planänderung zum Schutz sowohl des Baumbestands als auch des Ortsbilds. Inzwischen wurde die lebensgefährliche Garagenausfahrt aufgrund der heftigen Proteste durch Einplanung einer »Verweilzone« entschärft.
Im Februar 2009 erlangte die Bauwerberin SÜBA eine Baubewilligung. Die Bauoberbehörde wies alle Einwände der Anrainer zurück. Die Naturschutzverfahren, die eine Voraussetzung für das Bauvorhaben sein sollten, sind noch nicht abgeschlossen. Anrainer brachten am 9. April 2009 eine Beschwerde beim Verfassungsgerichtshof ein.

Kindern wird die Möglichkeit, sich »an der Luft« zu bewegen, durch die Verbauung von Sport- und Spielplätzen entzogen. Erwachsene wollen eben auch Sport betreiben, nach der Arbeit, bei Dunkelheit oder schlechtem Wetter, in einer gut geheizten Halle. Die Jugendlichen, die für ihr »Vergnügen« nicht bezahlen, haben das Nachsehen.

Bürgerinitiative Roterdstraße
16. Bezirk
Homepage: www.aktion21.at
Entstehung: 01.07.2008
Gegenstand: Erhaltung des Schulsportplatzes

Sport im Käfig

(Hallenbau auf dem Sportplatz Roterdstraße in Ottakring)

Im Juni 2008 erfuhr der Lehrkörper der einzigen Ganztagesmittelschule im Bezirk durch einen Zufall, dass auf dem seit 20 Jahren genützten Areal des Sportplatzes eine Sport- und Fun-Halle errichtet werden solle. Es folgten Beschwichtigungsversuche mit falschen Größenangaben. Im Juli 2008 wurde das ganze Ausmaß der Halle – 70 m x 40 m – bekannt.
Lehrer und Schüler waren verzweifelt. Nun entschlosseen sich einige couragierte Eltern zur Gründung einer Bürgerinitiative, um die unter nicht gelindem politischen Druck stehenden Lehrkräfte in ihrem Kampf gegen den Hallenbau zu unterstützen.

Am 1. Juli 2008 fand das Gründungstreffen der parteiunabhängigen Bürgerinitiative Roterdstraße statt. Eltern, Lehrer und Anrainer berieten, was man gegen den Hallenbau unternehmen könne. Die an den Stadtschulrat, das Unterrichtsministerium und die zuständige Magistratsabteilung gerichteten Hilferufe des Lehrkörpers, die ausführliche Begründung, warum vor allem der vorhandene Fußballplatz für das Gesamtkonzept der Schule so wichtig sei, verhallten ungehört. Nachfolgend die sachlich fundierten Einwände der Lehrkräfte:

- Die Freizeitkurse sind gelenkte Betreuungsstunden mit freizeitpädagogischen Inhalten (wie z.B. Tanz, Theater, Fremdsprachen, Musik, Volleyball, Fußball) und werden von Lehrkräften didaktisch aufgebaut.
- Die meistgenutzten Bereiche sind der Fußball- und der Volleyballplatz.
- Zusätzlich gibt es 42 koedukative Turnstunden mit voller Klassengröße, in denen ebenfalls der Fußballplatz genutzt wird.
- Weiters wird das Freigelände auch für Projektaktivitäten im Rahmen des Schulversuchs »Globale Ganztagsmittelschule« verwendet.
- Die Halle kann den bevorzugt genutzten Fußballplatz nicht adäquat ersetzen.

Als erste Protestmaßnahme wurde am 17. September 2008 um die Sportanlage eine Menschenkette gebildet, an der etwa 300 Schüler und 100 Erwachsene, darunter auch Vertreter verschiedener Oppositionsparteien im Bezirk, teilnehmen. Sie protestierten dagegen, dass Bildung, soziale Interessen und Wohlbefinden von Kindern rein kommerziellen Interessen weichen sollten. Es war geplant, beim alljährlichen Sportfest, dem sportlichen Höhepunkt der Anlage, gegen diese Verbauung zu protestieren. Bezirksvorsteher Franz Prokop ließ alle von den Kindern und Lehrkräften gestalteten Transparente und Plakate entfernen; sie wurden von der MA 48 umgehend entsorgt. Im Elternverein war nur der Obmann für den Bau der Halle. Er erkannte jedoch, dass die Mehrheit des Elternvereins und der Eltern gegen die Halle war und trat zurück:

ein politisch kluger Schachzug, denn so wurde der Elternverein lahm gelegt.
Herr Ehlers vom Hauptverband der Elternvereine – einer Teilorganisation der SP-nahen Kinderfreunde – riet dem Obmannstellvertreter, während der Ferien nichts zu unternehmen.

Eigenartiges Medienverhalten
»Kronenzeitung« und »Heute« berichteten über die Demonstration der Bürgerinitiative mit eigenen Fotos. Am 22. September 2008, also kurz vor den Nationalratswahlen, stellte Bezirksvorsteher Franz Prokop in der »Krone« die Menschenkette als Wahlveranstaltung der Liste Fritz (!!) dar. Eine Gegendarstellung der Bürgerinitiative wurde nicht gedruckt. Man steht knapp vor der Wahl, ein Bericht könnte dem von der »Krone« favorisierten Kanzlerkandidaten schaden.
Es schmerzt, wenn ein Blatt, dessen »Chef« nicht müde wird zu betonen, dass er ein glühender Befürworter der Bürgermitbestimmung ist und immer wieder Bürgeranliegen aufgreift, in bestimmten Fällen von seiner eigenen Linie abweicht.
Eine Bürgerinitiative, die ein rein lokales Interesse vertritt, darf nicht auf faire Berichterstattung der Medien hoffen, wenn »höhere« Interessen auf dem Spiel stehen. Dadurch aber, dass möglichst viele Mitbürger ihre Sorgen per E-Mail, Brief und Telefonanrufe kundtun, kann die Bevölkerung Protest signalisieren. Zumindest im Fall des Hallenbaus konnte damit erreicht werden, dass die Lehrkräfte bei der Neugestaltung der verbleibenden Restfläche Wünsche äußern durften, die sich auf den Bauplänen wieder finden. Über das Kernproblem, die Erhaltung des Fußballplatzes, wurde nicht diskutiert. So schnappte die »Partizipationsfalle« wieder einmal zu: der Presse wurde mitgeteilt, dass es eine Einigung mit dem (zu dieser Zeit nicht handlungsfähigen) Elternverein, den Eltern und den Lehrkräften gebe. Es gab allerdings keine Eltern, mit denen eine Einigung stattgefunden hatte. Die Lehrer wiederum betonten in allen Gesprächen, dass es einen einstimmigen Beschluss gebe, der sich gegen die Errichtung der Halle wendete und dass man nur verhandelt habe, weil

man Angst hatte, als einzige Ganztagesmittelschule des Bezirks plötzlich ganz ohne Freizeitgelände für Freizeitstunden und Pausen dazustehen.

Versprochen – gebrochen

Am 1. Oktober 2008 fand eine Bürgerversammlung zum Hallenbau statt.

Mittlerweile stellte sich auch heraus, dass die Halle nicht, wie ursprünglich versprochen, während der Schulzeit von 8 bis 16:20 Uhr der Roterdschule zur alleinigen Verfügung stünde. Es könne lediglich ein Stundenplan erstellt werden, der dann mit den Zeitwünschen der anderen interessierten Schulen abgeglichen würde.

Seit April 2009 steht die Stahlkonstruktion der Halle. Bereits jetzt kann man erkennen, dass in den Klassenräumen im Erdgeschoß der Lichteinfall vermindert sein wird. Der Architekt der Halle hatte dies bestritten.

Nach der Eröffnung der Halle (im September 2009) wird sich zeigen, was von der versprochenen Neugestaltung des verbleibenden Freigeländes auch wirklich umgesetzt wird.

Immer wieder fragt man sich, wofür ein Stadtentwicklungsplan dienen soll. Er enthält Bekenntnisse zur Erhaltung von natürlichen Grünflächen und zu einer umfassenden Ökologie. Im konkreten Anlassfall sind solche Beteuerungen das Papier nicht wert, auf das sie geschrieben sind. Da sind »andere Interessen« maßgeblich, über die man nur mutmaßen kann: Merkwürdige Vorgangsweisen der zuständigen Politiker und Behörden sind dabei hilfreiche Wegweiser. Als Paradebeispiel dafür ist das Projekt einer Strandbar an der Alten Donau anzusehen.

Bürgerinitiative Untere Alte Donau
22. Bezirk
Homepage: www.aktion21.at
Entstehung: Sommer 2008
Gegenstand: Erhaltung der Grünuferzone (Erholungsgebiet) ohne Strandbar

Strandcontainer statt Ufergrün?

Strand oder Strandbar?

Auf einem nahe der Kagraner Brücke gelegenen, im Flächenwidmungsplan als Grünland – Erholungsgebiet ausgewiesenen Uferstreifen der Unteren Alten Donau, wurde still und leise von langer Hand die Errichtung einer Strandbar geplant. Die Bevölkerung, vor allem die Bewohner der angrenzenden Siedlung, aber auch zahlreiche Freizeitsportler, aktive Senioren und Hundebesitzer, machten sich aufgrund des Stadtentwicklungsplanes (»Erhaltung der Grünflächen, Beibehaltung des Naturraums als besondere Qualität, … Sicherstellung der ökologischen Bedeutung der Ufer, … sensible Gestaltung der grünen Ufer und Sicherstellung von Rückzugsgebieten für Flora und Fauna …«) und der bestehenden Flächenwidmungen über das künftige Schicksal der Uferzone keine Sorgen. Seit mehr als 4 Jahren wird mit wechselnden

Bezirksvorstehungen und den Bezirksverkehrsreferenten über konkrete Verbesserungen im Siedlungsgebiet gesprochen, doch Anrainervorschläge werden beharrlich ignoriert. Die 2006 zugesagte »stufenweise Umsetzung von Maßnahmen zur Verkehrsberuhigung in diesem Gebiet – kurzfristig und gemeinsam mit den Anrainern« – lässt heute noch immer auf sich warten.

Das zu verbauende Grundstück steht im Eigentum der MA 45 (Wiener Gewässer) und der Via Donau Wasserstraßen GmbH. Es ist von zahlreichen Einfamilienhäusern auf Pachtgründen des Stifts Klosterneuburg umgeben und zählt zu einem seit über 100 Jahren geschätzten und beworbenen Erholungsgebiet der Stadt. Wenige hundert Meter vom geplanten Bauvorhaben entfernt befinden sich zwei Ganzjahreslokale mit je mehr als hundert Sitzplätzen.

Seit 2006 wurde die Errichtung einer Strandbar-Gaststätte beabsichtigt (im Onlinestadtplan der Stadt Wien bereits seit September 2008 enthalten – die Löschung erfolgte erst 2009 auf Antrag der Bürgerinitiativenplattform).

Am 26.4.2006 fragte der Projektwerber bei der Baupolizei an, ob eine Bebauung des besagten Ufergrundstücks grundsätzlich möglich sei, worauf die MA 37/22 am 17.5.2006 schriftlich antwortete, dass *»eine Bebauung unter Anwendung des § 71 der Bauordnung für Wien auf jederzeitigen Widerruf denkbar wäre«*. Die Anwendung des § 71 der Bauordnung für Wien setzt allerdings voraus, dass keine Einsprüche von Parteien erfolgen.

Die Strandbar wurde von verschiedenen Seiten, vor allem vom Projektwerber und Repräsentanten der Baubehörde als *«Wunsch des Bezirkes beziehungsweise der Gemeinde«* dargestellt, eventuell nur als Sommersaisonbetrieb mit Öffnungszeiten bis maximal 24.00 Uhr. Es werde ein *»nicht vertragungsfähiger Sand«* verwendet (allerdings hieß es in den Konzeptunterlagen des Projektwerbers im Widerspruch dazu: *«durch eine kleine Steinmauer..wird das Wegtragen des Sandes verhindert«*), der bestehende schmale (als Fußweg gewidmete) Schotterweg solle in eine 6 Meter breite Asphaltstraße umgewandelt werden, die Rede war auch von Schallschutz und garantierten

nächtlichen Securitydiensten – alles, wie sich kurze Zeit später herausstellen sollte, eine »*Fata Morgana*«.
Da am Tag der ersten Bauverhandlung (9.6.2008) Einsprüche von mehreren Parteien erfolgten, stellte der Verhandlungsleiter fest, dass *»das Projekt aufgrund der Anrainereinsprüche mangels geeigneter Widmung nicht gemäß § 71 der Wiener Bauordnung genehmigt werden könne.«*

Die »Entfernung« der Nachbarn

Die Bauordnung für Wien kennt keine Unmöglichkeiten. Wer sich darin auskennt, findet immer wieder Mittel und Wege, zumindest mit dem Schein einer gesetzlichen Deckung Vorhaben durchzusetzen. Zu diesem Zweck muss zuerst Anrainern, von denen Einsprüche zu erwarten sind, die Nachbareigenschaft (Parteienstellung) entzogen werden. Dafür gab es im konkreten Fall einen einfachen Trick:
Während ein Vertreter der Baubehörde am 17. Juli 08 erklärte, die beantragte Ausnahmebewilligung nach § 71 sei »gestorben« und selbiger auch einigen interessierten Nachbarn am 25. Juli 2008 mitteilte, der Bauantrag zur Errichtung einer Gaststätte (Strandbar) sei aufgrund der vorgebrachten Einwendungen zurückgezogen worden, erging mit 25. Juli 08 eine amtliche Mitteilung, dass am 10. Juli 2008 ein abgeändertes (verkleinertes) Projekt bei der MA 37/22 eingereicht worden sei, bei dem »somit für Eigentümer der beeinspruchenden, angrenzenden Liegenschaften gemäß der Bauordnung für Wien *keine Parteienstellung mehr gegeben*« wäre.
Der wesentliche Unterschied zum Erstprojekt war, dass durch ein geringfügiges Abrücken des geplanten Bauwerks vom Nachbargrund den Anrainern die Parteienstellung und damit die Einspruchsmöglichkeit entzogen werden sollte. Dementsprechend verweigerte die Baubehörde den Anrainern mehrmals die Einsichtnahme in die mit Bescheid vom 31. Juli 2008 genehmigten Baupläne. Die Geltendmachung subjektiv–öffentlicher Nachbarrechte wurde von der MA 37 somit durch selektive Nachbarrechtsbehandlung ersetzt.
Die Genehmigung einer Strandbar auf einer als Grünland/ Erholungsgebiet gewidmeten Fläche wurde mit einer Aus-

nahmebestimmung der Wiener Bauordnung* begründet, die »Bauten, die vorübergehenden Zwecken dienen« und »Bauten, die wegen des bestimmungsgemäßen Zweckes der Grundfläche nicht dauernd bestehen bleiben können«, auch auf solchen Flächen zulässt. Freilich blieb die Baubehörde eine Erklärung für das Zutreffen dieser Ausnahmen schuldig, zumal eine zeitlich begrenzte Nutzung mit der vorgesehenen Asphaltierung und Verbreiterung eines Fußweges auf 6 m, einer Stromzuleitung und eines Kanalanschlusses kaum in Einklang zu bringen gewesen wäre.

Am 12. August 2008 ersuchten Nachbarn die MA 37 um Stellungnahme zu der mit der aktuellen Flächenwidmung weder als Bau noch als Nutzung übereinstimmenden Baugenehmigung. Lapidare Antwort: *»Den Anrainern wurde keine Parteienstellung zuerkannt«*, ein einfaches und bewährtes Rezept, lästigen Fragen auszuweichen. Keine Nachbarn, keine Verhandlungsteilnahme, keine Einsprüche – keine Auskunftsrechte?! Experten freilich meinten bereits zu diesen Zeitpunkt, dass es sich um eine rechtswidrige Baubewilligung handeln würde, da es sich um einen widmungsmässig unzulässigen Bau im Grünland handle.

Nachdem die Bauoberbehörde im Dezember 2008 den Anrainerinnen und Anrainern die Parteienstellung doch zuerkannt hatte, versagte sie dem Projekt schließlich im April 2009 die Baugenehmigung.

Merkwürdige Ungereimtheiten bei Gewerbeverfahren

Datiert mit 1. September 2008 beraumte das Magistratische Bezirksamt mittels »vereinfachten« gewerberechtlichen Genehmigungsverfahrens (Schnellverfahren mit reduziertem Prüfmaßstab, in welchem Nachbarn keine Parteienstellung zukommt) für 22. September 2008 eine Augenscheinverhandlung an, in deren Vorfeld Seltsames festzustellen war:

Anrainern, die zu verschiedenen Zeitpunkten Einblick in den (kein Verzeichnis der Aktenstücke oder wenigstens Nummerierungen enthaltenden) Akt nehmen wollten, wurden von

* § 71 Bauordnung für Wien. In: http://www.wien.gv.at/recht/landesrecht-wien/rechtsvorschriften/html/b0200000.htm [9. 6. 2008]

Mal zu Mal unterschiedliche Aktenstücke vorgelegt, eines davon sogar offensichtlich von Unbekannt nachträglich verfälscht. Der Sachverhalt wurde beim Vorgesetzten des Verhandlungsleiters schriftlich zur Anzeige gebracht. Bemerkenswert war auch, dass ein entsprechendes Anrainerverzeichnis vom Projektwerber selbst verfasst wurde.
Zu Beginn der Augenscheinverhandlung korrigierte der Projektwerber von sich aus ausgerechnet jene Projektdetails, die unmittelbar zuvor von Anrainern bei der Behörde schriftlich beanstandet worden waren.
Auch im Zusammenhang mit der am 15. Dezember 2008 fortgesetzten Verhandlung kam es zu einer Reihe eigenartiger Vorfälle:
Bei der Verhandlung erschien ein Teilnehmer mit anderer Identität als bei der Erstverhandlung, andere Teilnehmer schienen nicht im erstellten Anwesenheitsprotokoll auf (z.B. der Obmann der Fachgruppe Gastronomie der Wiener Wirtschaftskammer).
Nachdem in der Erstverhandlung wegen einer fälschlich angenommenen Flächenwidmung eine Zurückweisung zwecks Verbesserungen für die vom Projektwerber bei der Fa. Rosinak & Partner in Auftrag gegebenen Schalluntersuchung erfolgte, wurde vom Sachverständigen der MA 22 der zu beurteilende projektrelevante Lärmpegel nun als »unter der Wahrnehmungsgrenze und daher mit Präzisionsmessgeräten nicht messbar« bezeichnet, wobei nun die Flächenwidmung völlig irrelevant war. Es fragt sich, wie dieser »minimale« Unterschied mit den verhandlungsgegenständlichen mindestens 190 Verabreichungsplätzen, den Grundgeräuschen von Zu- und Entlüftungsanlagen, diversen (bei Erstverhandlungen »vergessenen« und daher unberücksichtigt gebliebenen) Kühlaggregaten und dem zu erwartenden erhöhten Verkehrsaufkommen in Einklang zu bringen sei.
Auffällig auch die gegenüber dem genehmigten Baubescheid widersprüchlichen Anlieferungs- und Zufahrtsregelungen.
Die beantragten Öffnungszeiten – bis zwei Uhr Früh – waren länger als die der Erstverhandlung zugrunde gelegten (Nachtlärm!).

Die verhandlungsrelevanten Baulichkeiten stellten sich sogar größer dar als die im Baubescheid genehmigten.
Entgegen den früheren Ausführungen der Baubehörde wurde ein zweiter Notausgang als nicht mehr notwendig erachtet. Hinweise von Verhandlungsteilnehmern gegenüber der Behörde, dass die (im gewerberechtlichen Verfahren dementierte) Einbeziehung der Ufer-Stufenanlage in die Betriebsanlagengenehmigung erforderlich wäre (was ein normales Betriebsanlagenverfahren mit Parteienstellung für die Anrainer nach sich gezogen hätte), wurden verworfen, »da man sich auf die Ausführungen des Projektwerbers verlassen würde.« Erstaunlich, zumal ein anwesender Vertreter des Projektwerbers dieses Vorhaben explizit in seinen eigenen PR-Unterlagen und bei Zeitungsinterviews bestätigt hatte, im Wiener Bezirksblatt/Donaustadt (Ausgabe 11/08) ein Hinweis darauf erfolgte und auch die verantwortliche Umweltstadträtin bereits im September 2008 über einen entsprechenden »neuen öffentlichen Zugang zum Wasser« sprach, obwohl Teile des Grundstückes an den Wiener Ruderverband verpachtet sind. Auch der Investor persönlich erklärte bereits im Juni 2008 bei einer Anrainerversammlung, dass die »Uferpromenade inklusive Tribünenanlage selbstverständlich betriebsgegenständlich und ein wesentlicher Aspekt eines wirtschaftlichen Erfolges dieses Unternehmens« wäre.

Fragen über Fragen

Unbeantwortet bleiben folgende Fragen:

- Unter welchen Umständen ist es in unserer Stadt möglich, für ein den bestehenden Gesetzen nicht entsprechendes Bauvorhaben eine Baugenehmigung zu erhalten (Nichtbeachtung des aktuellen Flächenwidmungsplanes)?
- Wie kam es zu den Ausschreibungskriterien der MA 45 für das Benützungsabkommen mit dem Projektwerber und zu der erforderlichen Stellungnahme der MA 19 (Gestaltung im öffentlichen Raum, Stadtgestaltung)?
- Warum kam es im gewerberechtlichen Verfahren zu einer Reihe von seltsamen Vorgängen, die überwiegend als im Interesse des Bauwerbers gelegen eingestuft werden können?

- Warum wurde mit allen Mitteln versucht, die Nachbarn aus den beiden Genehmigungsverfahren auszugrenzen?

Und was geschieht nun?
Nicht nur verweigerte Einsicht in Verfahrensunterlagen, Ausgrenzung von Parteien, Widersprüche und Vorwegnahme von Genehmigungen in offiziellen Stadtplänen der Stadt Wien sowie Nichtbeachtung von Flächenwidmungen sind Vorgänge, die erklären, warum der Ruf nach mehr Transparenz immer lauter wird. Im Fall der »Strandbar Untere Alte Donau« sah nicht nur die Bauoberbehörde, sondern sogar die Staatsanwaltschaft Handlungsbedarf, um dem gezielten Missbrauch gesetzlicher Bestimmungen einen deutlichen Riegel vorzuschieben.

Natürlich können nicht alle Fehler in der Wiener Verwaltung kurzfristig eliminiert werden, aber es sollte zumindest ein Anfang gemacht werden. An der Alten Donau gibt es nicht nur in baurechtlicher Hinsicht dringenden Handlungsbedarf – oder genügt so wie bei dem zuvor beschriebenen Vorhaben die Ankündigung des Projektwerbers, dass die Strandbar »gestorben« sei, ohne weitere Konsequenzen?
Das Umwidmen von Erholungsgebieten in Bauland hat nicht nur Methode, es bordet geradezu über. In Favoriten geht es einer Sportstätte an den Kragen. Eine neue Bürgerinitiative, »SOS Eisring Süd« (www.sos-eisring-sued.at) hat sich im Juni 2009 zur Erhaltung der Sportanlagen um den Eisring Süd (nächst dem Wasserturm) gebildet. Sie ist das jüngste Mitglied von Aktion 21 – pro Bürgerbeteiligung. Sie tritt für die Renovierung der von vielen Menschen genützten Sportanlage ein, die einer Wohnanlage und einem Einkaufszentrum weichen soll. Sie hat sich gerade noch rechtzeitig vor den heranrollenden, alles niederwalzenden Panzer der Betonierererlobby geworfen.
Was geschieht, wenn sich eine Bürgerinitiative zu spät bildet und zudem allein auf die Kraft der Vernunft und guter Argumente vertraut, kann man am Beispiel des Liesinger Schlossparks nachvollziehen.

Der Liesinger Schlosspark war ein vielbesuchtes Naherholungsgebiet inmitten eines Ortszentrums, in dem ein Bauprojekt nach dem anderen realisiert wird.
Den Liesinger Schlosspark gibt es nicht mehr. Er wurde am 5. Februar 2009 gerodet. Das Liesinger Geriatriezentrum, das »modernste Geriatriezentrum Österreichs«, wird in doppelter Größe (für 336 Bewohner und 50 Tagesgäste) an dieser Stelle neu errichtet.
Dafür wäre die radikale Rodung aber nicht nötig gewesen. Doch in Wien beharrt man nach wie vor auf zentral verwalteten Groß-Pflegeeinrichtungen, obwohl internationale Fachleute seit Jahren davon abraten. In der offiziellen Sprachregelung wird die Rodung im Schlosspark wie folgt dargestellt: »Nur ein paar Bäume wurden gefällt – zugunsten einer menschenwürdigen Altenbetreuung«.
Die Gemeinde Wien ist mittelbar als Betreiber und auch als Bauträger zu 100 % an diesem Projekt beteiligt, das nur durch eine entsprechende Flächenwidmung in dieser Form ermöglicht wurde.

Es dauerte Jahrzehnte, bis allmählich an die Öffentlichkeit drang, welche Zeitbombe der sorglose Umgang mit giftigen und gesundheitsschädlichen Materialien (wie z.B. Asbest) darstellt. Unter internationalem Druck begann man mit der Entsorgung der zahlreichen Asbestbauten aus den 1960er Jahren. Doch bei der Müllverbrennung scheint, wie das Beispiel von Heiligenkreuz zeigt, die Zeit stehengeblieben zu sein. Eines kurzfristigen ökonomischen Vorteils wegen werden berechtigte Sorgen um die Gesundheit der Bevölkerung und um die Qualität unserer Atemluft beiseite geschoben. Nachhaltigkeit ist nicht gefragt, die »Einmischung« der Bevölkerung nicht willkommen. Die – auch ökonomischen – Folgekosten werden, wie bei der Asbestentsorgung, nachfolgende Generationen zu tragen haben.

Abb. S. 209: Das war der Liesinger Schlosspark. Es gibt ihn nicht mehr – gerodet am 5. Februar 2009

Überparteiliche Bürgerinitiative Müllverbrennung Flötzersteig
16. Bezirk
Homepage: www.aktion21.at
Entstehung: Mai 1958
Gegenstand: Schließung der Müllverbrennungsanlage

Dioxin über Wien

50 Jahre Widerstand gegen die Müllverbrennungsanlage (MVA)

Am 6. Mai 1958 wurden Bürgermeister Franz Jonas 6.000 Unterschriften mit der Forderung übergeben, die geplante Müllverbrennungsanlage (MVA) mitten im westlichen Wohn- und Erholungsgebiet Wiens, zwischen Schulen und Altersheimen, 5 Spitälern, darunter einer Lungenheilstätte, nicht errichten zu lassen. Trotz heftigster Proteste der Ärzte und der Bevölkerung wurde die MVA 1963 in Betrieb genommen und schickt mit dem Westwind ihre Abgase über die Stadt.
Seither versucht die Bürgerinitiative, permanente Kontrolle auszuüben, Verbesserungsvorschläge einzubringen sowie

billigere und umweltschonendere Alternativen zur Müllverbrennung aufzuzeigen, die Bevölkerung – auch mit Hilfe der Medien - über gesundheitliche Beeinträchtigungen sowie über die Umweltbelastung aufzuklären, auf wissenschaftliche Ergebnisse hinzuweisen und bei Verletzung entsprechender behördlicher Pflichten rechtliche Schritte zu ergreifen.
Die BI musste wegen rechtlich spitzfindiger und konstruierter Rechtfertigungen der Betreiber der MVA immer wieder auf anwaltlichen Beistand (Dr. Josef Unterweger) zurückgreifen – zum Wohl der Allgemeinheit; die anfallenden Kosten wurden großteils durch Spenden aufgebracht.

50 Jahre Einsatz für die Allgemeinheit

Obwohl die für die Errichtung der Verbrennungsanlage nötige Flächenwidmung 1990 vom Verwaltungsgerichtshof als »gesetzwidrig« bezeichnet wurde, hat sie die Stadt Wien nach weiteren 7 Jahren neuerlich als »Sondergebiet« bestätigt.
Der Rechnungshof kritisierte 1991 die Umgehung der gewerberechtlichen Genehmigung und damit der Schutzbestimmungen für die Bevölkerung.
Das Luftreinhaltegesetz (LRG) schrieb 1989 für Altanlagen eine Sanierung bei Überschreitung der neuen Grenzwerte vor, andernfalls müsse die Anlage nach 6 Jahren geschlossen werden. Der Sanierungsantrag wurde von der Müllbeseitigungsgesellschaft (MBG) im Jahre 1989 eingebracht, aber Neu-, Zu- und Umbauten der Anlage waren bereits 1990/91 erfolgt; jedoch erst 1992 wurde die Verhandlung zur Sanierung der zu diesem Zeitpunkt nicht mehr existenten »Altanlage« im Austria Center abgehalten. Laut LRG konnten alle Wienerinnen und Wiener als von den Immissionen Betroffene Parteistellung beantragen. Trotz der äußerst knapp bemessenen gesetzlichen Frist machten rund 12.000 Personen von diesem Recht Gebrauch, etwa 2.000 Personen erschienen persönlich zu der bis dahin größten Verwaltungsverhandlung Österreichs. Sämtliche in der turbulenten Verhandlung und in der Berufung gegen den Sanierungsbescheid vorgebrachten Bedenken wurden von der Behörde (MA 35) zurückgewiesen. Landeshauptmannn Dr. Häupl musst schließlich akzeptieren,

dass der Verwaltungsgerichtshof den Sanierungsbescheid am 8.11.1994 als gesetzwidrig erachtete, und dieser ersatzlos widerrufen werden musste.
Der im LRG nunmehr festgelegte Grenzwert für chlorierte Dioxine (0,1 Nanogramm pro m^3 Abgas) kam nicht zuletzt auch durch den Druck der BI MV Flötzersteig wegen des enormen Dioxin-Ausstoßes dieser MVA zustande.
Erst nachdem Greenpeace 1989/90 eine Analyse des Abwassers der MVA durchgeführt hatte und Richtwertüberschreitungen des Seveso-Giftes Dioxin festgestellt worden waren – die höchste betrug das 27.000-fache –, wurde die Forderung der Bürgerinitiative nach einer Abwasserreinigungsanlage erfüllt. Ein Bescheid zur Einleitung des Abwassers ins öffentliche Kanalnetz existierte nicht, nur eine »fingierte Bewilligungsfiktion« (sic!), beantwortete der damals zuständige Bundesminister Molterer eine parlamentarische Anfrage der Grünen (13.8.1999).
Nach wie vor wird die mit Dioxin, polychlorierten Biphenylen und Schwermetallen belastete Schlacke in nicht luftdicht abgeschlossenen Muldenfahrzeugen – nur mit einer Plane bedeckt – quer durch Wien abtransportiert.
Versprochene Warnsysteme für die umliegenden Spitäler und die Bevölkerung bei Bränden und Störfällen mit Grenzwertüberschreitungen wurden nie realisiert.

Müllverbrennung aus wissenschaftlicher Sicht

Der deutsche Toxikologe O. Wassermann charakterisierte (am 18.11.1988 bei einer Anhörung im Kreistag Starnberg) die Emissionen aus Müllverbrennungsanlagen: »Die Chemie von Verbrennungsprozessen gehört zum Kompliziertesten, was die chemische Wissenschaft zu bieten hat. Es entsteht eine unüberschaubare Vielfalt von Reaktionsprodukten. Diese Mischung […] ist […] chemisch weder qualitativ noch quantitativ auch nur annähernd ausreichend analysiert«.
Im Abgas finden sich Fein- und Feinststaub, Aerosole, Dämpfe, Gase, die sich sowohl aus anorganischen wie auch aus organischen Bestandteilen zusammensetzen.
Professor Wassermann verlangte in einer Sendung des ORF

(Argumente 8.5.1984), die Müllverbrennungsanlage Flötzersteig binnen 24 Stunden zu schließen.
Nach Prof. H. Rosin ist die Müllverbrennung »eine chaotische Großsynthese von Chemikalien im Freilandversuch ...«. Experten rechnen mit 10^{26} bis 10^{28} (d.i. eine Zahl mit 26 bis 28 Nullen) chemischen Reaktionen im Verbrennungsraum einer Müllverbrennungsanlage und entsprechend vielen Reaktionsprodukten. Das Zusammenwirken dieser Verbindungen (Synergismus) bleibt unbekannt und auch unberücksichtigt (Vortrag »Wissenschaftliche Grundlagen des Kryo-Recyclings«, Sitzung des Ausschusses für Umwelt des Wirtschaftsbeirates der Union (CDU/CSU), 13.1.1995).

Weltweit keine Gesamtanalyse

Wegen der enormen Schadstoffzahl ist es den Wissenschaftlern bis heute nicht gelungen, eine vollständige Liste aller aus Müllverbrennungsanlagen kommenden Verbindungen zu erstellen. Immer neue, z.T. krebserregende Stoffe werden gefunden. Neben Dioxin und Furan finden sich z.B. PAHs, PCBs, Chlorbenzole, darunter das Immungift HCB, chlorierte Phenole (aus ihnen können wieder Dioxine entstehen) und andere. Nach Luftreinhaltegesetz (LRG) müssen jedoch nur etwa 15 Schadstoffe gemessen werden. Davon wird ungefähr die Hälfte bloß 1 bis 2 mal jährlich analysiert, darunter das Supergift Dioxin. Darüber hinaus gehören Müllverbrennungsanlagen infolge ihres hohen CO_2-Ausstosses zu den »Klimakillern«: Pro Tonne verbrannten Mülls entweicht rund eine Tonne CO_2!

Müllverbrennung und Gesundheit

Schon 1994 erschien die 2.000 Seiten umfassende Studie der US-Umweltschutzbehörde EPA über die Gesundheitsgefährdung durch Dioxin. Es gibt keine Wirkungsschwelle, unter der keine Gefährdung besteht. Besonders betroffen sind Embryos und Säuglinge, besonders belastend sind Langzeitwirkungen selbst winzigster Mengen (EPA-Bericht 1994).
1993 gab Greenpeace die Informationsschrift »Null Dioxin« heraus. Eine weitere Studie von Greenpeace International

(»Müllverbrennung und Gesundheit, 2001«) fasst die Ergebnisse von rund 200 internationalen wissenschaftlichen Arbeiten zusammen und nennt das Prinzip Müllverbrennung nunmehr »endgültig und unwiderruflich obsolet«, da sie die menschliche Gesundheit belastet: Störungen des Immun- und Fortpflanzungssystems, des Hormonhaushaltes, Schäden des Ungeborenen, Fruchtbarkeitsstörungen, verminderte Samenproduktion, zunehmende Sterilität, Allergien, Krebs, Herz-Kreislaufstörungen, Herzinfarkte, Störungen der Sensorik (Hören, Sehen, Geruch, Geschmack), Wirkungen auf das Zentralnervensystem, psychische Störungen, Schlaganfälle etc. sind im Zusammenhang mit Müllverbrennung zu nennen. Geforderte Untersuchungen von Atemwegserkrankungen bei Kindern wurden nach Meinung der Bürgerinitiative an einer zu kleinen Test- und Vergleichsgruppe vorgenommen und konnten daher statistisch nicht überzeugen.

Belastung von Boden, Obst und Gemüse

Die Halbwertszeit des Seveso-Giftes Dioxin beträgt rund 150 Jahre im Boden, das heißt, dass erst nach 150 Jahren die Hälfte des Ultragiftes abgebaut sein wird. Im Zusammenhang mit der Belastung der Umwelt durch Immissionen der Müllverbrennungsanlage forderte die Bürgerinitiative Dioxin- und Schwermetall-Analysen des Bodens. Diese wurden vorgenommen, allerdings nicht im erwünschten Umfang. Sie ergaben aber dennoch beachtenswerte Ergebnisse und Hinweise, ebenso die geforderten Analysen des Schadstoffgehalts in Obst und Gemüse im Immissionsbereich der Müllverbrennungsanlage Flötzersteig (Blei, Cadmium, Quecksilber, Kupfer, Zink, Arsen und Benzo[a]pyren).

Eine Computersimulation der Geländeformen und darauf basierend gezielte Messungen von Schadstoffen in der Luft, im Boden und in den Pflanzen wurde nicht durchgeführt, ebenso fehlen breit angelegte epidemiologische Untersuchungen der Bevölkerung, die insgesamt das wahre Ausmaß der Umwelt- und Menschenbelastung aufzeigen könnten.

Keine Gewichtsreduktion durch Verbrennung
Fasziniert von der Volumsreduktion, die bei der Verbrennung auftritt, nehmen weite Bevölkerungskreise immer noch an, dass Müll durch Verbrennung »verschwinde«. Tatsächlich kann nach dem unveränderlichen Naturgesetz Materie nicht »vernichtet« werden, sie »verschwindet« keineswegs. 100 Gewichtsprozent bleiben auch nach der Verbrennung erhalten: Müll geht durch Verbrennen nur in ein anderes Erscheinungsbild (Aggregatzustand) über – in Gase, Staub und lungengängigen Feinst-Staub, in Aerosole u.a. Über den Schornstein gelangen somit rund 70 Gewichtsprozent in die »Großdeponie« Wiener Atemluft. Rund 30 Gewichtsprozent bleiben als giftiger bis hochgiftiger Rückstand (Schlacke, div. Filterrückstände etc.) erhalten: Sie müssen zum Teil um teures Geld nach Deutschland exportiert und unterirdisch in einem Salzstock gelagert werden.

Alternative zur Müllverbrennung – Biologisch-Mechanisches Verfahren (BMV)
Statt der gefahrengeneigten und teuren Müllverbrennung propagiert die Bürgerinitiative seit Jahren das »Kalte Verfahren«, das in der Deponieverordnung ausdrücklich als Alternative zur Müllverbrennung genannt wird. Umweltmediziner verglichen die Belastung durch Müllverbrennung mit jener des Biologisch-Mechanischen Verfahrens (Leitfaden Umweltmedizin 1997), das weitaus billiger, weniger gesundheitsgefährdend und volkswirtschaftlich günstiger, außerdem flexibler in Bezug auf die anfallende Müllmenge und -zusammensetzung ist (BUND, Presseinfo 19.7.1995).
Nach Trennung des Mülls erfolgt die Zerkleinerung des Restmülls, der hierauf einer VERGÄRUNG (unter Luftabschluss) unterzogen wird, danach beginnt die VERROTTUNG (mit Luftzufuhr). Der Abfall wird entgast, schädliche Gase (z.B. Methan) werden dem Abfall entzogen, andere organische Schadstoffe werden radikal abgebaut. Weniger Gift gelangt so auf die Deponie. Beide Entgiftungsstufen müssen sich in geschlossenen Anlagen befinden und überdies mit Filtern versehen sein.

Öko-Kältetechnik
Der aussortierte Kunststoffabfall kann im Kryo-Recycling – einem Tiefkühlverfahren – weiter sortiert und dann wiederverwertet werden (60 – 80 % Werkstofferhalt). Der Erfinder ist Prof. H. Rosin, der darüber hinaus auch der Erfinder des FCKW-freien Kühlschranks ist (»Nur in der Not hat Kreativität es leichter«, Schriftenreihe des Instituts für Experimentelle Toxikologie, Universitätsklinikum Kiel, Heft 50, 2002).

Einhaltung internationaler Verträge
Die Stockholmer Konvention über Persistent Organic Pollutants (POPs) wurde im Mai 2001 in Schweden von 127 Ländern, darunter auch Österreich, unterzeichnet. Sie ist ein weltweites Übereinkommen, um die 12 gefährlichsten chemischen Verbindungen (»dirty dozen«) global zu eliminieren oder zu reduzieren. Ein Drittel (!) dieses Dutzends entweicht aus Müllverbrennungsanlagen: neben Dioxin, Furan und polychlorierten Biphenylen (PCBs) steht Hexachlorbenzol (HCB) auf der Liste der 12 gefährlichsten organischen Verbindungen, denen 1998 weltweit durch die UNO der Kampf angesagt wurde.
Das Versprechen, die Müllverbrennungsanlage Flötzersteig »mitttelfristig« stillzulegen, haben die Verantwortlichen nicht nur nicht eingelöst, sondern mit dem Bau der fünften Müllverbrennungsanlage in Wien, der Müllverbrennungsanlage Pfaffenau, beantwortet; Wien ist somit endgültig zu einem europäischen Verbrennungszentrum geworden!
»Die chronische Volksvergiftung nach dem Dosis-Zeit-Prinzip ist in vollem Gange« schreibt H. Rosin (Müllverbrennung – die chronische Vergiftung, in: umwelt – medizin – gesellschaft Nr. 3/2008).

Die Überparteiliche Bürgerinitiative Müllverbrennung Flötzersteig, die älteste aktive Bürgerinitiative Mitteleuropas, fordert weiterhin:

- die Schließung der Müllverbrennungsanlage Flötzersteig gemäß SUP (Strategische Umweltprüfung) 2001 sowie Gutachten Schlauer 1995

- den Ausstieg Wiens aus der Müllverbrennung (es existieren bereits 5 Müllverbrennungsanlagen in Wien)
- die Umstellung auf das umweltfreundlichere – und weitaus billigere – Biologisch-Mechanische Verfahren (lt. Deponieverordnung)
- die Fernwärmeerzeugung mit umweltfreundlichem Gas und Industrieabwärme statt mit Müll
- Eine umfassende Analyse des Istzustandes im Immissionsbereich der MVA: der Schadstoffeinträge in Boden, Luft und Pflanzen, epidemiologische Untersuchungen der Bevölkerung sowie Computersimulation der Immissionen
- die Umsetzung internationaler Verträge (Stockholmer Abkommen 2001), um gefährlichste langlebige Schadstoffe (POPs), wie sie auch aus Müllverbrennungsanlagen entweichen, zu reduzieren/eliminieren
- gesetzliche Regelungen zur Müllvermeidung, wie Pfandregelung nach dem Muster Deutschlands
- Verbot von gefährlich oder schwierig zu entsorgenden Stoffen, wie z.B. Kunststoffgebinde

Die komplette umfangreiche Dokumentation der Bürgerinitiative Müllverbrennungsanlage Flötzersteig mit dem Titel »Dioxin über Wien, 40 Jahre MVA Flötzersteig 1963–2003« mit Anhang findet sich im Internet unter:
www.aktion21.at/themen/index.html?menu=106&id=566

III. Zwischen Himmel und Erde

Bürgerbeteiligung gab es schon in der Antike, sie ist keine Erfindung unserer Zeit. Partizipation gibt es in den unterschiedlichsten Formen. Einzelne Beispiele sollen zeigen, dass Bürgerbeteiligung funktionieren kann.
Die Chancen, die Bürgerbeteiligung in unserem Land hat, hängen wesentlich vom Willen der politischen Entscheidungsträger ab. Deshalb wird auch die Einstellung der politischen Parteien in Österreich zur Partizipation beleuchtet.
Die Erfahrungen, die Bürgerinnen und Bürger beim Versuch, mehr Beteiligung einzufordern, gemacht haben, sind vielfältig. Ihr Weg ist mit Enttäuschungen gepflastert, auch wenn da oder dort der Erfolg auf ihrer Seite gewesen ist. Solche Erfolge geben Anlass zur Hoffnung. So wie im Einzelfall Hartnäckigkeit und Ausdauer zum Erfolg geführt haben, werden sie uns auch bei der Erreichung unseres Zieles helfen, Bürgerbeteiligung statt Bürgerbeleidigung durchzusetzen.

1. Lippenbekenntnisse?

Die Verfassung der Republik Österreich bezeichnet das Volk als Souverän, tatsächlich aber liegt alle Macht bei den politischen Parteien. Der Haltung dieser Parteien zur Bürgerbeteiligung kommt daher entscheidende Bedeutung zu.
Aktion 21 – pro Bürgerbeteiligung legte den im Nationalrat vertretenen Parteien ÖVP, SPÖ, GRÜNE und FPÖ 2006 folgende Fragen vor:

- Wie stehen Sie zur partizipativen Demokratie (Einbindung der betroffenen Bevölkerung in Planungs- und Entscheidungsprozesse)?
- Sind Sie bereit, eine überparteiliche NGO zur Förderung der partizipativen Demokratie zu unterstützen?
- Wie stehen Sie zu einer rechtsstaatlichen Verankerung der partizipativen Demokratie?
- Mit welchen konkreten Maßnahmen zur Stärkung der partizipativen Demokratie dürfen Ihre Wählerinnen und Wähler rechnen?

Diese Fragen wurden von ÖVP, SPÖ und GRÜNEN beantwortet. Sie wurden – etwas erweitert – vor der Nationalratswahl 2008 nochmals allen wahlwerbenden Gruppen vorgelegt. Antworten kamen von den GRÜNEN, von RETTÖ, der KPÖ und der LISTE FRITZ. Die Parteien, die die Fragen beantworteten, gaben ein grundsätzliches und vorbehaltloses Bekenntnis zur Bürgerbeteiligung ab. Das ist bemerkenswert: offenbar hält es keine Partei für politisch klug, Bedenken gegen Partizipation zu äußern. Die FPÖ hat es vorgezogen, lieber keine Antwort zu geben, als sich festzulegen. Auch das Schweigen von BZÖ und LIF, die allerdings nur 2008 befragt wurden, könnte man auf ähnliche Beweggründe zurückführen. Allerdings steht im Programm der Wiener Freiheitlichen:

»Die Rechtsstellung von Bürgerinitiativen soll durch die Einräumung der Parteistellung in Verwaltungsangelegenheiten verbessert werden. Ihre Anliegen sind von der Bezirksvertretung zu beraten. Die Informationspflichten der Stadtverwaltung zu Fragen der Stadtverwaltung sind gegenüber den Bürgern auszubauen, damit sich diese aktiv einbringen können.« und »Sämtliche Bau-, Verkehrs- und sonstige Vorhaben müssen öffentlich bekannt gemacht werden. Die Darstellung der Planungsziele und deren Auswirkungen sind in einer allgemein verständlichen Sprache durchzuführen. Nur so kann die Mitbestimmung der Bürger gewährleistet werden.«
Differenzierter sind die Antworten der Parteien, wenn das Bekenntnis zur Partizipation einer konkreteren Prüfung unterzogen wird, wie etwa der Bereitschaft zur Unterstützung einer überparteilichen NGO zur Förderung der partizipativen Demokratie.
Die ÖVP meint: »Wir unterstützen jede Bürgerinitiative, die ähnliche grundsätzliche Ziele verfolgt wie wir und nehmen auch andere – auch noch so kritische – Bürgerinitiativen sehr ernst.« Das klingt nach echter Partizipation, doch auf den zweiten Blick kann man aus dem Verfolgen »ähnlicher grundsätzlicher Ziele wie wir« herauslesen, dass nur Bürgerbeteiligung, die mit dem Programm der ÖVP übereinstimmt, förderungswürdig ist. Auch mit dem Verweis »Die politischen Parteien in Österreich mit ihren tausenden Ortsgruppen sind auch Orte der effektiven Bürgermitbestimmung« schränkt die ÖVP Beteiligung auf Parteimitglieder ein. Mit der in unserer Frage enthaltenen Unterstützung einer überparteilichen NGO haben Ortsgruppen von politischen Parteien nichts zu tun.
Die SPÖ geht auf die Frage nach Unterstützungsbereitschaft für NGOs nicht ein. Die Antwort erübrigt sich auch, denn SP-Stadtrat Rudolf Schicker lehnte jegliche Unterstützung von Aktion 21 – pro Bürgerbeteiligung konsequent und strikt ab (siehe die diesbezügliche Korrespondenz im Anhang 1).
Die GRÜNEN verweisen auf den mit finanziellen Beiträgen ihrer Abgeordneten gespeisten Verein zur Unterstützung von Bürgerinitiativen, die sich für den Schutz der Umwelt und der

Grundrechte einsetzen. Wie die ÖVP fördern auch die GRÜNEN Bürgerinitiativen nur, wenn sie mit dem Programm der Partei übereinstimmende Zielsetzungen verfolgen.
Zur Frage der rechtsstaatlichen Verankerung von Bürgerbeteiligung verweist die ÖVP auf deren »vielfache rechtsstaatliche Absicherung: im Verfassungsrang, im Grundrechtsschutz bis zum Allgemeinen Verwaltungsverfahrensgesetz, das Parteistellungen vorsieht.« Die ÖVP meint, hier »sei schon vieles erreicht worden«, und dementsprechend werden auch keine zusätzlichen Forderungen thematisiert. Die GRÜNEN verweisen auf mehrfache, mitunter auch erfolgreiche Versuche, die Mitgestaltung bei der politischen Willensbildung (u. a. in Form direkt-demokratischer Willensbildung) und die Durchsetzungsmöglichkeiten von zum Schutz der Bevölkerung erlassener Gesetze und Verordnungen (Teilnahme von Bürgerinitiativen als Partei an Umweltprüfungsverfahren) gesetzlich vorzusehen. Die SPÖ will »Bürgerparteien Klagsbefugnisse vor dem Verfassungs- und Verwaltungsgerichtshof« einräumen. Der Satz »Eine darüber hinausgehende verfassungsrechtliche Verankerung des Prinzips der partizipativen Demokratie in der Verfassung ist erwägungswert« liest sich gut, sagt aber sehr wenig aus. Bemerkenswert ist das konkrete Versprechen, für Verwaltungsverfahren (AVG) »vorzuschlagen, dass Bürgerinitiativen ab einer bestimmten Stärke Parteistellung erhalten.« Von einem diesbezüglichen Vorschlag hat man allerdings nichts weiter gehört. Versprochen – vergessen?
Zu konkreten Maßnahmen für mehr Bürgerbeteiligung fällt der ÖVP die e-Demokratie ein. Dass deren Einsatz partizipative Anliegen besser befördern kann als herkömmliche Meinungsäußerung, soll durchaus anerkannt werden, doch die Bürgerbeteiligung erschöpft sich nicht nur in elektronischen Umfragen. Aufhorchen lässt die SPÖ mit ihrer Forderung nach Information und Transparenz in den Entscheidungsabläufen und nach Abschaffung des Prinzips der Amtsverschwiegenheit – »die Verwaltung soll immer dann Auskunft geben müssen, wenn dem nicht der Schutz der Privatsphäre anderer Bürger oder Gründe der Staatssicherheit entgegen-

stehen«, es gebe keinerlei Grund, Planungsgrundlagen, Gutachten, Studien usw. geheim zu halten. Beantwortet wurden die Fragen der Aktion 21 – pro Bürgerbeteiligung vom Büro des damaligen Bundeskanzlers Gusenbauer. Diese Antwort steht in schroffem Gegensatz zur täglichen Praxis der SP-regierten Wiener Verwaltung, den Bürgerinnen und Bürgern Auskünfte und Einsicht in Unterlagen selbst dann zu verweigern, wenn darauf ein gesetzliches Recht besteht.

2. Frustrationen

Vergleicht man die Aussagen der politischen Entscheidungsträger mit den Erfahrungen, die die Bürgerschaft mit der Politik und Verwaltung der »Obrigkeit« gemacht hat und laufend macht, dann fällt es nicht schwer, die Bekenntnisse zur Bürgerpartizipation als bloße Lippenbekenntnisse einzustufen. Welche Erfahrungen führen zur Bildung von sogenannten Bürgerinitiativen, welche Erfahrungen veranlassen Menschen, die ihre Zeit lieber mit Ersprießlicherem verbringen würden, zu kollektivem Widerstand gegen Angriffe auf ihre Lebensqualität?

Überrumpelung und Desinformation

»Speed kills.« Dass Überrumpelung in vielen Fällen entscheidende Vorteile bringt, ist in der Menschheitsgeschichte aus unzähligen Beispielen belegt. Deshalb wird bei Projekten, deren Ablehnung durch breite Kreise der betroffenen Bevölkerung zu erwarten ist, die Katze so spät wie möglich aus dem Sack gelassen. Das geht natürlich nur mit Hilfe eines öffentlichen Systems, das solche »Geheimniskrämerei« begünstigt. (Zu) späte Informierung der Betroffenen ist daher ein untrügliches Zeichen, dass die Entscheidungsträger, die zur objektiven Prüfung eines Projektes berufen wären, einem Projekt »wohlwollend« gegenüberstehen. Besonders bedenklich ist dies in jenen Fällen, in denen sie von Gesetzes wegen dazu aufgerufen sind, als Hüter des öffentlichen Interesses zu agieren, wie dies etwa beim Denkmalschutz oder bei Flächenwidmungen der Fall ist. Es ist oft Zufall, wenn die Bürgerschaft von einem Projekt rechtzeitig »Wind bekommt«, und dadurch überhaupt noch eine realistische Möglichkeit hat, den Lauf der Dinge zu beeinflussen. Bürgerinitiativen kritisieren zu Recht mangelnde Transparenz, Desinformation und Auskunftsverweigerung bei vielen Projekten in Wien.

»Wer etwas weiß, kommt eher auf schlechte Ideen« lautet das Motto der unheiligen Allianz von Politik, Behörden und Projektbetreibern. Informationen, die an die Bürgerschaft gegeben werden, sind oft verniedlicht, verharmlost und geschönt; da zeigt man »Modelle« und Fotomontagen mit viel blauem Himmel, grünen Bäumchen und glänzenden Fassaden aus einer vorteilhaften Perspektive. Diejenigen, die versuchen diesen Beschönigungsversuchen die nackte Wahrheit entgegenzustellen, werden als Projektmörder, Vernaderer oder Miesmacher bezeichnet – das sind die wenig schmeichelhaften Titel, mit denen man kritische Stimmen mundtot zu machen versucht. Teure PR-Kampagnen, in denen Schöngefärbtes so lange wiederholt wird, bis es auch skeptische Menschen für wahr halten, gehören zur Strategie der systematischen Bürgerverblödung.

Wer sich damit nicht abfinden will und bei den zuständigen Ämtern nach Fakten fragt, wird auf die Pflicht zur Amtsverschwiegenheit verwiesen. Auskünfte werden unter fragwürdigen Begründungen auch dort verweigert, wo sie nach dem Auskunftspflichtgesetz gegeben werden müssten. Durchsetzbar ist der gesetzliche Anspruch nicht. Selbst wenn ein Höchstgericht feststellt, dass die Auskunft erteilt werden müsse, kann die Behörde nicht dazu gezwungen werden. Bei dieser Gesetzeslücke hat der Gesetzgeber seit Jahren dringenden Handlungsbedarf. Doch die großen politischen Parteien scheinen an Transparenz nicht sonderlich interessiert zu sein.

Das Verschweigen entscheidender Tatsachen zählt zum selbstverständlichen Alltagsrepertoire etablierter Parteien. Desinformation beruht nicht nur auf Bequemlichkeit oder Gedankenlosigkeit, sondern ist oft auch eine fragwürdige Strategie, die Bevölkerung vor vollendete Tatsachen zu stellen.

Trau, schau, wem

Dass es die Politik mit der umfassenden Information nicht immer genau nimmt, weiß die Bevölkerung aus leidvoller Erfahrung. Dementsprechend gering ist ihr Vertrauen in Politikeraussagen. Dass Projektbetreiber ihre Projekte »beschönigen«, liegt in der Natur unsolider kaufmännischer Gebarung, die es leider immer wieder geben wird. Dass sich aber auch Politiker zu engagierten Anwälten solcher Projektbetreiber machen und deren einseitige Darstellung des Projekts mit Vehemenz unterstützen, ist zu einem gerüttelten Maß die Ursache für die bereits bedrohlich angewachsene Politikermüdigkeit der Bevölkerung. Ist es nicht bezeichnend, wenn ein hochrangiger Lokalpolitiker ein von unzähligen Wienerinnen und Wienern kritisiertes Bauvorhaben schönredet, selbst aber, auf seine persönliche Meinung zum Projekt angesprochen meint, es gefalle ihm zwar auch nicht, aber »wenn man gegen den Wind … , wird man nass.«?

Auch bei der Landstraßer Markthalle wurden Gerüchte über eine Schließung wegen des Projekts Wien Mitte immer wieder, zuletzt im Herbst 2006, dementiert. Wenige Wochen später kam blitzartig und überraschend das Aus für die Markthalle.

Der Beteiligungsschmäh

Wenn man sich immer wieder vollmundig zur Bürgerbeteiligung bekennt, muss man ab und zu auch so tun, als ob es sie gäbe, muss man Partizipation oder das, was man dafür ausgibt, inszenieren. Das sieht dann so aus: es wird ein engerer Kreis Betroffener zu einer sogenannten »Informationsveranstaltung« eingeladen, die zumeist den berüchtigten »Verkaufsveranstaltungen« nachgebildet ist, bei denen ein überteuertes Produkt in den verlockendsten Farben angepriesen wird. Da werden den verdutzten Bürgerinnen und Bürgern Vorteile, die keine sind, angepriesen und Nachteile, die konkret drohen, kleingeredet. Die Anwesenden dürfen sich dann zu Wort melden und sagen, was sie darüber denken. Man zeigt zwar Verständnis für ihre Einwände, versucht diese aber mit der Überlegenheit des alles besser Wissenden zu bagatellisieren. Im Nachhinein heißt es: »Unter reger Beteiligung der betroffenen Bürgerinnen und Bürger wurde das Projekt vorgestellt und erhielt unter den Anwesenden breite Zustimmung.« Diese Farce geht schließlich als »stattgefundene Bürgerbeteiligung« in die geschönten Projektdarstellungen ein.

Dieser Beteiligungsschmäh setzt sich auf »höherer Ebene« fort. Mit viel Aufwand hat die Stadt Wien das vom UN-Gipfel für nachhaltige Entwicklung entwickelte Bürgerbeteiligungs- und Nachhaltigkeitsmodell »Agenda 21« übernommen. Das Modell wurde entsprechend »adaptiert«, sodass die Politik ihre bevormundende Hand darauf (be)hält. Die sogenannte »Lokale Agenda 21« ist in Wien bezirksweise organisiert und findet nur in jenen Bezirken statt, die dies wollen. Die Politiker sind in den »Steuerungsgruppen« maßgeblich vertreten. Sie entscheiden, was im betreffenden Bezirk Gegenstand der Beteiligung sein darf und was nicht. Das letzte Wort zu Beteiligung oder Nichtbeteiligung haben jene, die das Geld für diese Lokale Agenda 21 ausgeben: die Bezirksvertretung und die Vertreter der Stadtgemeinde. Auf teuren Farbprospekten wird dieser »Beteiligungsflop« im In- und Ausland als funktionierendes Wiener Partizipationsmodell verkauft.

Bürgerinitiativen als Feindbild

»Wenn es den gesellschaftlichen Druck der Bürgerinitiativen nicht gibt, riskiert man, dass das staatliche Verhalten defizitär bleibt«, meinte Rechtsanwalt Alfred Noll am 25.9.2008 in einem Interview für Ö1.

In Lippenbekenntnissen werden Bürgerinitiativen von der Politik begrüßt und – zumindest wenn sie die »richtigen« Ziele verfolgen – auch für unterstützenswert angesehen. Die Wirklichkeit sieht anders aus. Wenn sich Menschen, die legitime Anliegen artikulieren wollen und keinen kompetenten Ansprechpartner finden, zu einer »Initiative« zusammenschließen, dann versucht man zunächst mit allen Mitteln, sie »auflaufen« zu lassen. Man schafft entweder so schnell wie möglich »vollendete Tatsachen«, indem schützenswerte Gebäude überfallsartig abgerissen werden oder »im Weg stehende« Bäume ohne Vorankündigung gefällt werden, oder man versucht, kritische Stimmen zumindest von den betreffenden Verfahren auszugrenzen. Bürgerinitiativen werden nicht nur von Projektbetreibern, sondern leider auch von Politik und Behörden als lästige Verhinderer und Verzögerer vernadert. Der Grund dafür liegt darin, dass berechtigte Einwände gegen ein Projekt, welche die Behörde nicht erhebt (oder erheben darf), ein Verfahren »stören«.

Ein bescheidener Ansatz von Bürgerbeteiligung, der – kaum gewährt – ohnedies wieder beschnitten wurde, ist die gesetzlich vorgesehene Teilnahme von Bürgerinitiativen als Partei in Umweltverträglichkeitsprüfungsverfahren und Verfahren zur strategischen Umweltprüfung. Sie ist an die Beibringung von 200 Unterschriften geknüpft, wofür strenge, mitunter schikanös gehandhabte Formalerfordernisse gelten. Der geringste Verstoß gegen eine dieser Formalbestimmungen führt – anders als bei jedem Gerichtsverfahren – zum irreparablen Ausschluss der Bürgerinitiative von dem betreffenden Verfahren. Die akribische Suche nach solchen Formalfehlern durch die Behörde zeugt von der tief verwurzelten Partizipationsfeindlichkeit.

Mit einem Feind geht man nicht besonders pfleglich um. Wertschätzung im Umgang mit Bürgerinitiativen ist für so manchen Politiker ein Fremdwort. Ist es nicht bezeichnend, wenn ein Bürgermeister das persönliche Gespräch mit initiativen Bürgerinnen und Bürgern ablehnt, wenn er das Anliegen einer Lokalen Agendagruppe nicht einmal einer Antwort durch sein Büro würdigt und wenn er die Diskussion mit Bürgerinitiativen an einen Stadtrat delegiert, der Sprecher solcher Initiativen anschreit und ihnen völlig unbegründet mit Klagen droht?

Kein Wunder, wenn auch andere Politiker im Umgang mit engagierten Bürgerinnen und Bürgern nicht gerade Bürgernähe zeigen. Im besten Fall gewähren sie gnädig eine Audienz, bei der man ein Anliegen vorbringen darf und, wenn schon keine ablehnende, so zumindest bloß eine unverbindliche Antwort darauf erhält. Nur dann, wenn sich das Anliegen mit einer parteipolitischen Zielsetzung deckt, finden Bürgerin oder Bürger Gehör.

Noch feindseliger gegenüber Bürgeranliegen können Magistratsbeamte erlebt werden, wenn sie wissen, dass »höheres Interesse« im Spiel ist. Es ist ja auch verständlich, dass sie zwischen vorauseilendem Gehorsam und berechtigten Bürgerwünschen jenen Weg wählen, der ihnen weniger Scherereien zu bereiten verspricht. Dabei gibt es eben immer wieder Beamte, die in der Kunst »diplomatischer Verstellung« wenig bewandert sind und auf Bürgerinnen oder Bürger, die einen fragwürdigen Rechtsstandpunkt hinterfragen oder »heikle« Auskünfte erheischen, kratzbürstig oder beleidigt reagieren. Zugegeben: es gibt Ausnahmen, nur sind sie rar, vor allem im Bauwesen.

Gefälligkeitsgutachter

Mitunter wird einigen wenigen Vertretern einer Bürgerinitiative die Gunst einer Diskussion zuteil, zu der neben der Politik und den Projektbetreibern auch Fachleute als Gutachter geladen sind. Bei diesen Gutachtern handelt es sich nicht um sogenannte »Amtsgutachter«, die als Beamte des Entscheidungsträgers zumindest dem Gesetz nach zu Objektivität verpflichtet wären. Diese Gutachter werden vielmehr von den Projektbetreibern bezahlt. »Wer zahlt, schafft an« gilt auch hier. Wer sein Gutachten nicht nach den Wünschen seines Auftraggebers anfertigt oder zumindest präsentiert, darf in Zukunft keinen Auftrag mehr erwarten.

Projektbetreiber geben vor, immer alles besser zu wissen. Sie haben die Informationen ja aus erster Hand, von »erstklassigen« Fachleuten. Sie sind daher mit Argumenten, die sich auf diese Fachmeinungen stützen, sehr schnell bei der Hand. Da hilft kein noch so stichhaltiges Gegenargument. Es ist immer wieder erstaunlich, wie sich Menschen gebärden, die auf ihre »Expertenqualität« pochen, auch wenn ihnen die Sachargumente ausgehen. Immer wieder drücken sich Entscheidungsträger vor der Entscheidungsverantwortung, indem sie den von ihnen auserwählten (und bezahlten) Experten die Entscheidung in Form von Gutachten aufzuhalsen versuchen – natürlich im Sinn der Auftraggeber. Solche Alibi-Expertisen mit argumentatorischen Schwachstellen sind die Regel. Bürgerinitiativen entstehen ja nur dort, wo eine größere Zahl von Menschen das bessere Argument auf ihrer Seite weiß. Die Wissenschaft hat längst erkannt, dass die kollektive Intelligenz, auch Schwarmintelligenz genannt, der noch so ausgeprägten Intelligenz Einzelner stets überlegen ist. Aus dieser Erkenntnis hat sich zwar ein eigener Wirtschaftszweig, genannt Marktforschung, entwickelt, doch an der Kommunalpolitik ist diese Erkenntnis bisher spurlos vorübergegangen.

Geldvernichtung

Bürgerzorn entfacht sich oft daran, dass Bürgerinnen und Bürger das Ausmaß der mit einem Projekt einhergehenden Geldvernichtung erkennen. Zumeist ist es Geld der Allgemeinheit, das dabei auf dem Spiel steht. Private Investoren sind nämlich so gut wie nie bereit, eigenes Geld in unsinnige Projekte zu stecken.

Meistens wird für wirtschaftlich unverständliches, weil unvernünftiges Handeln ein vordergründig sozialer Grund vorgeschoben. Ist der Projektträger nicht die öffentliche Hand, wird zudem gerne auf seine Eigenschaft als »Privater« verwiesen. Beides ist schnell durchschaut. Der angeblich soziale Grund wird von einer großen Bevölkerungsmehrheit abgelehnt. Auch das »privat« ist oft unglaubwürdig, vor allem, wenn es sich um eine der vielen, in Wien immer wieder als Bauträger agierenden Firmen handelt, die zum Geflecht der auf die AVZ (eine Stiftung der ehemaligen Zentralsparkasse der Gemeinde Wien) zurückgehenden Immobilien Privatstiftung zählen. Die Mittel für diese Stiftung können daher mittelbar auf die Stadt Wien und damit auf Vermögen der Allgemeinheit zurückgeführt werden. Formalrechtlich handelt es sich dabei zwar nicht um Mittel der Stadt, wirtschaftlich aber sehr wohl, und darauf kommt es an, wenn es um intransparente Geldflüsse geht.

Wiener Bauordnung

Nicht alle gesetzlichen Bestimmungen sind so eindeutig, dass sie nur eine Auslegung zulassen. Mitunter gibt es Fälle, deren Entscheidung Höchstgerichten anvertraut werden muss. Noch viel öfter gibt es Paragraphen, die man aber zu ganz absonderlichen Auslegungen »hinbiegen« kann, ohne sich deswegen dem Vorwurf der glatten Rechtsbeugung auszusetzen.

Besonders schlimm wird es, wenn derartige Angriffe auf das Recht durch schlechte Gesetze geradezu begünstigt werden. Die Wiener Bauordnung etwa gehört dazu. Für jemanden, der ihre Schwächen, ihre Lücken und ihre Widersprüche gut kennt, ist sie eine Fundgrube. Wer etwas durchsetzen will, das von Rechts wegen nie und nimmer möglich wäre, braucht

sich nur an einen dieser »Insider« wenden. Ist dieser willens, das Begehren zu unterstützen, findet er fast immer juristische Kniffe dafür.
Solche Löcher gehören gestopft. Diejenigen aber, die sie wirksam stopfen könnten, die sich also auskennen im Gesetz, haben nicht das geringste Interesse daran. Ihre »Ratgeberfunktion« stünde auf dem Spiel, würde gar überflüssig werden. Und wir wollen dabei gar nicht vermuten, dass damit auch eine lukrative Quelle versiegen könnte. Also bleibt alles beim Alten? Weit gefehlt. Der berüchtigte § 69 der Wiener Bauordnung, der »Auswüchse« (Überschreitungen) nach oben von vielen Metern zulässt, wurde aufgrund des großen medialen Drucks geändert. Mit dem Erfolg, dass die Möglichkeiten für den, der sich auskennt, noch viel üppiger geworden sind.

»Verrechtlichung«

Der Ausdruck »Verrechtlichung« signalisiert, dass ein Projekt durch die Genehmigung aller dafür zuständigen Instanzen »verrechtlicht« ist, d.h. dass der Projektbetreiber einen Rechtsanspruch auf Verwirklichung erworben hat, gegen den aus Gründen der Rechtsstaatlichkeit und Rechtssicherheit niemand etwas unternehmen kann. Das ist im Normalfall auch durchaus in Ordnung. Wo kämen wir hin, wenn die Behörde jemandem, dem vor einem Jahr die Staatsbürgerschaft verliehen wurde, diese so mir nichts dir nichts wieder entziehen könnte. Bei den meisten Genehmigungen wird es kaum jemanden geben, der gegen das Verfahrensergebnis Einspruch erheben möchte. Bei gewissen Verfahren ist das anders: da hat die Behörde zwar auch die Interessen der Allgemeinheit zu vertreten, weshalb diese selbst im Verfahren nicht vertreten ist. Es soll aber – und gar nicht so selten – vorkommen, dass die Behörde auf die Interessenwahrung der Allgemeinheit zugunsten des Projektwerbers »vergisst«. Und dann ist niemand da, der rechtlich etwas dagegen unternehmen könnte. Die entsprechenden Bescheide, gegen die ein Rechtsmittel im Interesse der Allgemeinheit – etwa durch eine Bürgerinitiative – nicht möglich ist, erhalten Rechtskraft und die »Verrechtlichung« ist eingetreten. Hier lautet das Argument dann: »da kann man nix mehr machen«. Kein Wunder, dass das Wort »Verrechtlichung« in den Ohren der Bürgerinnen und Bürger wie »Verächtlichung« klingt.

Achtung, Chefsache!

Wenn ein Landeshauptmann – in Wien ist das zugleich der Bürgermeister – etwas zu seinem Prestigeobjekt erkoren hat, gelten eigene Regeln. Wer da von technischen oder rechtlichen Schwierigkeiten oder gar Unmöglichkeiten redet, riskiert viel.

Vernunft spielt dabei nur dann eine Rolle, wenn es um sehr viel Geld geht, und selbst dann nicht immer. Auf den ersten Blick scheinen Projektideen oft überzeugend. Da ist die Verlockung natürlich groß, mit gönnerhafter, weit ausholender landesväterlicher Geste Bauprojekte zu unterstützen. Doch wenn es bereits die Spatzen vom Dach pfeifen, wenn sich jeder Volksschüler an den Fingern ausrechnen kann, dass sich die Umsetzung eines Projekts »nicht rechnet«, dann glauben viele Politiker ihr Gesicht zu verlieren, wenn sie der Vernunft folgen und von ihrer Idee Abstand nehmen.

Warum?

Viele fragen nach dem Grund für das Verhalten von Politik und Verwaltung gegenüber Partizipation. Warum werden Bürgerinnen und Bürger als Feinde gesehen? Warum sind ihre Fragen unangenehm? Warum enthält man ihnen ängstlich Informationen über wahre Sachverhalte vor? Warum gewährt man ihnen keinen Einblick in Planungsdetails und -hintergründe? Warum diese Eile, die Bürgerschaft vor vollendete Tatsachen zu stellen und dann mit den Achseln des Unvermögens zu zucken?

Mündig gewordene Bürgerinnen und Bürger beharren auf einer plausiblen Antwort. Sie beginnen darüber nachzudenken, warum eine Partei, die vor Nationalratswahlen für Information und Transparenz in den Entscheidungsabläufen und für die Abschaffung des Prinzips der Amtsverschwiegenheit eintrat, in dem von ihr mit absoluter Mehrheit regierten Wien das Gegenteil praktiziert.

3. Wirklichkeit und Traum

Ist Partizipation von Bürgerinnen und Bürgern bloß ein Traum weltfremder Sozialromantik, oder gibt es Beispiele für das Funktionieren von Beteiligung? Sind Bekenntnisse zu Partizipation nur scheinheilig-populistische Ansagen von Politikern, die zu wissen glauben, dass es sich dabei ohnedies nur um unerfüllbare Utopien handelt?
Es gibt bereits genügend Beispiele mehr oder weniger gut funktionierender Partizipation, selbst in Österreich. In Wien ist Bürgerbeteiligung bisher kaum umgesetzt worden, weshalb man den Wienerinnen und Wienern den Bären aufbinden kann, das funktioniere ohnedies nirgends auf der Welt.

Einige Beispiele sollen zeigen, wo und wie Bürgerbeteiligung stattfinden kann, wenn es die Politik zulässt. Die Großstadt Berlin beweist, dass vorbildhafte Bürgerbeteiligung nicht nur in Kleingemeinden möglich ist. Auch Montpellier, München, Salzburg und Steinbach an der Steyr sind bemerkenswerte Vorbilder.*

* Teilweise zitiert aus: Moser, Robert; Sieghartsleitner, Karl; Lichtenwörther, Hans: Miteinander Bürger gewinnen. Leitfaden für Bürgeraktivitäten und Projekte, Wien 2008

Montpellier – Aufbau einer partizipativen Demokratie

Mit der Eröffnung des Hauses der Demokratie legte Montpellier den Grundstein für ein breites Angebot an städtischen Dienstleistungen.
Diese Struktur vereint unter einem Dach zahlreiche Organe, mit denen die partizipative Demokratie besser umgesetzt werden kann, insbesondere das ständige Sekretariat der Stadtteilräte. Letztere wurden bereits im Juli 2001 gegründet und bieten Raum für Diskussionen und Vorschläge. Hier haben alle Bürgerinnen und Bürger die Möglichkeit, Ideen zur Verbesserung des unmittelbaren Lebensumfelds einzubringen und auf die Entscheidungen des Stadtrates Einfluss zu nehmen. Es gibt sieben solcher Stadtteilräte, wobei der Gesamtstruktur ein ehrenamtlicher Mitarbeiter vorsteht.
Acht sogenannte »Beigeordnete«, Stadtteil-Bürgermeister, (einer pro Stadtteil, nur für das Stadtzentrum gibt es zwei) haben ihren Sitz in den Häusern für alle (Maisons pour tous) oder im Haus der Demokratie, um so bevölkerungsnah wie möglich agieren zu können. Die Beigeordneten geben die Informationen an den Stadtrat weiter, damit Wünsche und Kritik sich dort konkret widerspiegeln. Die Sitzungen der Stadtteilräte sind Schauplatz von Begegnungen und Debatten zwischen der Bevölkerung und den verantwortlichen Stadträten. So können die Bedürfnisse der Einwohner berücksichtigt und die Vorgehensweise sowie die Entscheidungen der Stadträte besser erläutert werden.
Die eng geknüpften Verbindungen zwischen der Bevölkerung von Montpellier und den Mitgliedern des Stadtrats haben Tradition. Zu den vom Stadtrat unabhängigen Kommissionen und Stadtteilkomitees hat sich die Kommission »Montpellier im Alltag« (Montpellier au Quotidien) gesellt, die von dem »Beigeordneten« geleitet wird, der für den Fachbereich partizipative Demokratie zuständig ist. Anlässlich der zahlreichen Debatten und Informationsveranstaltungen, die von der Stadt zu den wichtigsten Themen angeboten werden, kann somit jeder in voller Sachkenntnis seine Bürgerrechte ausüben.

Dieser bis auf Geringfügigkeiten unveränderte Text findet sich auf der Homepage:
http://ge.montpellier.fr/1521-zusammenleben.htm.

Vorbild Berlin

Einwohnerantrag, Bürgerbegehren und Bürgerentscheid
Seit 2006 ist Berlin mitteleuropäische Musterstadt in Sachen Bürgerbeteiligung. Damals wurden die Mitwirkungsrechte der Bürgerinnen und Bürger auf Bezirksebene gestärkt. Vorausgegangen war eine vom Berliner Abgeordnetenhaus im Sommer 2005 beschlossene Änderung der Landesverfassung, die Bürgerentscheide und Bürgerbegehren auf Bezirksebene ermöglicht und die Mitbestimmungsrechte der Bürgerinnen und Bürger Berlins erweiterte.
Die Diskussion um die Frage, warum Berlin als einziges deutsches Bundesland über keine weitgehenden kommunalen Mitbestimmungsmöglichkeiten verfügt, wurde damit beendet. Die Wahlberechtigten in den zwölf Berliner Bezirken haben nun das Recht, in Bezirksangelegenheiten mitzuentscheiden, für die bisher allein die Bezirksverordnetenversammlungen (BVV) beschlussberechtigt waren.

Mitwirkung der Einwohnerschaft
Das Gesetz sieht eine Unterrichtung der Einwohnerschaft über allgemein bedeutsame Angelegenheiten des Bezirks und über städtische Angelegenheiten vor, soweit sie den Bezirk betreffen. Insbesondere sollen die Einwohnerinnen und Einwohner bei wichtigen Planungen Gelegenheit zur Äußerung erhalten. Zeit, Ort und Tagesordnung der Sitzungen der Bezirksverordnetenversammlung sowie der öffentlich tagenden Ausschüsse sind rechtzeitig bekannt zu machen, die Beschlussvorlagen und gefassten Beschlüsse sind einsehbar zu machen.
Einzelne Einwohner oder Einwohnerinnen können bei der Bezirksverordnetenversammlung ihres Bezirks beantragen,

dass zur Erörterung einer bestimmten Bezirksangelegenheit eine Einwohnerversammlung durchgeführt wird. Um Erfolg zu haben, muss der Antrag von einem Drittel der Mitglieder der Bezirksverordnetenversammlung unterstützt werden. Die Bezirksverordnetenversammlungen können im Rahmen der öffentlichen Sitzung Einwohnerfragestunden einrichten, in denen das Bezirksamt zu Einwohnerfragen Stellung nimmt.
Einwohnerinnen und Einwohner des Bezirks, die das 16. Lebensjahr vollendet haben, haben das Recht, mit einem Einwohnerantrag Empfehlungen an die Bezirksverordnetenversammlung zu richten. Über einen zulässigen Einwohnerantrag muss die Bezirksverordnetenversammlung unverzüglich, spätestens innerhalb von zwei Monaten entscheiden. Mit Ausnahme von Personaleinzelangelegenheiten sind Einwohneranträge grundsätzlich in allen Angelegenheiten möglich, die in die Bezirkszuständigkeit fallen oder für den Bezirk von Bedeutung sind. Der Antrag ist nur zulässig, wenn er von mindestens einem Prozent der Einwohnerinnen und Einwohner des Bezirks unterschieben ist.
Die Kontaktpersonen der Antragsteller haben das Recht auf Anhörung in der Bezirksverordnetenversammlung.

Bürgerbegehren und Bürgerentscheid

Bürgerinnen und Bürger haben durch das Gesetz die Möglichkeit erhalten, durch Bürgerentscheid Beschlüsse anstelle der Bezirksverordnetenversammlung zu fassen und damit unmittelbar auf den Willensbildungsprozess im Bezirk Einfluss zu nehmen. Bei einem Bürgerentscheid wird den wahlberechtigten Bürgerinnen und Bürgern ein bestimmtes Anliegen zur Abstimmung vorgelegt. Das Anliegen ist angenommen, wenn sich an der Abstimmung mindestens 15 Prozent der bei der letzten Wahl zur Bezirksverordnetenversammlung festgestellten Zahl der Wahlberechtigten beteiligt haben und die Mehrheit der abgegebenen Stimmen dem Anliegen zugestimmt hat. Der Bürgerentscheid hat dann die Wirkung eines Beschlusses der Bezirksverordnetenversammlung.
Der Antrag auf Durchführung eines Bürgerentscheids wird als Bürgerbegehren bezeichnet. Um erfolgreich zu sein, be-

darf das Bürgerbegehren der Unterstützung von mindestens drei Prozent der bei der letzten Wahl zur Bezirksverordnetenversammlung festgestellten Zahl der Wahlberechtigten.
Die Organe des Bezirks dürfen bis zur Durchführung des Bürgerentscheids (soweit das Anliegen nicht vorher von der Bezirksverordnetenversammlung aufgegriffen wurde) weder eine dem Bürgerbegehren entgegenstehende Entscheidung treffen, noch mit dem Vollzug einer solchen Entscheidung beginnen, es sei denn, hierzu besteht eine rechtliche Verpflichtung.
Spätestens vier Monate nach der Entscheidung über das Zustandekommen eines Bürgerbegehrens wird über den Gegenstand des Bürgerbegehrens ein Bürgerentscheid durchgeführt. Dies gilt nicht, wenn die Bezirksverordnetenversammlung dem inhaltlichen Anliegen des Bürgerbegehrens innerhalb von zwei Monaten unverändert oder in einer Form, die von den Vertrauensleuten gebilligt wird, zustimmt. Die zur Abstimmung gestellte Vorlage ist angenommen, wenn sich mindestens 15 % der Wahlberechtigten an der Abstimmung beteiligt haben und sie mit der Mehrheit der gültigen Stimmen angenommen wurde. War ein Bürgerentscheid erfolgreich, so hat sein Ergebnis die Rechtswirkung eines Beschlusses der Bezirksverordnetenversammlung. Im Rahmen der Entscheidungszuständigkeiten der Bezirksverordnetenversammlung sind verbindliche Entscheidungen möglich, ansonsten hat der Bürgerentscheid die Rechtswirkung eines Ersuchens oder einer Empfehlung, also einer Aufforderung gegenüber dem Bezirksamt oder gegenüber der sonst zuständigen Stelle.
Besonderheiten bestehen im Bereich des Bezirkshaushalts sowie bei der Gestaltung von Bebauungs- und Landschaftsplänen und ähnlichen Planungen, die nach Bundesrecht eine planerische Abwägung in bestimmten Planungsprozessen voraussetzen. Hier liegt zwar die Sachentscheidungsbefugnis bei der Bezirksverordnetenversammlung, Bürgerentscheide sind aber nach der gesetzlichen Regelung teilweise nur mit empfehlender oder ersuchender Wirkung möglich.
(Auszugsweise der Homepage http://www.berlin.de entnommen).

Ohne Geld keine Musik
Bürgerbeteiligung verursacht Kosten. Die öffentliche Hand sollte den Bürgerinnen und Bürgern wenigstens einen kleinen Teil der von ihnen aufgebrachten Steuern, Gebühren und Abgaben für das demokratiepolitisch höchst erstrebenswerte Modell der Bürgerbeteiligung widmen.

Das Verfahren von Porto Alegre

Am Beispiel von Porto Alegre, einer Stadt mit etwa 1,5 Millionen Einwohnern in Brasilien, wird erläutert, wie ein Beteiligungshaushalt funktionieren kann. Ausgangspunkt war die Entscheidung, die Bürgerschaft dort zu beteiligen, wo sie lebt, im Stadtteil. Die Bürgerschaft sollt Akteur im Verfahren bleiben, daher wurde dem Verfahren eine Autonomie gegenüber Politik und Verwaltung gesichert. Das Verfahren wird seit 1989 kontinuierlich von den Bürgerinnen und Bürgern mit Unterstützung der Verwaltung weiterentwickelt.
Der Zyklus des OP Verfahrens – (Orçamento Participativo) – beginnt im März eines Jahres, dauert zehn Monate und wird jedes Jahr wiederholt.
Das Verfahren wird auf 3 Ebenen abgewickelt:
1. Basisversammlungen
2. Delegiertenversammlungen
3. OP-Rat
Die 21 Basisversammlungen bestehen aus den Bürgerversammlungen der 16 Stadtbezirke und den 5 gesamtstädtischen Foren für die Themen Transport und Verkehr, Gesundheit und Soziales, wirtschaftliche Entwicklung und kommunale Steuerpolitik, Erziehung, Kultur und Freizeit, sowie Kommunalorganisation und Stadtentwicklung.
In den Basisversammlungen stellt die Stadtverwaltung ihre bisherige Arbeit vor, informiert über die finanziellen Möglichkeiten der Stadt, stellt das Programm der Stadtverwaltung vor und legt die Regeln der Stadtverwaltung offen. Diese Regeln betreffen z. B. Baustandards oder Verantwortlichkeiten und

sind mit den OP-Gremien abgestimmt. In den thematischen Foren arbeiten zahlreiche Fachleute mit.

Die 21 Basisversammlungen entsenden Delegierte in ihre Delegiertenversammlungen. Diese Delegierten sind meist Vertreter von Bürgerorganisationen wie Bewohnervereinen, Frauenorganisationen, Umweltschutzgruppen, Klein- und Mittelbetrieben, Landwirten, Straßenhändlern, Lehrern, Sportvereinen, Behindertenverbänden, Gewerkschaften, aber auch einige Einzelpersonen. Sie beraten von März bis Mai die Anträge aus der Bevölkerung und harmonisieren diese mit der Haushaltsplanung der Stadtverwaltung. Sie entscheiden über die Priorität der Vorhaben. Die öffentlichen Delegiertenversammlungen tagen dann ohne die Stadtverwaltung zwei Monate lang wöchentlich, meist abends. Offizielle Treffen mit der Stadtverwaltung finden dann wieder im Juni/Juli statt.

Die Delegiertenversammlung wählt den OP-Rat. Er koordiniert die Arbeit der Delegierten in den Stadtteilen und den thematischen Foren auf städtischer Ebene und arbeitet dabei eng mit der Finanzverwaltung und dem Stadtplanungsamt zusammen. Den hohen organisatorischen Koordinations- und Kommunikationsaufwand unterstützen 20–30 in Moderation ausgebildete Mitarbeiterinnen und Mitarbeiter des Bürgeramts, die z. B. Räume organisieren, Experten und Expertinnen beschaffen.

Im September wird der so aufgestellte Haushalt vom OP-Beirat dem Oberbürgermeister übergeben. Seine Behörde koordiniert dann die Abstimmung der strittigen Fragen. Im Oktober wird dem Stadtrat der Haushaltsentwurf überstellt, der im November darüber beschließt. Wegen der starken Öffentlichkeitswirkung wurden vom Stadtrat bisher lediglich geringe Änderungen am so zustande gekommenen Investitionsshaushaltsentwurf vorgenommen.

Im weiteren Verlauf werden die Maßnahmen – wie Wasser- oder Abwasserversorgung, Asphaltierung von Straßen, Beleuchtung – durchgeführt.

Schließlich kontrollieren die Bürgerinnen und Bürger in den Folgejahren, ob die beschlossenen Maßnahmen auch umgesetzt worden sind, indem sie z. B. Baumaßnahmen in ihren Wohnvierteln selbst abnehmen.

Erfahrungen

Nach Anlaufschwierigkeiten in den ersten zwei Jahren führten stark wachsende Teilnehmerzahlen zu sichtbaren Ergebnissen. Die anfangs bestehende Ablehnung seitens vieler Ratsmitglieder ist trotz ihrer Entmachtung geschwunden. Das Interesse der Bürgerinnen und Bürger an der langfristigen Entwicklung ihrer Kommune ist gestiegen: etwa 30 000 Bewohner nehmen pro Jahr teil. Durch die Rechenschaftslegung, die Transparenz und die neue Verantwortlichkeit der Bürgerschaft wurde die kommunale Identität gestärkt. Auch die Korruption ist merklich zurückgegangen.

Ausbreitung der Idee

Das auf der UNO-Habitat-II-Konferenz prämierte Modell (»Hauptstadt der Demokratie«) stößt inzwischen nicht nur in Brasilien, sondern auch in Europa, darunter in deutschen Städten wie Hamburg und Freiburg im Breisgau, auf reges Interesse. Im Jahr 2005 gab es bereits über 55 Bürgerhaushalte in Europa, davon 10 in Deutschland.
(Auszugsweise der Homepage http://de.wikipedia.org/wiki/Porto_Alegre entnommen)

Wo ein ehrlicher Wille zu Bürgerbeteiligung vorhanden ist, wird die finanzielle Seite nicht ausgeklammert. Gerade beim Geld entscheidet sich, ob Partizipation nur ein Lippenbekenntnis ist, oder ob eine ehrliche Absicht dahinter steht, den Bürgerinnen und Bürgern eine Mitwirkung in der Kommunalpolitik einzuräumen.

Wie die Stadt Wien darüber denkt, kann man der diesbezüglichen Korrespondenz zwischen Aktion 21 – pro Bürgerbeteiligung und Stadtrat Schicker (siehe Anhang 2 bis 7, S. 258 bis 272) entnehmen.

Die Salzburger Bevölkerung hat gezeigt, was Bürgerinnen und Bürger erreichen können, wenn sie sich wehren, wehren gegen die scheibchenweise Demontage dessen, was ihre urbane Lebensqualität ausmacht. Sie haben, vereint in der Aktion Grünland Salzburg, einer Plattform zur Rettung der Grünland-Deklaration, erreicht, dass Umwidmungen von Grünland in Bauland einer verpflichtenden Bürgerabstimmung zu unterziehen sind.
Die nachfolgende Chronik dieses Kampfes zeigt, den mühsamen Weg, den die Salzburger Bürgerschaft gehen musste, um ihren Kindern und Kindeskindern eine lebenswerte Stadt zu erhalten.

Wilfried Rogler: Bürgerwiderstand in der Stadt Salzburg

Prolog
Richard Hörl, der mit Herbert Fux wichtigste Initiator der Salzburger Bürgerbewegung, beschreibt in einem bis heute leider unveröffentlichte Buch »Die Salzburger Bürgerrevolte 1972 – 1982« schonungslos den Kampf der Salzburger Bevölkerung um ihre Stadt und gegen die Auswüchse der repräsentativen Demokratie: »… ein Aufruhr, der von Salzburger Bürgern und Bürgerinnen ausging, die sich gegen Willkür, Intrigen und Machtmissbrauch der regierenden Politiker, einer rot-schwarz-blauen Einheitspartei, zur Wehr setzten. Univ. Prof. Hans Sedlmayr war, ohne es zu wollen und zu wissen, der Urheber dieses Bürgeraufruhrs …«

Erster Akt – die 1970er Jahre:
Die beginnende Zerstörung der Altstadt Salzburgs und die geplante Verbauung von Freisaal, einer prägenden Stadtlandschaft, führte Anfang der 1970er Jahre zur Gründung der Salzburger Bürgerbewegung.
In seinen zwei Mahnschriften »Die demolierte Schönheit« (1965) und »Stadt ohne Landschaft?« (1970) beschwor Hans Sedlmayr die Salzburger, gegen täglich stattfindende, verheerende Demolierungen und Verwüstungen, die das kulturelle Erbe zu zerstören drohten, aufzutreten. Sie wurden zum

Weckruf der ersten Bürgerinitiative, die sich 1972 zur Rettung der Landschaft entlang der Hellbrunner Allee bildete.
Seither hat Bürgerwiderstand in Salzburg Tradition. Aus diesen ersten Bürgerinitiativen ging 1977 unter Richard Hörl und Herbert Fux die Bürgerliste hervor, die mit zwei Mandaten in den Salzburger Gemeinderat einzog. Parallel dazu kämpften die Bürgerinitiativen weiter.

Zweiter Akt – die 1980er und 1990er Jahre

Nicht nur im »bürgerlichen Süden« Salzburgs entstanden große Bürgerinitiativen, sondern auch in den dicht verbauten »Arbeiterbezirken« wie Schallmoos und Lehen. Die Anfang der 1980er Jahre gegründete Initiativen-Plattform *Aktion »Bürger für Bürger«* koordinierte die Aktionen in der ganzen Stadt. Der so genannte »Generalverkehrsplan« wurde durch die Salzburger Bürgerschaft verhindert. Damit wurde das besondere Flair der Mozartstadt erhalten, sie verkam nicht zur autogerechten Allerweltsstadt. Wilfried Rogler gelang es mit den Bürgerinitiativen im Norden der Stadt, nicht nur den Kapuzinerberg-Tunnel zu verhindern, sondern auch die letzte Stadtlandschaft im dicht verbauten Norden rund um das Samer Mösl und den Söllheimer Bach gegen den massiven Widerstand von Kammern, Kirche und den etablierten Parteien zu erhalten. Heute ist es ein renaturiertes, attraktives Naherholungsgebiet, auf das alle stolz sind!
Bei den Gemeinderatswahlen 1982 errang die Bürgerliste sensationelle 18,7% der Stimmen, das waren 7 Mandate und ein Stadtrat.
Die sogenannte Grünland-Deklaration wurde vom damaligen Bürgerlisten-Stadtrat Johannes Voggenhuber initiiert und im Juni 1985 im Gemeinderat beschlossen. Sie soll die einmaligen Stadtlandschaften und Grünräume Salzburgs schützen und für künftige Generationen erhalten, ist aber eine reine Selbstbindung des Gemeinderates und kann mit einfacher Mehrheit geändert und umgangen werden. 2001 wurde sie von Bürgerlisten-Stadtrat Johann Padutsch in das Räumliche Entwicklungskonzept (REK 2001) der Stadt Salzburg integriert und ist damit wesentlicher Bestandteil der Stadtentwicklung.

Dritter Akt – nach der Jahrtausend-Wende

Im Juni 2005 wurde die »Deklaration Geschütztes Grünland« 20 Jahre alt! Offiziell wurde sie »gefeiert«, hinter verschlossenen Türen plante man aber anderes. Am 6. Juni 2005 beschloss der Salzburger Stadtsenat mehrheitlich zu prüfen, ob Flächen aus der Grünland-Deklaration für die Verbauung geeignet sind. Dr. Hannes Augustin, Geschäftsführer des Naturschutzbundes Salzburg, mahnte die Parteien und politischen Repräsentanten, das Grünland zu bewahren und »... die von vorausschauenden Bürgern seinerzeit erkämpfte Grünland-Deklaration nicht anzutasten«.

Am 24.6.2005 begann mit der von Wilfried Rogler wieder gegründeten *Aktion »Bürger für Bürger«* der erneute Bürgerwiderstand. Anfang Juli wurde die Initiativen-Plattform »Aktion Grünland Salzburg« gegründet. Sieben Bürgerinitiativen und NGOs kämpften Seite an Seite um die Grünlandschaften der Stadt und starteten eine der größten Unterschriften-Sammlungen für das Bürgerbegehren zur Rettung der Salzburger Grünräume und der Grünland-Deklaration. Innerhalb weniger Wochen unterschrieben tausende Salzburgerinnen und Salzburger.

Als der Bürgermeister veranlasste, alle (aufgrund eines früheren SPÖ-Briefes an Grundbesitzer) zur Umwidmung angemeldeten Flächen amtsintern so zu bewerten, als ob es die Grünland-Deklaration nicht gäbe, verschärfte sich die Auseinandersetzung. Die Straßen Salzburgs gehörten jetzt den Initiativen, überall prangten ihre gelb-schwarzen Plakate.

Bereits im Dezember 2005 lagen mehr als 10.000 Unterstützungserklärungen für das Bürgerbegehren »Rettet unser Grünland« vor!

Als der Bürgermeister Verhandlungen ablehnte, reichte die Aktion Grünland Salzburg am 23.3.2006 das Bürgerbegehren »Rettet unser Grünland« offiziell ein. Die Abstimmung fand im Juni statt. 13.305 SalzburgerInnen gingen zur Abstimmung, 95,5% stimmten für den Erhalt der Stadtlandschaften, das waren 12.666 Stimmen.

Erst jetzt bot SPÖ-Bürgermeister Dr. Schaden Gespräche an. Über ein Jahr dauerten die zähen Verhandlungen. Am

9. Oktober 2007 war die reformierte Grünland-Deklaration ausverhandelt. Künftig kann der Gemeinderat nur mit Dreiviertelmehrheit, nach einem strengen Kriterienkatalog und bei weitgehendem Flächenersatz Grünflächen der Grünland-Deklaration in Bauland umwidmen. Sollte kein Flächenersatz möglich sein, muss eine für die Politik verbindliche Bürgerabstimmung stattfinden. Etwaige Textänderungen der Grünland-Deklaration müssen in jedem Fall einer Bürgerabstimmung unterzogen werden.
Am 21.11.2007 wurde die Grünland-Deklaration in einer Gemeinderats-Sondersitzung beschlossen und im Juni 2008 per Landtagsbeschluss im geänderten Salzburger Stadtrecht verankert. Damit ist erstmals in Österreich die Mitsprache der Bevölkerung auf dem Gebiet der Raumordnung verpflichtend festgelegt.
Trotzdem nützte die SP-VP-Koalition in Stadt und Land die Zeitlücke, bis die verpflichtende Bürgermitbestimmung mit 1.1.2009 in Kraft trat und peitschte noch am 17.12.2008, über die Köpfe der Bevölkerung und der Initiativen hinweg, die sogenannte Lex Red Bull durch: im Grünland und Landschaftsschutzgebiet soll auf über 100.000 m² eine Red Bull Profi-Fußballakademie gebaut werden.
Die Initiativen kämpfen weiter, eine naturschutzfachliche Stellungnahme wurde nach Brüssel geschickt, umfangreiche Prüfungen können nicht mehr umgangen werden. Für die Profi-Fußballer und ihre rot-schwarze Lobby ist das Projekt kein »gemähter Fußballrasen«.

Epilog

Die Bürgerinitiativen prägten und prägen die Stadt Salzburg in den letzten 35 Jahren mehr als die etablierte Politik. Hätte man alle von den mächtigen Lobbys initiierten und von der »Salzburger Tischgesellschaft« und den etablierten Parteien unterstützten Projekte realisiert, wäre Salzburg nicht mehr Salzburg, sondern eine der vielen gesichtslosen Städte. Die Stadt Salzburg wäre nicht Weltkulturerbe und die einmalige, weltberühmte Symbiose von Architektur und Stadtlandschaft wäre längst Geschichte.

Vorzeigegemeinde Steinbach an der Steyr

Steinbach, eine im Alpenvorland gelegene 2000 Einwohner zählende Gemeinde im Bezirk Kirchdorf/Krems, war vor 40 Jahren eine Krisengemeinde. Den einst blühenden Ort, dem eine gewerbliche, später industrielle Messerfertigung zu Wohlstand verholfen hatte, rissen der Konkurs des größten Arbeitgebers, mehrmalige Hochwasser und schlechte Verkehrsanbindung in einen Niedergang, der durch Resignation und fehlende Zukunftsperspektiven unausweichlich schien. 20 Jahre später – 1987 – kam die Wende: wie weiland Münchhausen zogen sich die Gemeindeverantwortlichen am eigenen Schopf aus dem Sumpf, in dem sie unterzugehen drohten. Das Rezept hieß: eine neue politische Kultur. Die Beteiligung aller betroffenen und interessierten Bürger an der Gemeindeentwicklung wurde vereinbart, die Dominanz der Parteipolitik trat in den Hintergrund. Das Resultat war ein Leitbild, welches eine grundlegende Änderung des Selbstverständnisses in der Gemeindepolitik bewirkte. Die Weichen für den Übergang vom reinen Verwalten zum vorausschauenden Gestalten wurden gestellt: im Mittelpunkt standen nicht mehr die Probleme, sondern die Ziele.

Diese Ziele bestehen in einer Steigerung

- der Lebensqualität (wahrnehmbare Umwelt, zwischenmenschliche Beziehungen, Arbeitsplatzsituation),
- des Verantwortungsbewusstseins über die eigenen vier Wände hinaus,
- der Qualität gemeinsamer Aktionen,
- der Gemeinschaft im Reden, Denken, Fühlen und Leben.

Erreicht werden sollen diese Ziele durch eine neue politische Kultur, für die neue Regeln erarbeitet wurden. Die Parteipolitik sollte in den Hintergrund treten, was freilich nicht von allen Funktionsträgern mitgetragen wurde. Die Regeln für die neue politische Kultur hießen:

- Erfolge werden gemeinsam geteilt
- Rücksichtsvoller und toleranter Umgang miteinander
- Informationen sind für alle gleich zugänglich

- Jede(r) Beteiligte gibt sein/ihr Bestes, um das Ziel zu erreichen
- »Patentschutz der Ideen« wird gewährleistet
- Vielfalt und Verschiedenheit der politischen Kräfte wird respektiert und sichergestellt

Der Erfolg lässt sich sehen: seit 1986 wurden über 60 Projekte für eine nachhaltige Entwicklung umgesetzt. Die Gemeinde hat sich damit von einem sterbenden Ort zu einem blühenden Gemeinwesen entwickelt. Die Zahl der Arbeitsplätze, die 1966 noch 243 betragen hat und 1986 auf 68 (!) gesunken war, stieg bis 2006 auf 258. Auch die Zahl der Betriebe zeigt eine ähnliche Entwicklung. Bemerkenswert ist, dass diese erfreuliche Entwicklung nicht eine Folge einseitiger Maßnahmen war. So setzte man in der Siedlungsentwicklung auf eine Revitalisierung der bestehenden Bausubstanz im Ortskern, auf ein Vermeiden der weiteren Zersiedelung durch Rückwidmungen in Grünland und auf eine Konzentration der künftigen Siedlungsentwicklung auf ortsnahe Flächen.

Dieses Ergebnis wäre ohne die aktive Mitwirkung der Bevölkerung und ohne deren Einbindung in die Planungs- und Entscheidungsprozesse nicht erzielt worden.

Wien ist anders

Wer immer diesen Slogan geprägt hat, er könnte zutreffender nicht sein, wenn es um Partizipation geht. Was ist der Unterschied zu den erwähnten »Mustergemeinden«?

Bürgerbeteiligung ist »Chefsache« …
Heidelberg ist Partizipations-Mustergemeinde. Nicht umsonst stand das Heidelberger Modell bei der Konzeption der Wiener Lokalen Agenda 21 Pate; es liegt also nicht am Entwurf. Der Unterschied zwischen Wien und Heidelberg liegt darin, dass Bürgerbeteiligung in Heidelberg »Chefsache« ist. Die sozialdemokratische Oberbürgermeisterin Beate Weber (1990 bis 2006) machte Partizipation zu ihrem persönlichen Anliegen – und zu einer Erfolgsgeschichte.

… aber nicht in Wien
Heidelbergs ehemalige Oberbürgermeisterin Beate Weber legte vor einigen Jahren ihre Sicht von Beteiligung im Rahmen einer Veranstaltung des Renner-Instituts dar. Auch ein Vertreter der Stadt Wien war anwesend: Stadtrat Rudolf Schicker. Denn in Wien ist Bürgerbeteiligung vom Bürgermeister an den Planungsstadtrat delegiert.
Mehrfache Versuche von vereinigten Bürgerinitiativen, den Wiener Bürgermeister für ein grundlegendes Gespräch über Partizipation in Wien zu gewinnen, haben bloß zu einer Verweisung an den zuständigen Stadtrat Schicker geführt. Bei den Bürgerinitiativen entstand der Eindruck, Wiens Bürgermeister geht einem Dialog mit seinen Bürgerinnen und Bürgern über Beteiligung aus dem Weg. Initiative Bürgerinnen und Bürger scheinen dem einstigen Aktivisten von Hainburg, inzwischen ein Dorn im Auge zu sein.

Beteiligung – von »oben« oder von »unten«?
Bürgerbeteiligung kann nicht »von oben« verordnet werden. Die politischen Entscheidungsträger können und sollen die Rechtsgrundlagen für ein erfolgreiches Bürgerbeteiligungsmodell schaffen, damit sich Partizipation in geordneten For-

men entwickeln kann. Sie können und sollen auch budgetäre Mittel dafür bereitstellen, denn von beteiligungswilligen Bürgerinnen und Bürgern, die – im Gegensatz zu politischen Repräsentanten – ohnedies ihre Freizeit opfern, kann nicht verlangt werden, dass sie da und dort anfallende notwendige Kosten (etwa für Sachverständige, für Informationsmaterial, Kommunikation, Lokalmieten oder für Rechtsberatung, Verfahrenskosten oder Rechtsbeistände) von ihrem Einkommen begleichen.

Man sollte Bürgerbeteiligung nicht »von oben« leiten, sei es durch Politiker, sei es durch Beamte oder durch »von oben« engagierte »Begleiter«, wie dies in so gut wie allen »Beteiligungseinrichtungen« der Stadt Wien der Fall ist. Es würde genügen, die notwendigen Mittel bereitzustellen. Die (Selbst-)Organisation sollte man getrost den Bürgerinnen und Bürgern überlassen, auch wenn das mit einem Verlust an Einflussmöglichkeiten einhergehen sollte.

Genau das aber unterscheidet Wien von den in diesem Kapitel erwähnten Beispielen. Bürgerbeteiligung ist, soweit sie in wenigen Fällen nicht bundesgesetzlich vorgesehen ist, der Wiener Landes-Rechtsordnung fremd. Selbst für die wenigen Möglichkeiten der direkten Demokratie – Volksbefragung, Volksbegehren, Volksabstimmung – sind in Wien gesetzliche und faktische Hürden vorgesehen, dass ihnen rein theoretischer Charakter zukommt. Was in Wien unter dem Namen »Bürgerbeteiligung« vor sich geht, bewegt sich daher im rechtsfreien Raum. Das heißt: alles, was von der Obrigkeit an Beteiligung gewährt wurde, ist von der Obrigkeit jederzeit widerrufbar.

Von einer Unterstützung der beteiligungswilligen Bürgerinnen und Bürger kann überhaupt keine Rede sein, es sei denn, man hält von der Obrigkeit inszenierte Veranstaltungen, an denen an einem Thema interessierte Menschen teilnehmen und sich zu Wort melden dürfen, für Partizipation. Es handelt sich dabei nur um jene Menschen, die zu solchen Veranstaltungen zugelassen werden.

Unwillkommene Bürgerinnen und Bürger

Wie Wiens Verantwortliche selbst unter internationaler Beobachtung mit Partizipation umgehen, zeigt ein Beispiel aus dem Jahr 2002. Die geplanten Hochhaustürme von Wien Mitte hatten wegen ihrer Stadtbild-Unverträglichkeit das Welterbe-Prädikat der UNESCO für Wiens Innenstadt gefährdet. UNESCO-Direktor Bandarin wurde von der Stadt Wien zu einem Beschwichtigungsbesuch eingeladen. Es hatte darauf bestanden, dass bei der zweitägigen Präsentation im Hotel Hilton auch Bürgervertreter anwesend seien. Also lud das Büro des Stadtrats Rudolf Schicker die Bürgerinitiative ein, zwei Vertreter namhaft zu machen. Zwei und nicht mehr, weil »es sonst räumliche Probleme in dem dafür vorgesehenen Saal geben würde«. Der Schauspieler Herbert Fux, ein kompromissloser Vorkämpfer für mehr Bürgerrechte, gab der Bürgerinitiative den Rat, so viele Leute, wie in der kurzen Zeit nur verständigt werden könnten, aufzubieten, man würde sich nicht getrauen, sie in Anwesenheit von Direktor Bandarin des Saales zu verweisen. Doch die Beamtenschaft getraute sich, im Vertrauen auf die ihnen erteilten Weisungen, zunächst sehr wohl. Als aber Direktor Bandarin und Stadtrat Schicker eintrafen, zerplatzte die Seifenblase der Überheblichkeit. Es wäre denn auch ein unglaublicher Eklat gewesen, den etwa 20 vor dem Eingang wartenden Bürgerinnen und Bürgern vor den Augen des Gastes die Teilnahme zu verweigern. Der Raum erwies sich zudem als geräumig genug. Was Direktor Bandarin von ihnen zu hören bekam, hat wesentlich zur unnachgiebigen Haltung der UNESCO beigetragen. Wer weiß, wie alles gelaufen wäre, hätte sich die Bürgerinitiative der von der Stadt Wien verordneten »Zulassungsbeschränkung« widerspruchslos gefügt?

Ähnliches, nur im Kleinen, spielt sich bei Leitbildprozessen ab. Klar, dass Denkmalschützer nicht gerne gesehen werden, wenn es dem Denkmalschutz an den Kragen gehen soll. Sowohl beim Leitbild Augarten wie beim Leitbild Grinzing wurde daher versucht, Vertreter einer dem Denkmalschutz verpflichteten NGO aus dem Prozess zu »entfernen«. Erst durch beharrliches Nachfragen nach einer stichhaltigen Be-

gründung dafür, erst nach langen Diskussionen blieb den Vertretern der Stadt Wien nichts anderes übrig, als die Anwesenheit dieser Bürgerinnen und Bürger zu dulden.
Dass man nicht einmal davor Halt gemacht hat, eine ganze Agendagruppe zu »sistieren«, die ein von Politikern zum Unthema erklärtes Anliegen vertreten wollte, ist unrühmlich in die Geschichte des Bacherparks eingegangen.

Partizipation – offiziell geschönt
Die Stadt Wien stellt sich auf den Standpunkt, sie gehe »seit langem sehr konsequent den Weg einer zukunftsbeständigen Stadtentwicklungspolitik, wie dies etwa im Klimaschutzprogramm 1999, Öko Businessplan, Öko Kauf Wien, Strategieplan für Wien 2004, Masterplan Verkehr 2003 und Stadtentwicklungsplan 2005 eindeutig dokumentiert« sei. Ein Gutteil dieser strategischen Programme sei auch »durch Dialog- bzw. BürgerInnenbeteiligungsprozesse in unterschiedlicher Intensität begleitet« worden (siehe Anhang Nr. 3). Bürgerinitiativen betonen, dass bei diesen Prozessen in Wahrheit von einer Beteiligung, die diesen Namen verdient, keine Rede sein kann. Wer je an einer jener Alibiveranstaltungen teilgenommen hat, bei denen Gelegenheit geboten wurde, zu einem engen Themenausschnitt eine kurze Wortspende anzubringen, weiß auch, wo diese gelandet ist: im virtuellen Papierkorb.
Die Stadt Wien verweist darüber hinaus auf eine »breite Palette an Beteiligungsformen«, zugeschnitten auf die jeweiligen Themen und Projekte – in Ergänzung zu formalen repräsentativen und direkt demokratischen Instrumenten. Dazu gehörten »beispielsweise aus dem Bereich der Stadtentwicklung die SUPer NOW (Strategische Umweltprüfung für den Nordosten Wiens), das BürgerInnenbeteiligungsverfahren ›Zielgebiet Gürtel‹, der ›Kooperative Planungsprozess Kabelwerk 2000‹ sowie die BürgerInnenbeteiligung zu den erwähnten gesamtstädtischen Konzepten.«
Damit soll die Bedeutung der als Beteiligungsinstrument eingeführten Lokalen Agenda 21 relativiert werden, die sich in den meisten Bezirken als veritabler Flop erwiesen hat. Mit der »breiten Palette an Beteiligungsformen« meint die Stadt

Wien, die Erfordernisse der von ihr unterzeichneten Aalborg-Charta und der Aalborg-Committments ohnedies zu erfüllen. Sie vergisst dabei, dass die Agenda 21 ein als Instrument der Bürgerbeteiligung verabschiedetes Schlüsseldokument der im Juni 1992 in Rio de Janeiro abgehaltenen Konferenz der Vereinten Nationen für Umwelt und Entwicklung ist, auf welches sich die am 27. Mai 1994 von den Teilnehmern der europäischen Konferenz über zukunftsbeständige Städte und Gemeinden im dänischen Aalborg verabschiedete Charta von Aalborg ausdrücklich bezieht, und dass dieses »Instrument der Bürgerbeteiligung« eine Bürgerbeteiligung vorsieht, die sich von jeder in Wien gehandhabten Form in allen wesentlichen Punkten krass unterscheidet.
Die aus der Aalborg-Charta erwachsenen Verpflichtungen sind keineswegs erfüllt, und die Lokale Agenda 21 ist als Versuch, diese Defizite auszugleichen, trotz aller Bemühungen, sie schönzureden, kläglich gescheitert. Der hauptsächliche Grund für dieses Scheitern liegt in dem unzulässigen Versuch, die Beteiligung der Bevölkerung »von oben« zu lenken, statt sich auf die Schaffung der Grundlagen zu beschränken, die eine Beteiligung »von unten« ermöglichen.

4. Prinzip Hoffnung

Lokale Agenda 21?

Allmählich beginnt es auch den politisch Verantwortlichen der Stadt Wien zu dämmern, dass die Wiener Lokale Agenda 21, die mit dem Schlüsseldokument von Rio de Janeiro nicht viel mehr als den Namen gemeinsam hat, als Instrument der Bürgerbeteiligung versagt hat. Die operierenden Einheiten und die Entscheidung, ob es solche überhaupt geben solle, wurde den Bezirken unterstellt. Diese sollten auch die Hälfte der Kosten tragen, was bei der aufwändigen Konstruktion der Lokalen Agenda 21 mit eigenen Agendabüros und bezahlter Moderation bei den unter chronischem Geldmangel leidenden Bezirken nicht eben auf Begeisterung stößt. Bürgerinnen und Bürger können in den Bezirken überhaupt nur über Dinge befinden, die in die Kompetenz dieser Bezirke fallen. Damit scheiden die meisten Themen, vor allem jene, welche die Bürgerschaft wirklich bewegen, von vorneherein aus. Für solche Themen gibt es auch keine »zentrale«, bezirksübergreifende Anlaufstelle. Für Bürgerinnen und Bürger, die sich dieser Themen annehmen wollen, besteht nur die Möglichkeit, sich in einer »Bürgerinitiative« zusammenzuschließen, die dann von der Stadt Wien nicht nur nicht unterstützt, sondern bis aufs Messer bekämpft wird. Das ist die traurige Realität der Bürgerbeteiligung in Wien.

Zurück zur Lokalen Agenda 21: in den ersten 10 Jahren ihres Bestehens haben 8 von 23 Bezirken von dem großzügigen Angebot, eine Lokale Agenda 21 einzuführen, Gebrauch gemacht. 3 von ihnen haben dieses »Modell« wieder aufgegeben. Derzeit existiert dieses Bürgerbeteiligungsmodell noch in 5 Bezirken. Ein weiterer Bezirk – der älteste Agendabezirk Alsergrund – hat seine Lokale Agenda 21 verlängert »unter der Bedingung, dass die Gemeinde den Betrag von 50.000 € verdoppelt.« Was diese aber nicht vor hat zu tun, denn sie hat anderen Agendabezirken bereits eine Kürzung ihres Beitrags von der Hälfte der anfallenden Kosten auf ein Drittel angekündigt. Nichts kann deutlicher machen, dass die Lokale Agenda 21 in Wien ein Auslaufmodell ist. Dabei könnte ihre Handhabung in den wenigen Bezirken, in denen sich die Parteigewaltigen aller Farben in einer gewissen Zurückhaltung üben, Musterwirkung entfachen. Im 3. Bezirk etwa ist es möglich, dass die Sprecher der zahlreichen Agendagruppen die Politiker überstimmen. Man sollte das nicht überbewerten, aber es ist zumindest ein Fingerzeig, wie echte Bürgerbeteiligung funktionieren könnte.

Von der Agenda zur Aktion

Der weltweite Gipfel für nachhaltige Entwicklung 2002 in Johannesburg hat im »Aufruf von Johannesburg« nach dem ersten Jahrzehnt der »Agenda 21« ein Jahrzehnt der »Local Action 21« ausgerufen. Unter dem Motto »Vorwärts von der Agenda zum Handeln« geht es um eine Strategie zur beschleunigten Umsetzung zukunftsbeständiger Entwicklung. Im Gegensatz zu den Stadtgewaltigen haben die Bürgerinnen und Bürger diesen Aufruf gehört. Sie boten der Stadt Wien die Hand zur Zusammenarbeit, um die Lokale Agenda 21 zu reformieren und zu einem echten Instrument der Bürgerbeteiligung zu machen, wie es die Charta von Aalborg vorsieht. Die Stadt lehnte diese Zusammenarbeit ab. Deshalb griffen an die 20 Bürgerinitiativen, denen sich inzwischen fast ebenso viele zugesellt haben und hinter denen viele tausende Wienerinnen und Wiener stehen, dieses »Vorwärts zum Handeln« (Aktion) auf und konstituierten sich im Sommer 2006 unter dem Namen »Aktion 21 – pro Bürgerbeteiligung« als parteifreie, überparteiliche NGO. Ihr Ziel ist die Einführung einer funktionierenden Bürgerbeteiligung in Wien.

Aktion 21 – pro Bürgerbeteiligung versteht sich als Sammelbecken von Bürgerinitiativen, von initiativen Bürgerinnen und Bürgern, die sich am politischen Geschehen in ihrer Stadt konkret beteiligen und sich in Entscheidungsprozesse persönlich einbringen wollen. Für das »WIE« wurden vom

Umweltministerium bundesweite Partizipations-Standards ausgearbeitet. Die Einführung von Bürgerbeteiligung auf Gemeindeebene ist daher nur noch Sache des guten Willens der politischen Entscheidungsträger, man braucht über das WIE nicht mehr lange diskutieren. Dieses Anliegen eint alle Aktion 21 – pro Bürgerbeteiligung angeschlossenen Bürgerinitiativen und Einzelpersonen.

Aktion 21 aus der Sicht einer »Newcomerin«

Mein Mann und ich wurden im September 2007 von einem Bekannten aus dem Klimt-Verein in Hietzing auf die Aktion 21 aufmerksam gemacht.

Zur Vorgeschichte:
In der Fleschgasse (eine kleine verschlafene Gasse mit schönem alten Baumbestand zwischen Hietzinger Kai und Hietzinger Hauptstraße) herrschte zu dieser Zeit große Aufregung. Auf Nr. 10 sollte anstatt des eben abgerissenen Einfamilienhauses ein Sechsfamilienhaus mit Tiefgarage gebaut werden, alle Bäume der Liegenschaft waren zu diesem Zeitpunkt bereits gefällt worden. Dazu hatte die Baufirma SÜBA ein begehrliches Auge auf den unverbauten Garten Fleschgasse 4-6 mit altem Baumbestand geworfen, die Pläne waren bereits eingereicht. Auch hier sollte ein riesiger Wohnkomplex mit 18 Wohneinheiten und zweigeschoßiger Tiefgarage entstehen, alle Bäume der Liegenschaft sollten gefällt werden. Zwei 160 Jahre alte unter Schutz stehende Linden waren durch das geplante Projekt in ihrem Bestand bedroht.
Die Bürgerinnen und Bürger der Umgebung begannen sich zu formieren und sammelten Protestunterschriften gegen dieses Projekt. Man begann sich zu fragen, wieso solche Bauprojekte in diesem als Schutzzone gewidmeten »Grätzel« überhaupt möglich waren.
In Sherlock Holmes-artigen Recherchen gelang es, die an den Bewohnern vorbei durchgeführten Widmungstricks der letzten Jahre aufzurollen. 1997 war – für die Bewohner unmerklich – nach der öffentlichen Auflage die Traufenhöhe für Bauklasse I ohne Beschränkung möglich gemacht und eine vorher bestehende Einschränkung der Bebauung einfach weggelassen worden. Begreiflicherweise wurden dadurch die Immobilienhaie auf diese nun ganz anders verwertbaren Liegenschaften im begehrten Hietzing aufmerksam.

Bezirksvorsteher DI Gerstbach äußerte meinem Mann gegenüber zwar höchstes Bedauern, meinte aber, da alles rechtens sei, könne man da gar nichts machen. Zahlreiche Protestbriefe diverser betroffener Anrainer an die einschlägigen Behörden im Bezirk und im Rathaus folgten. Sie wurden nichtssagend oder überhaupt nicht beantwortet.
Dies führte uns zu Aktion 21 – pro Bürgerbeteiligung. Hier hatte sich eine Gruppe von aktiven, von den Politikern und den Behörden ebenso enttäuschten Bürgerinnen und Bürgern zusammengefunden. Sie wollen sich nicht mehr nur mit beschwichtigenden Ausreden abspeisen lassen. Die Anliegen, die ich dort kennen gelernt habe, sind ganz unterschiedlicher Art. Gemeinsam ist ihnen nur, dass über die Köpfe der Beteiligten hinweg Entscheidungen über die Lebensqualität der Menschen getroffen wurden und sich die Leute das einfach nicht mehr gefallen lassen wollen. Besonders gut finde ich, dass Aktion 21 ihren Mitgliedern die Möglichkeit bietet, ihre Anliegen auf einer wunderbar gestalteten Homepage im Internet zu veröffentlichen.

Johanna Kraft

Anhang

Anhang 1: Brief des Amtsführenden Stadtrates für Stadtentwicklung und Verkehr vom Mai 2004 an eine Agenda-Teilnehmerin (Herta Wessely)

Dipl.-Ing. Rudi Schicker
Amtsführender Stadtrat für
Stadtentwicklung und Verkehr
1., Rathaus, 1082 Wien

Wien, im Mai 2004

Sehr geehrte Agenda-Teilnehmerin,
Sehr geehrter Agenda-Teilnehmer,

Sie haben in den vergangenen Wochen Interesse an der Mitarbeit im Rahmen eines Agenda-Prozesses gezeigt, ich möchte mich mit diesem Schreiben herzlich für Ihr Engagement bedanken.
Die Parztizipation der Bürgerinnen in Planungsfragen ist wesentlich für die Lebensqualität und somit auch für die »Psychologie« einer Stadt. Die in Wien schon seit Jahren bei vielen Projekten geübte Praxis, die BewohnerInnen einzubeziehen, soll durch die LA 21 Prozesse in den Bezirken eine neue Qualität erhalten.
Bewohner und Bewohnerinnen werden als ExpertInnen für ihre Wohnumgebung anerkannt und dadurch die Qualität einer Stadt sowie die Identifikation mit dem Lebensumfeld dadurch deutlich erhöht wird. Die Lokale Agenda 21 als ein auf UNO – Standards basierendes Instrument zur Bürgerinnen-Beteiligung ist in Wien in mittlerweile fünf Bezirken etabliert, jedes Jahr soll ein neuer Bezirk dazukommen.
Wien legt Wert auf das Engagement seiner BürgerInnen für eine nachhaltige, menschenfreundliche Gestaltung ihres Wohnviertels. Deshalb organisiert sich die LA 21 in Wien selbst in den Bezirken und ist keine »zentrale Veranstaltung«. Auch das unterscheidet Wien von anderen Großstädten.
Als Stadtrat für Stadtentwicklung und Verkehr stehe ich mit zahlreichen Bürgerinitiativen sowohl hinsichtlich Planungs- als auch Verkehrsprojekten in Kontakt, und erkenne aus diesen Erfahrungen

die besondere Bedeutung der Lokalen Agenda 21. Es freut mich daher, dass mittlerweile die Wienerinnen und Wiener so zahlreich an Agenda-Prozessen mitwirken und somit einen wichtigen Beitrag für die künftige Entwicklung unserer Stadt leisten.
Ich darf mich nochmals für Ihr Engagement im Rahmen der Lokalen Agenda 21 bedanken und Ihnen als kleines Dankeschön die beiliegende neue Radkarte für Wien übersenden – denn auch Radfahren ist ein Beitrag zur Nachhaltigkeit in unserer Stadt.

Mit herzlichen Grüßen

Schicker eh.

Anhang 2: E-Mail der Aktion 21 – pro Bürgerbeteiligung vom 15.10.2007 an den Bürgermeister der Stadt Wien Dr. Michael Häupl

Pro Bürgerbeteiligung
Die Plattform für Bürgeranliegen in Wien

Sehr geehrter Herr Bürgermeister!

Der überparteiliche und unabhängige Verein »Aktion 21 – pro Bürgerbeteiligung« setzt sich seit seiner Gründung im August 2006 für eine bürgernahe und zeitgemäße Bürgerbeteiligung – zunächst konzentriert auf den Raum Wien – ein. Er geht dabei von der Überlegung aus,

- dass partizipative Demokratie europaweit als Gebot zur Verbesserung der Demokratie anerkannt und gefördert wird,
- dass partizipative Demokratie vor allem auf der kommunalen Ebene eine sinnvolle Ergänzung der Mechanismen der repräsentativen Demokratie darstellt
- dass Wien einen dringenden Bedarf an Verbesserung der partizipativen Demokratie hat,
- dass die Anstösse dazu von Seiten der Bürgerinnen und Bürger kommen sollten und nicht von Seiten der gewählten Repräsentanten.

Aktion 21 unterstützt dabei all jene Bürgerinitiativen und diesen ähnliche Zusammenschlüsse von Bürgerinnen und Bürgern, welche die Erfahrung eint, dass sie entweder von den Trägern der poli-

tischen Macht nicht oder nicht ausreichend wahrgenommen werden oder dass dort, wo es zu einer Gesprächsebene kommt, eine über den Charakter von Alibidiskussionen hinausreichende Teilhabe nicht stattfindet.
Da Aktion 21 im Wesentlichen aus Bürgerinitiativen besteht, hinter denen – nachgewiesen durch gesammelte Unterschriften – zigtausende Unterstützungserklärungen und daher definierte Bürgerinteressen stehen, beruht diese Unterstützung auf Gegenseitigkeit. Die finanziellen Resourcen sind dabei auf Beiträge und freiwillige Spenden dieser Bürgerinitiativen sowie einzelner Personen beschränkt.
Die Stadt Wien budgetiert namhafte Beträge für Bürgerbeteiligung. Als nicht gerade unbedeutende NGO und aufgrund der Tatsache, dass wir – vor allem in den zahlreichen non-Agenda21-Bezirken – eine von der Stadt Wien durch Beitritt zur Charta von Aalborg übernommene Verpflichtung stellvertretend für die Stadt einzulösen versuchen, sind wir der Ansicht, dass uns für unsere Tätigkeit ein entsprechender Anteil an den für Bürgerbeteiligung budgetierten Mitteln zusteht.
Wir ersuchen daher um Zuteilung eines Betrages von EUR 90.000.— für Anlaufkosten sowie für die Aktivitäten des laufenden Jahes. Dieser Betrag ist ein Bruchteil jener Mittel, welche die Stadt Wien über die Agendabezirke für die LA21 zur Verfügung stellt.
Die Mittelverwendung ist gedacht sowohl für weiterbildende Grundsatz-Veranstaltungen über Bürgerbeteiligung als auch zur Unterstützung konkreter Bürgerinitiativen vor allem in Bezirken, in denen noch keine lokale Agenda 21 etabliert ist, insbesondere für Zusammenkünfte, Ausarbeitungen, Stellungnahmen und Gutachten von unabhängigen Sachverständigen, für die Verbreitung der Idee der Bürgerbeteiligung in der Bevölkerung sowie für eine feste Anlaufstelle für Bürgerbeteiligung bei wie bisher größtmöglicher Sparsamkeit im Verwaltungsaufwand. Wir erwarten Verständnis dafür, dass die Stadt Wien nicht davon ausgeht, dass die für partizipative Demokratie in dieser Stadt engagierten Menschen weiterhin notwendige Auslagen für unser statutengemäßes Ziel aus ihrem eigenen versteuerten Einkommen bestreiten und ihnen deren Refundierung aus für Bürgerbeteiligung bereitgestellten (auch aus von ihnen aufgebrachten Steuermitteln) vorenthalten werden.
Mit freundlichen Grüßen

Aktion 21 – pro Bürgerbeteiligung

Anhang 3: Antwort der Leiterin des Büros der Geschäftsgruppe Stadtentwicklung und Verkehr vom 04.12.2007 auf den E-Mail der Aktion 21 – pro Bürgerbeteiligung vom 15.10.2007 an Bürgermeister Dr. Michael Häupl

Büro der Geschäftsgruppe
Stadtentwicklung und Verkehr
1., Rathaus, 1082 Wien

GSV-2095/2007

Sehr geehrte Damen und Herren!

Danke für Ihr Schreiben vom 15. Oktober 2007 an Herrn Bürgermeister Dr. Häupl, das Sie in Kopie auch an Herrn Stadtrat Dipl.-Ing. Rudi Schicker gesendet haben.
In Ihrem Schreiben, aber auch auf Ihrer Web-Seite werden immer wieder Bezüge zur »Aalborg Charta« und zur »Lokale Agenda 21« hergestellt. Der Standpunkt der Stadt Wien zu dieser Darstellung und zu Ihrem Anliegen soll im Folgenden erläutert werden.
Die »Aalborg Charta« und die »Aalborg Commitments« sollen eine zukunftsbeständige Entwicklung auf Lokaler Ebene, die eine hohe Lebensqualität für alle BürgerInnen gewährleistet, unterstützen. Dies soll in Form eines integrativen politischen Prozesses unter Harmonisierung ökologischer, sozialer, kultureller und wirtschaftlicher Ziele sowie Einbindung der unterschiedlichen AkteurInnen auf Lokaler Ebene erfolgen. In der Aalborg Charta, Kapitel I. 14, ist auch festgehalten, dass zur Entwicklung der Strategien der nachhaltigen Entwicklung und deren Umsetzung eine breite Palette an Instrumenten eingesetzt werden soll.
Die Stadt Wien geht in diesem Sinne seit langem sehr konsequent den Weg einer zukunftsbeständigen Stadtentwicklungspolitik, wie dies etwa im Klimaschutzprogramm 1999, Öko Businessplan, Öko Kauf Wien, Strategieplan für Wien 2004, Masterplan Verkehr 2003 und Stadtentwicklungsplan 2005 (STEP 05) eindeutig dokumentiert ist. Ein Gutteil dieser strategischen Programme, zuletzt der STEP 05, wurden auch durch Dialog- bzw. BürgerInnenbeteiligungsprozesse in unterschiedlicher Intensität begleitet.
Darüber hinaus bietet die Stadt Wien auf unterschiedlichsten Ebenen, zugeschnitten auf die jeweiligen Themen und Projekte eine breite Palette an Beteiligungsformen – in Ergänzung zu formalen repräsentativen und direkt demokratischen Instrumenten – an. Dazu gehören beispielsweise aus dem Bereich der Stadtentwicklung die SUPer NOW (Strategische Umweltprüfung für den Nordosten Wiens),

das BürgerInnenbeteiligungsverfahren »Zielgebiet Gürtel«, der »Kooperative Planungsprozess Kabelwerk 2000« sowie die BürgerInnenbeteiligung zu den erwähnten gesamtstädtischen Konzepten.
Die Aalborg Commitments halten in ihrer Einleitung fest: »Wir verabschieden die Aalborg Commitments als eine Ressource, derer wir uns bedienen, um entsprechend unserer lokalen Gegebenheiten und Bedürfnisse eigene Akzente zu setzen.« Genau dies tut die Stadt Wien mit den oben erwähnten Programmen und Instrumenten.
Eines dieser Instrumente ist auch die »Lokale Agenda 21 in Wien«. Leider taucht immer wieder das Missverständnis auf, dass die »Lokale Agenda 21« das einzige Instrument der Stadt Wien wäre, mit dem den Verpflichtungen der Aalborg Charta und der Aalborg Commitments nachgekommen wird. Aufgrund der unterschiedlichen Instrumente, die im Bezug auf diese beiden internationalen Vereinbarungen eingesetzt werden, kann nicht die Rede davon sein, das die Stadt ihren internationalen Verpflichtungen nicht nachkommt und andere Organisationen stellvertretend für sie tätig sein müssen.
Die »Lokale Agenda 21« in Wien folgt einem klaren Programm und hat auch einen klaren organisatorischen gesamtstädtischen Rahmen. Gerade durch ihre starke bezirksbezogene Verankerung und auch die beträchtliche Unterstützung der Stadt kann sie vor Ort die AkteurInnen intensiv ansprechen, was die über 80 Agenda-Projekte beweisen.
Im Zentrum der »Lokale Agenda 21« – Prozesse steht der Dialog aller gesellschaftlichen Gruppen und eine konsensorientierte gemeinsame Lösungsfindung. Bei zahlreichen Projekten, die die Neugestaltung des öffentlichen Raums betreffen, aber auch in anderen thematischen Bereichen, z.B. Freizeitangebote für Jugendliche, konnten tragfähige Lösungen gefunden und umgesetzt werden. Teilhabe findet also in verschiedenen, für eine zukunftsfähige Stadt relevanten Bereichen, statt.
Ihre Sichtweise der »Lokale Agenda 21« als ein zentrales Instrument zur Unterstützung von BürgerInitiativen, die vorrangig reaktiv und anlassbezogen wirken und weniger auf eine konstruktive Mitwirkung an einer nachhaltigen Stadtentwicklung ausgerichtet sind, ist weder in den internationalen Vereinbarungen vorgesehen noch in der internationalen und österreichischen Praxis zu finden.
Daher erscheint die Argumentation, dass Ihr Verein – vor allem in den non-Agenda 21 Bezirken – die durch den Beitritt zur Charta von Aalborg eingegangene Verpflichtung der Stadt Wien einlösen will, wenig stichhältig und nicht nachvollziehbar.
Mit dieser Aussage soll keineswegs die Bereitschaft von BürgerInnen, sich für das Gemeinwesen zu engagieren, abgewertet werden. Allerdings bietet die Stadt Wien, ohne die BürgerInnen zu »gängeln«, eine breite Palette an Möglichkeiten der Mitwirkung an.

Vor diesem Hintergrund und der in den verschiedenen Geschäftsbereichen der Stadt Wien durchaus namhaften Unterstützung partizipativer und stadtteilbezogener Prozesse, erscheint daher die Förderung weiterer Organisationen auch aus wirtschaftlichen Gründen nicht zielführend.

Mit freundlichen Grüßen

Ingrid Götzl, BSc
Leiterin des Büros der Geschäftsgruppe
Stadtentwicklung und Verkehr
Rathaus, 1082 Wien
Tel.: 4000/81404
Fax: 4000-99-81400
mail: post@gsv.wien.gv.at

Anhang 4: E-Mail der Aktion 21 – pro Bürgerbeteiligung vom 30.01.2008 an den Bürgermeister der Stadt Wien Dr. Michael Häupl

Pro Bürgerbeteiligung
Die Plattform für Bürgeranliegen in Wien

Herrn Bügermeister
Dr. Michael Häupl
Wien, 2008-01-30

Sehr geehrter Herr Bürgermeister,

Betr.: Brief des Büros der Geschäftsgruppe Stadtentwicklung und Verkehr vom
4.12. 2007
GSV-2095/2007

Aktion 21 – Pro Bürgerbeteiligung bedauert, dass die Stadt Wien eine finanzielle Unterstützung der von diesem Verein verfolgten Ziele abgelehnt hat. Diese Ablehnung kommt nicht überraschend, zumal die Auffassung und Handhabung von partizipativer Demokratie durch die derzeitigen Repräsentanten der Stadt Wien kaum etwas anderes erwarten lässt. Begründet wird diese Ablehnung

damit, dass die »namhafte Unterstützung partizipativer und stadtteilbezogener Prozesse« durch die Stadt Wien eine darüber hinaus gehende Einlösung ihrer diesbezüglichen Verpflichtungen durch Aktion 21-pro Bürgerbeteiligung erübrige.
Es fällt schwer, die mangelnde Bereitschaft, unsere Bestrebungen für mehr partizipative Demokratie zu unterstützen, nicht als Unwillen zu wirksamer Partizipation anzusehen. Die dafür gegebene Begründung erfordert jedenfalls Widerspruch. Sie übergeht, dass für die 2006 erfolgte Gründung von *Aktion 21 – pro Bürgerbeteiligung* gerade die nach Ansicht tausender Bürgerinnen und Bürger der Stadt Wien unzulänglichen Partizipations-Instrumentarien sowie die mangelnde Bereitschaft, daran etwas zu ändern, ausschlaggebend waren.
Vertreter von über 20 – inzwischen auf 30 angewachsenen – Wiener Bürgerinitiativen, welche die Anliegen einer beachtlichen Zahl von Bürgerinnen und Bürgern Wiens vertreten, haben am 23. Mai 2006 in einem Gespräch mit dem hiefür von Ihnen als zuständig bezeichneten Stadtrat DI Rudolf Schicker ihre Bereitschaft zu einer gemeinschaftlichen Weiterentwicklung der partizipativen Demokratie in Wien bekundet. Dieses Angebot wurde mit dem lapidaren Hinweis abgelehnt, es bestünde hiezu kein Anlass. Der Versuch, diese Haltung mit der durch den Beitritt zur Charta von Aalborg eingegangenen Verpflichtung der Stadt Wien in Einklang zu bringen, scheitert an der im Kapitel 28.3 der in Rio de Janeiro beschlossenen Agenda 21 erhobenen Forderung, der zufolge jede Kommunalverwaltung in einen Dialog mit ihren Bürgern, örtlichen Organisationen und der Privatwirtschaft eintreten und eine »kommunale Agenda 21« beschließen solle, wobei »die Kommunen durch Konsultation und Herstellung eines Konsenses von ihren Bürgern und von örtlichen Organisationen, von Bürger-, Gemeinde-, Wirtschafts- und Gewerbeorganisationen lernen und für die Formulierung der am besten geeigneten Strategien die erforderlichen Informationen erlangen würden.« Er scheitert ebenso an der in den Aalborg Committments (Punkt 1. *Governance*) eingegangenen Verpflichtung, »unseren Entscheidungsfindungsprozessen durch mehr direkt-demokratische Mitwirkung neuen Schwung zu verleihen und daran zu arbeiten, in unserer Stadt … und in der Verwaltung Kapazitäten für Mitwirkung und zukunftsbeständige Entwicklung zu schaffen«.

Wenn die »Lokale Agenda 21« in Wien wirklich, wie Sie behaupten, einen klaren organisatorischen gesamtstädtischen Rahmen hätte, wäre es kaum erklärlich, warum Bürgerinitiativen wie etwa jene von Rothneusiedel, Flötzersteig oder Weltkulturerbe Grinzing, um nur einige wenige zu nennen, keine Möglichkeit zur Etablierung einer Agendagruppe erhalten haben oder gar, wie beim Bacherpark, als solche einfach »sistiert« wurden. Eine Organisation,

- in der einer Partizipationsgruppe solcherart jegliche geldwerte Unterstützung entzogen werden kann, weil sie sich von einer Bürgerinitiative nicht deutlich genug abhebt,
- in welcher die Zulässigkeit der partizipatorischen Themen »von oben«, also durch Politik und der ihr untergeordneten Verwaltung entschieden wird,
- in welcher an »heißen« Themen vorbeigesteuert wird, weshalb sich das Echo der Bevölkerung auf die meisten Themen in Grenzen hält und
- in welcher die einzelnen der 23 Gemeindebezirke darüber befinden, ob sie sich überhaupt daran beteiligen,

hat für ihre »gesamtstädtische« Funktion dringenden Erklärungsbedarf. Wäre dem nicht so, dann wäre ja auch das Bestreben der letzten Agenda-Plattform, Vorschläge für die Linderung dieses Mangels (in Abwesenheit der »einfachen« Bürgerinnen und Bürger unter Politikern und Agenda-Funktionären) zu diskutieren, sinnlos gewesen.
Was diesbezüglich für die Lokale Agenda 21 gilt, gilt in noch stärkerem Maß für die von Ihnen erwähnten anderen »Partizipationsformen«, welche außer einer Gelegenheit zur Meinungsäußerung zu einzelnen Themen weder eine Möglichkeit zur rechtzeitigen, umfassenden Information noch zur Mitwirkung in den einzelnen Planungs- oder gar Entscheidungsphasen bieten. Es ist kein Geheimnis, dass sich ebenfalls als partizipative Instrumentarien bezeichnete, gesetzlich verankerte Mitwirkungsmöglichkeiten der Bevölkerung wie etwa das Recht auf Stellungnahme zu beabsichtigten Änderungen des Flächenwidmungs- und Bebauungsplanes durch ihre restriktive, rein formalistische Handhabung als völlig partizipationsuntauglich erwiesen haben.
Völlig grotesk ist schließlich die Behauptung, Aktion 21 – pro Bürgerbeteiligung hätte »die Lokale Agenda 21 nicht in ihrem Wesen verstanden«, weil ihre Sichtweise derselben die eines zentralen Instruments zur Unterstützung von Bürgerinitiativen sei. Zum einen, weil auf Aktion 21 – pro Bürgerbeteiligung das gerade Gegenteil zutrifft. Es gehört nämlich zu deren fundamentalen Aussagen über Partizipation, dass eine funktionierende Bürgerbeteiligung, die eine frühestmögliche Einbindung der Bevölkerung in städtische Planungsprozesse vorsieht, nicht nur das rapide Anwachsen von Wiener Bürgerinitiativen einbremsen, sondern Bürgerinitiativen schlechthin erübrigen würde. Dieses Idealziel durch dialektische Kunstgriffe in sein Gegenteil zu verkehren lässt auf den wahren Grund solcher Behauptungen schließen: funktionierende Bürgerbeteiligung mit allen Mitteln verhindern zu wollen.
Zum andern aber, und das finden wir weitaus bedenklicher, ignoriert diese Behauptung den einleitenden Satz zu Kapitel 27 der Agenda 21, der ausdrücklich die entscheidende Rolle nichtstaatli-

cher Organisationen bei der Ausformung und Umsetzung einer teilhabenden Demokratie festhält und ihre Glaubwürdigkeit durch die verantwortliche und konstruktive Rolle begründet, die sie in der Gesellschaft spielen, weshalb formelle und informelle Organisationen wie auch Basisgruppen als Partner bei der Umsetzung der Agenda 21 anerkannt werden sollten. Die unabhängige Rolle, die den nichtstaatlichen Organisationen innerhalb der Gesellschaft zukommt, verlange dabei nach einer echten Mitwirkung; deshalb sei Unabhängigkeit ein wesentliches Merkmal nichtstaatlicher Organisationen und eine Voraussetzung für wirkliche Partizipation.

Es sind gerade diese in Kapitel 27.1. genannten Voraussetzungen, die auf sämtliche von der Stadt Wien initiierten Partizipationsformen nicht, wohl aber auf Aktion 21 – pro Bürgerbeteiligung zutreffen. Insoferne ist die Ablehnung unseres Ersuchens um Schaffung einer finanziellen Grundlage für Aktion 21 – pro Bürgerbeteiligung auch eine ausdrückliche Absage an die eingangs ihres Kapitels 27 formulierte Kernforderung der Agenda 21. Sie bestätigt nur unsere Ansicht, dass die Stadt Wien ihren aus der Charta von Aalborg übernommenen Verpflichtungen weder nachgekommen ist noch auch in absehbarer Zukunft nachzukommen bereit ist. Es ist bezeichnend, dass sie sogar die von einer formellen Organisation wie Aktion 21 – pro Bürgerbeteiligung angebotene und von vielen Bürgerinitiativen inzwischen angenommene Unterstützung bei der Umsetzung von Partizipation ablehnt, indem sie der einzigen nichtstaatlichen, unabhängigen Bürgerbeteiligungs-Organisation in Wien – die »Lokale Agenda 21« kann man wegen ihrer Politikerdominanz und Abhängigkeit von der Stadt Wien wohl nicht als solche bezeichnen – die der Partizipation gewidmeten Mittel vorenthält.

Die Stadt Wien hat sich mit dieser ihrer Haltung zur Partizipation auf die Stufe demokratiepolitischer Schwellenländer gestellt. Die vielen hinter Aktion 21 – pro Bürgerbeteiligung stehenden Bürgerinnen und Bürger Wiens sind nicht bereit, diese Haltung widerspruchslos hinzunehmen. Sie werden keine Gelegenheit versäumen, auf die Doppelbödigkeit der Interpretation von Partizipation, die in unseren Augen einen eklatanten Bruch der Aalborg Committments darstellt, hinzuweisen.

Schließlich möchten wir noch erwähnen, dass die Stadt Wien ein an ihren Bürgermeister und den von ihm für Fragen der Öffentlichkeitsbeteiligung als zuständig bezeichneten Stadtrat gerichtetes Ersuchen in einer für ihre nachhaltige Entwicklung fundamentalen Angelegenheit durch die Leiterin des Büros der Geschäftsgruppe Stadtentwicklung und Verkehr beantworten lässt, was ein bezeichnendes Licht auf den Stellenwert wirft, den die politisch Verantwortlichen Wiens der partizipativen Demokratie beimessen.

Aktion 21 – pro Bürgerbeteiligung steht dennoch zu ihrem Grundsatz »Kooperation statt Konfrontation«, wobei es nun allerdings an den politischen Trägern der Stadt Wien läge, im Sinne des »Prinzips der gleichen Augenhöhe« den nächsten Schritt zu tun.

Mit freundlichen Grüßen
Dr. Helmut Hofmann Herta Wessely
Obmann Obmann Stv.

Aktion 21 – pro Bürgerbeteiligung

Herrn Ing. Rudolf Schicker zur Kenntnisnahme

Anhang 5: Antwort des Amtsführenden Stadtrates für Stadtentwicklung und Verkehr
vom 13.03.2008 auf die E-Mail der Aktion 21 – pro Bürgerbeteiligung vom 30.01.2008 an Bürgermeister Dr. Michael Häupl

Dipl.-Ing. Rudi Schicker
Amtsführender Stadtrat für
Stadtentwicklung und Verkehr
1., Rathaus, 1082 Wien

GSV-255/2008

Sehr geehrte Damen und Herren!

Danke für Ihr neuerliches Schreiben vom 30. Jänner 2008 an Herrn Bürgermeister Dr. Häupl, das Sie in Kopie auch an mich gesendet haben.
Zu den von Ihnen auch schon in Ihrem Schreiben vom 15. Oktober 2007 hergestellten Bezügen zur »Aalborg Charta«, zu den »Aalborg Commitments« und der in Rio de Janeiro beschlossenen »Lokalen Agenda 21« (LA 21) wurde Ihnen der Standpunkt der Stadt Wien bereits im Schreiben vom 4. Dezember 2007 ausführlich dargestellt.
Ich konzentriere meine Klarstellungen auf Ihre (im Schreiben vom 30. Jänner neu formulierte) Argumentation zur LA 21 Wien:
Zeitgemäße Demokratiepolitik erfordert ein sehr sensibles Ergänzen der repräsentativen Demokratie mit Instrumenten der Partizipation.
In diesem Sinne hat die Stadt Wien Maßnahmen der Bürgerbeteiligung etabliert.
Die Unterstellung eines demokratiepolitischen Schwellenlandes

müssen wir daher aufs Schärfste zurückweisen, gerade auch in diesen Tagen, wo wir der Ereignisse des März 1933 und der daraus resultierenden politischen Entwicklungen in Österreich gedenken.
Verantwortungsvolle Politik weiß, dass Demokratie auch bei Einbeziehung partizipativer Elemente den Ausgleich über repräsentativ ermittelte Organe benötigt, um der Gefahr zu entgehen, Einzelinteressen oder Interessen besonders aktiv agierender Gruppen zum Nachteil anderer Bevölkerungsgruppen zu bevorzugen.
Entgegen Ihrer Polemik ist Ihnen sicher bekannt, dass der »klare organisatorische gesamtstädtische Rahmen« darauf beruht, dass die LA 21 Wien-Prozesse auf Bezirksebene angesiedelt sind, um den Bezirksbewohner/innen die Möglichkeit zu geben, Themen und Projekte für eine nachhaltige Bezirksentwicklung zu definieren und diese im Dialog mit Bezirkspolitik und Stadtverwaltung umzusetzen.
Dies entspricht auch der Wiener Stadtverfassung, die den Bezirken im Sinne einer bürgernahen Politik zahlreiche Kompetenzen und Budgetmittel gibt, sodass sie eine geeignete Stelle sind, um LA 21-Prozesse aufzusetzen.
Bisher haben über 80 Agenda-Gruppen Projekte entwickelt und zu einem sehr hohen Prozentsatz auch umgesetzt. Darunter waren viele Projekte, die die Gestaltung des öffentlichen Raums betrafen und die durchaus konflikthaft waren und wo es gelungen ist, Lösungen zu finden.
Davon zu sprechen, dass »an ›heißen‹ Themen vorbeigesteuert wird«, ist somit sicherlich falsch und Ihre Sichtweise, dass »das Echo der Bürger/innen sich in Grenzen hält«, ist mit den Fakten nicht in Einklang zu bringen. Am Alsergrund läuft die LA 21 Wien nun fast 10 Jahre. In all den Jahren war eine Vielzahl von Agenda-Gruppen tätig und es ist auch heute kein Nachlassen des Interesses, an der Bezirksentwicklung mitzugestalten, zu bemerken.
Die LA 21 Wien-Plattform findet einmal jährlich statt und ist Teil des Organisationsmodells der LA 21 Wien. Eingeladen sind alle Mitglieder der Steuerungsteams, d.h. auch die Sprecher und Sprecherinnen der Agenda-Gruppen. Diese von den Agendagruppen nominierten SprecherInnen haben zumindest soviel Anspruch auf den »Titel« eines/einer »einfachen Bürgers/Bürgerin«, wie Sie wahrscheinlich als Vertreter Ihrer Bürgerinitiative auch für sich in Anspruch nehmen. Auf der letzten LA 21 Wien-Plattform im November 2007 wurde nicht »die Linderung eines Mangels«, sondern – im Sinne eines Prozesses – über Evaluierung und Weiterentwicklung der LA 21 Wien beraten. Von einer Diskussion in Abwesenheit der »einfachen Bürgerinnen und Bürger« kann daher nicht gesprochen werden.
Abschließend möchte ich daher nochmals den Standpunkt der Stadt Wien zu dieser Frage bekräftigen.
Die »Aalborg Charta« und die »Aalborg Commitments« sollen eine

zukunftsbeständige Entwicklung auf lokaler Ebene, die eine hohe Lebensqualität für alle BürgerInnen gewährleistet, unterstützen. Dies soll in Form eines integrativen politischen Prozesses unter Harmonisierung ökologischer, sozialer, kultureller und wirtschaftlicher Ziele sowie Einbindung der unterschiedlichen AkteurInnen auf Lokaler Ebene erfolgen. In der Aalborg Charta, Kapitel I. 14) ist auch festgehalten, dass zur Entwicklung der Strategien der nachhaltigen Entwicklung und deren Umsetzung eine breite Palette an Instrumenten eingesetzt werden soll.

Die »Lokale Agenda 21 in Wien« ist eines dieser Instrumente der Stadt Wien, jedoch beileibe nicht das einzige, mit dem den Verpflichtungen der Aalborg Charta und der Aalborg Commitments nachgekommen wird. Durch die unterschiedlichen Instrumente, die im Bezug auf diese beiden internationalen Vereinbarungen eingesetzt werden, kommt die Stadt Wien ihren internationalen Verpflichtungen in vorbildlicher Weise nach.

Die Stadt Wien geht in diesem Sinne seit langem sehr konsequent den Weg einer zukunftsbeständigen Stadtentwicklungspolitik, wie dies etwa im Klimaschutzprogramm 1999, Öko Businessplan, Öko Kauf Wien, Strategieplan für Wien 2004, Masterplan Verkehr 2003 und Stadtentwicklungsplan 2005 (STEP 05) eindeutig dokumentiert ist. Ein Gutteil dieser strategischen Programme, zuletzt der STEP 05, wurden auch durch Dialog- bzw. BürgerInnenbeteiligungsprozesse in unterschiedlicher Intensität begleitet.

Darüber hinaus hat und bietet die Stadt Wien auf unterschiedlichsten Ebenen, zugeschnitten auf die jeweiligen Themen und Projekte, eine breite Palette an Beteiligungsformen an – in Ergänzung zu formal repräsentativen und direkt demokratischen Instrumenten. Dazu gehörten beispielsweise aus dem Bereich der Stadtentwicklung die SUPer NOW (Strategische Umweltprüfung für den Nordosten Wiens), das BürgerInnenbeteiligungsverfahren »Zielgebiet Gürtel«, der »Kooperative Planungsprozess Kabelwerk 2000« sowie die BürgerInnenbeteiligung zu den erwähnten gesamtstädtischen Konzepten. Und aktuell »Leitbild Augarten« oder »Leitbild Nordwestbahnhof« u.v.m..

Die Aalborg Commitments halten in ihrer Einleitung fest: »Wir verabschieden die Aalborg Commitments als eine Ressource, derer wir uns bedienen, um entsprechend unserer lokalen Gegebenheiten und Bedürfnisse eigene Akzente zu setzen.« Genau dies tut die Stadt Wien mit den oben erwähnten Programmen und Instrumenten.

Mit freundlichen Grüßen

Dipl.-Ing. Rudi Schicker

Anhang 6: Replik von Aktion 21 – pro Bürgerbeteiligung vom 29.04.2008 auf den Mail-Brief des Amtsführenden Stadtrats für Stadtentwicklung und Verkehr Dipl.-Ing. Rudi Schicker

Pro Bürgerbeteiligung
Die Plattform für Bürgeranliegen in Wien

Sehr geehrter Herr Stadtrat Dipl.-Ing. Rudolf Schicker,

wir danken für Ihre ausführliche Stellungnahme zu unserer an Herrn Bürgermeister Dr. Michael Häupl gerichteten Antwort auf Ihre Ablehnung, unsere Bestrebungen um Partizipation zu unterstützen, vom 13.03.2008. Sie enthält einige Darstellungen, die mit unserer Wahrnehmung nicht im Einklang stehen. Wir zeigen dies auf, damit Stillschweigen dazu nicht als Zustimmung aufgefasst wird.

Es freut uns, dass Sie sich zu unserem Grundsatz bekennen, zeitgemäße Demokratiepolitik erfordere ein sehr sensibles Ergänzen der repräsentativen Demokratie mit Instrumenten der Partizipation. Dass dazu im Regelfall ein, wie Sie es nennen, »Ausgleich über repräsentativ ermittelte Organe« erforderlich ist, deckt sich voll mit unseren Vorstellungen (nachzulesen auf unserer Homepage www.aktion21.at) und bedürfte keiner gesonderten Erwähnung. Damit besteht wenigstens im Grundsätzlichen jene Übereinstimmung, die Voraussetzung für alle gemeinsamen Bemühungen ist. Der Teufel sitzt nur, wie so oft, im Detail.

Wir hatten kritisiert, dass die Stadt Wien nicht bereit ist, die von der NGO Aktion 21, also »bottom up«, angebotene Unterstützung bei der Umsetzung von Partizipation anzuerkennen. Der Standpunkt, sie sei mit den von der Stadt Wien, also »von oben« etablierten Maßnahmen der Bürgerbeteiligung den Verpflichtungen aus Aalborg Charta und Aalborg Commitments Verpflichtungen in vorbildlicher Weise nachgekommen, spricht für sich.

Sie weisen den Vergleich mit demokratiepolitischen Schwellenländern »aufs Schärfste zurück«. Das Urteil darüber, inwieweit dieser Vergleich angebracht ist, überlassen wir gerne Berufeneren, ebenso die Qualifikation einer sachlichen Bürgerkritik als »Polemik«, von Ihren völlig haltlosen Klagsdrohungen gegen eine uns angeschlossene Bürgerinitiative ganz zu schweigen. Wir bedauern dabei die mangelnde Differenzierung des Umgangs mit parteipolitischen Mitbewerbern einerseits und des Umgangs mit partizipationswilligen Bürgerinnen und Bürgern andererseits.

Dabei ist die Berufung auf die Ereignisse des März 1933 schon deshalb nicht nachvollziehbar, weil sie in eben jener formalistischen Auffassung von Demokratie begründet waren, für die es auch heute alarmierende Anzeichen gibt. Gerade gegen diese Formaldemokratie

sollte partizipative Realdemokratie ein wirksames Mittel sein. Gedenken allein genügt nicht, es ist auch entsprechendes Handeln nötig.
Dass die LA 21 Wien-Prozesse auf Bezirksebene angesiedelt sind, ist uns freilich bekannt. Uns und sicher auch Ihnen ist weiters bekannt, dass der »klare organisatorische gesamtstädtische Rahmen« der Lokalen Agenda 21 nicht in der Tatsache bestehen kann, dass diese seit 1999 in nur 8 von 23 Bezirken implementiert wurde. Wie dabei von »gesamtstädtisch« und von den Bezirken als »geeigneter Stelle, um LA 21-Prozesse aufzusetzen« gesprochen werden kann, ist für uns leider nicht nachvollziehbar. Offenbar ist diese Eignung auf 8 Bezirke beschränkt. Contra factum non valet argumentum.
80 Agendagruppen muten zwar auf den ersten Blick stattlich an. Etwas nüchterner betrachtet ist diese Anzahl keineswegs berauschend: für die seit 1999 bestehende Lokale Agenda 21 sind das nämlich im Durchschnitt 10 Agendagruppen pro Jahr, und das in einer Millionenstadt. Bedenkt man, dass die Mehrzahl dieser Gruppen auf eine Handvoll Personen beschränkt ist und Misserfolge gerade bei den wenigen größeren Gruppen nicht selten sind, erscheint die genannte Zahl eher ein Beweis dafür zu sein, dass die Wiener Lokale Agenda 21 in ihrer derzeitigen Form unzulänglich ist. Noch deutlicher wird dies, wenn man bedenkt, dass die jährlich zu Aktion 21 – pro Bürgerbeteiligung stoßenden Bürgerinitiativen die Zahl der vergleichsweisen Agendagruppen übersteigen. Wenn sich Bezirke wie Rudolfsheim-Fünfhaus nach fünf Jahren von der Lokalen Agenda 21 verabschieden, spricht dies auch nicht gerade für ein Erfolgsmodell.
Sie stellen weiters fest, dass die LA 21 Wien-Plattform einmal jährlich stattfinde und auch die Sprecher und Sprecherinnen der Agenda-Gruppen eingeladen gewesen seien und daher von einer Diskussion in Abwesenheit der »einfachen Bürgerinnen und Bürger« nicht gesprochen werden könne. Leider waren Sie bei dieser Veranstaltung nicht zugegen, sonst hätten Sie sich von der Richtigkeit unserer Behauptung vor Ort überzeugen können, ohne vermutlich – ähnlich wie seinerzeit bei der Auswertung der Besucherkommentare zur Präsentation des Wien-Mitte-Modells – auf die »Fehlinterpretationen von Zuarbeitern« rekurrieren zu müssen. Bei dieser letzten LA 21 Wien-Plattform wurden nämlich alle Anwesenden ausdrücklich nach ihrer funktionellen Herkunft (Agendafunktionäre/innen, Steuerungsteammitglieder, Gruppenbetreuer/innen, Gruppensprecher/innen etc.) befragt. Nur 2 (in Worten: zwei) der Anwesenden, eine Dame und der Sprecher der Agendagruppe Wien-Mitte) waren als Vertreter ihrer Agendagruppe, somit als *einfache Bürger/in* anwesend. Dass dabei nicht über die Linderung eines Mangels gesprochen wurde, ist eine Wahrnehmung, die nur ein Nichtanwesender einem Anwesenden weiszumachen versuchen kann. Aber auch hier wird der Fehler wahrscheinlich wieder einmal in der Übermittlung

des Stattgehabten liegen (müssen). Es entzieht sich freilich unserer Kenntnis, zu welchem Ergebnis die ausführliche Diskussion über das Zentralthema »Eckpunkte für die Weiterentwicklung der Lokalen Agenda 21 in Wien: 3. Kompetenzzentrum für nachhaltige Entwicklung und Öffentlichkeitsbeteiligung« geführt hat.
Doch wie schon gesagt: contra factum non valet argumentum.
Es ist müßig, immer wieder zu betonen, dass die Lokale Agenda 21 nicht das einzige Beteiligungsinstrument ist. Wären die anderen zur Erfüllung der »Aalborg Charta« und die »Aalborg Commitments« ausreichend gewesen, hätte die Einführung der Lokalen Agenda 21 außer unnötiger Geldverschwendung keinen Sinn ergeben. Die LA 21 sollte Beteiligung auf das von »Aalborg Charta« und die »Aalborg Commitments« geforderte Niveau bringen. Dass dies nicht der Fall ist, haben wir immer wieder überzeugend und anhand konkreter Beispiele bewiesen. Es ist auch nicht unsere Schuld, wenn konstruktive Vorschläge aus unseren Reihen, wie auch auf der LA 21 Wien-Plattform vorgebracht, unbeachtet bleiben.
Es ist unzulässig, die Charta-gerechte Einbindung der unterschiedlichen AkteurInnen auf Lokaler Ebene dadurch nachweisen zu wollen, dass in der Aalborg-Charta eine breite Palette an Instrumenten zur Entwicklung der Strategien der nachhaltigen Entwicklung und deren Umsetzung empfohlen wird. Die Einbindung der Akteurinnen und Akteuren auf Lokaler Ebene ist das Eine, die Entwicklung der Strategien der nachhaltigen Entwicklung und deren Umsetzung das Andere. Beides in eins zu setzen halten wir daher für eine Ablenkung vom Thema. In diesem Licht erscheint die Aussage, die Stadt Wien komme ihren internationalen Verpflichtungen in vorbildlicher Weise nach, nicht nachvollziehbar.
Eigenartig ist auch Ihre Interpretation von »Begleitung« strategischer Programme »durch Dialog- bzw. BürgerInnenbeteiligungsprozesse.« In der Praxis hat dies – etwa bei dem von Ihnen genannten Masterplan Verkehr – so ausgesehen, dass Wortmeldungen zu sensibleren Fragen vom Gruppenleiter mit dem Bemerken »neutralisiert« wurden, sie überstiegen sein Diskussionspouvoir. Vor diesem Hintergrund wird Partizipation zur bloßen Alibihandlung degradiert.
Dass die Stadt Wien auf unterschiedlichsten Ebenen, zugeschnitten auf die jeweiligen Themen und Projekte, mitunter Beteiligungsformen in Ergänzung zu formal repräsentativen und direkt demokratischen Instrumenten anbietet, bestreiten wir nicht. Was uns stört ist nicht nur, dass solche Partizipation nur dort stattfindet, wo sie von der Stadtverwaltung, also »von oben«, verordnet wird, sondern dass in solchen Prozessen – siehe das aktuelle Leitbild Augarten – »von oben« versucht wird zu bestimmen, was diskutiert werden darf und was nicht.

Mit ehrlichem Bedauern schließen wir aus Ihrer Stellungnahme, dass Sie einfach nicht wahrhaben wollen, dass Partizipation in Wien dringend einer weiterentwickelnden Reform bedarf, um nicht in einem unzulänglichen Ansatz stecken zu bleiben. Wenn in einer Millionenstadt einzelne Projekte (Gürtel, Kabelwerk) dank ausdrücklicher Sonderregelungen so etwas wie gelungene Partizipationsansätze gezeigt haben, dann eben deshalb, weil dort nicht die vorhandenen Instrumente eingesetzt, sondern eigene Wege beschritten wurden. Ähnliche Wege nicht nur in ausgesuchten Einzelfällen einzuschlagen, sondern überall dort, wo politisch interessierte Menschen Partizipation einfordern, ist unser erklärtes Ziel. Wir sehen nicht ein, warum sich die Stadt Wien vehement dagegen wehrt und noch dazu jene Bürgerinnen und Bürger, die in ihrer Freizeit unentgeltlich dafür eintreten und dafür noch ihr eigenes versteuertes Geld investieren müssen, als Feinde betrachtet, denen man jegliche Unterstützung beharrlich verweigert, ja sogar – noch dazu völlig unsubstanziiert – mit Klagen droht. Wir haben bisher noch niemanden gefunden, der für diese Haltung der Stadt Wien auch nur das geringste Verständnis aufbringt. Noch weniger Verständnis können wir dafür aufbringen, dass die Stadt Wien unter dem Vorwand einer funktionierenden Partizipation Mittel aus dem EU-Strukturfonds und anderen EU-Programmen anspricht und sie partizipationswilligen Bürgerinnen und Bürgern mit unhaltbaren Begründungen vorenthält.

Mit freundlichen Grüßen

Herta Wessely Obfrau	Dr. Helmut Hofmann Schriftführer

Anhang 7: Antwort des Amtsführenden Stadtrates für Stadtentwicklung und Verkehr Dipl. Ing. Rudolf Schicker vom 07.05.2008 auf die E-Mail der Aktion 21 – pro Bürgerbeteiligung vom 29.04.2008

Sehr geehrte Damen und Herren!

Danke für Ihr neuerliches Schreiben vom 29. April 2008, das Sie in Kopie auch an Herrn Bürgermeister Dr. Häupl gesendet haben.
»Contra factum non valet argumentum« impliziert die Anerkennung von Tatsachen.
Ich kann Ihnen dies nur empfehlen.

Mit freundlichen Grüßen
Dipl.-Ing. Rudi Schicker

Abbildungsnachweise

Seite 27: Franz Pelda (Collage)
Seite 34: Martin Kupf (Computersimulation)
Seite 37: Helmut Hofmann
Seite 40 u. 43: Franz Pelda
Seite 48: Andrea Willson
Seite 52 u. 54: Susanne Honigschnabl
Seite 55: Franz Pelda
Seite 59 u. 61: Michael Jungwirth
Seite 68: Franz Pelda
Seite 73: Barbara Neuroth
Seite 78: Franz Hubmann
Seite 79: Markus Landerer
Seite 82: Alex Viktor Zdrachal
Seite 86: Friederike Oberndorfer
Seiten 91 u. 93: Michael Lenzenhofer
Seiten 95 u. 97: Sissy Danninger
Seiten 102 u. 103: Veronika Enzinger-Heinzl
Seite 105: Franz Knotz
Seite 109: Franz Pelda (Collage)
Seite 112: Sandra Stern
Seite 113: Andreas Prochazka (Grafik)
Seite 115: Helmuth Korn
Seite 117 u. 119: Johanna Kraft
Seite 121: Heidi Sequenz
Seite 125 u. 127: BI Donaufeld
Seite 129: BI Rettet die Lobau – Natur statt Beton
Seite 135: Helmut Letofsky
Seite 143, 146 und 148: Herta Wessely
Seiten 150 u. 151: Martin Ertl
Seite 153: Barbara Neuroth
Seite 157: Beatrix Henzl
Seite 162: Herby Loitsch
Seite 168: Franz Pelda
Seite 171: Reinhard Wessely
Seite 173: Franz Pelda

Seite 176: Annemarie Mladek
Seite 180 u. 183: Petra Öllinger/Georg Schober
Seite 187: Alexander Mayr-Harting
Seite 193 u. 195: Franz Pelda
Seite 197: Franz Pelda
Seite 201: Arno Aigner
Seite 209: Herta Wessely
Seite 210: Carla Röhrich

Inhalt

* *Alle nicht namentlich gezeichneten Texte in den Abschnitten I. und III. und die kursiv gesetzten Zwischentexte im Abschnitt II. sind von Helmut Hofmann verfasst.*